Jule Specht

Charakterfrage

Wer wir sind und wie wir uns verändern

ROWOHLT POLARIS

Originalausgabe
Veröffentlicht im Rowohlt Taschenbuch Verlag,
Reinbek bei Hamburg, Juni 2018

Umschlaggestaltung HAUPTMANN & KOMPANIE Werbeagentur, Zürich
Umschlagabbildung Leonard Mc Lane/Getty Images
Innentypografie Daniel Sauthoff
Satz Karmina OTF (InDesign) bei
Dörlemann Satz, Lemförde
Druck und Bindung CPI books GmbH, Leck, Germany
ISBN 978 3 499 63128 3

rowohlt
POLARIS

Inhaltsverzeichnis

Für Hanna.

Wie kann es sein, dass ich, der ich bin,
bevor ich wurde, nicht war,
und dass einmal ich, der ich bin,
nicht mehr der ich bin, sein werde?

Peter Handke: Lied vom Kindsein (1987)

1. Kann sich Persönlichkeit verändern?

Vielleicht ist es mit der Persönlichkeit genauso wie mit den Körperzellen, die sich alle sieben Jahre erneuern, stelle ich mir vor. Denn obwohl sich meine Zellen zwischenzeitlich mehrfach runderneuert haben, habe ich das Gefühl, in meinen 30 Lebensjahren durchgängig im gleichen Körper gelebt zu haben. Ich bin immer noch ich. Trotz zahlreicher offensichtlicher körperlicher Veränderungen seit meiner Geburt. Und trotz diverser Persönlichkeitsveränderungen, die schon hinter mir und noch vor mir liegen.

Das mit der siebenjährlichen Zellerneuerung stimmt allerdings nicht ganz, meint David, ein guter Freund und Mediziner. Wir sitzen zusammen auf einer sonnigen Terrasse auf Gran Canaria und blicken aufs Meer. Es ist Winteranfang, und wir stimmen uns auf eine gemeinsame Schreibwoche im Warmen voller Ruhe für ordnende Gedanken ein. Schließlich muss man erst einmal zu sich selbst finden, bevor man ein Buch darüber schreibt, wer wir eigentlich sind und wie wir uns verändern.

Was die Körperzellen betrifft, so gibt es davon verschiedene Arten mit unterschiedlichem sogenanntem *cell turnover*. Nervenzellen der Großhirnrinde erneuern sich im Laufe des Lebens zum Beispiel überhaupt nicht, wie ein Team um Jonas Frisén vom Karolinska-Institut in Stockholm herausfand. Insofern ist die Großhirnrindenzelle gewissermaßen die Intelligenz unter den Körperzellen. Denn die Intelligenz gilt als nahezu stabil über die Zeit und ist damit die stabilste aller Persönlichkeitseigenschaften. Einige Optimistinnen* munkeln sogar, die Intelligenz sei im Erwachsenenalter fast ebenso stabil wie die Körpergröße. Das ist sicherlich übertrieben, und doch zeichnet sich die Intelligenz durch beeindruckende Stabilität aus, selbst über mehrere Jahrzehnte hinweg.

Deutlich weniger lange halten sich dagegen beispielsweise die Zellen der Darmschleimhaut, berichtete ein Team um Christopher Potten von der University of Manchester. Diese Körperzellen erneuern sich alle paar Tage und summieren sich damit auf mehrere tausend Generationen im Laufe eines

* Im Folgenden wird das generische Femininum verwendet, sofern keine geschlechtsneutrale Formulierung naheliegt. Gemeint sind damit Personen jeden Geschlechts.

(langen) Menschenlebens. Insofern sind diese Darmzellen – um bei der Analogie zu bleiben – unter anderem mit dem Selbstwertgefühl und dem subjektiven Wohlbefinden eines Menschen vergleichbar. Auch diese Persönlichkeitseigenschaften zeichnen sich nämlich durch eine vergleichsweise hohe Dynamik aus.

Zwischen diesen Extremen von nahezu perfekter Stabilität und stetiger Veränderung ordnet sich ein Großteil unserer Persönlichkeitseigenschaften ein. Dementsprechend ist es sehr unwahrscheinlich, dass ein Mensch über die gesamte Lebensspanne hinweg ein und dieselbe Persönlichkeit behält. Genauso unwahrscheinlich ist aber auch, dass sich ein Mensch in mehreren Persönlichkeitseigenschaften komplett verändert. Vielmehr erleben die meisten von uns im Laufe des Lebens mehrere Persönlichkeitsveränderungen überschaubaren Ausmaßes, die in Zusammenhang mit unserem Alter und unseren Lebenserfahrungen stehen.

Vielleicht empfinden Sie diese Veränderlichkeit als gute Nachricht? Das geht zumindest vielen Menschen so: Spreche ich vor einem fachfremden Publikum über die überraschend starken Veränderungen der Persönlichkeit bis ins hohe Alter, dann löst das häufig Erleichterung aus. Bei vielen scheint diese Nachricht Hoffnung auf progressive Veränderungen auszulösen, also auf Verbesserung, Reifung, Weiterentwicklung im besten Sinne. Ed O'Brien und Michael Kardas von der University of Chicago Booth School of Business bestätigten kürzlich diese Beobachtung: Reden wir von Veränderungen, dann wird dies automatisch als Veränderung zum Guten interpretiert.

Das ist natürlich nur die halbe Wahrheit, denn sie setzt sich aus guten und aus weniger guten Veränderungen zusammen. Wie lässt sich diese verbreitete positive Verzerrung erklären? Blicken wir auf unser Leben zurück, dann interpretieren wir dieses in vielen Fällen als eine Ansammlung von Erfahrungen, aus denen wir gelernt haben und an denen wir gewachsen sind.

Genau diese Hoffnung – aus Erfahrungen zu lernen – ist es unter anderem, die uns Menschen dabei hilft, schwere Lebenssituationen zu bewältigen. Auch hier ist also die positiv verzerrte (und gesunde!) Erwartung am

Werk, dass die bisherigen Erfahrungen genutzt werden können, um sich zu einer reiferen Person zu entwickeln. Ebenso bewerten wir uns selbst rückblickend kritischer, als wir es zum damaligen Zeitpunkt getan haben, was dafür spricht, dass wir davon ausgehen, uns im Laufe der Zeit zum Besseren verändert zu haben.

Wir profitieren davon, wenn wir an die Veränderlichkeit der Persönlichkeit glauben. Zum Beispiel wirkt sich das positiv auf unser subjektives Wohlbefinden aus. An eine unveränderliche (also stabile) Persönlichkeit zu glauben wäre dagegen unvorteilhaft, weil dies einer Selbstbeschränkung in der Weiterentwicklung und im persönlichen Wachstum gleichkommen würde. Obwohl es prinzipiell natürlich auch einfach bedeuten könnte, dass sich eine Person bereits durch ein Persönlichkeitsprofil auszeichnet, das an ihre Lebenssituation ideal angepasst ist und damit keine Veränderungswünsche offenlässt.

Ich gebe zu: Der anfängliche Vergleich zu den Körperzellen – die sich zwar ebenso wie die Persönlichkeit verändern und auch Reifungs- (oder besser: Alterungs-)Prozessen unterliegen – hinkt. Unsere Persönlichkeit ändert sich nicht, indem neue Zellen gebildet und andere abgestoßen werden. Vielmehr finden über die Zeit kontinuierlich Veränderungen statt, Schwankungen in der Persönlichkeit, die mal größer und mal kleiner ausfallen und sich langfristig in neuen Denk-, Fühl- und Verhaltensmustern bemerkbar machen.

Die *end of history illusion*

Wenn Sie auf die vergangenen zehn Jahre Ihres Lebens zurückblicken: Haben Sie dann das Gefühl, sich verändert zu haben? Wahrscheinlich fällt Ihnen sofort eine Eigenheit ein, die Sie über die gesamte Zeit beibehalten haben, Ihre Aufgeschlossenheit gegenüber anderen Menschen vielleicht oder Ihr Tatendrang. Sehr wahrscheinlich empfinden Sie aber auch viele Unterschiede, sind jetzt vielleicht weniger leicht aus der Ruhe zu bringen oder weniger risikofreudig. Denken Sie nun an die kommenden zehn Jahre:

Wie sehr werden Sie sich vermutlich verändern? Erwarten Sie, dass sie verschlossener werden oder gemütlicher, aufbrausender oder abenteuerlustiger? Wenn Sie weniger Veränderungen für die nächsten zehn Jahre erwarten, als Sie in den letzten zehn Jahren an sich beobachteten, dann geht es Ihnen wie den meisten Menschen.

Im deutlichen Gegensatz zur positiven Bewertung von Weiterentwicklung steht ein Effekt mit dem Namen *end of history illusion*, der von einem Team um Daniel Gilbert von der Harvard University beobachtet wurde. Er beschreibt die verbreitete Illusion, dass Menschen dazu tendieren zu glauben, sie hätten sich in der Vergangenheit zwar maßgeblich verändert, in der Gegenwart aber einen Endpunkt in ihrer Entwicklung erreicht.

Rückblickend haben wir oft das Gefühl, uns in den vergangenen zehn Jahren unseres Lebens in unserer Persönlichkeit verändert zu haben. Gleichzeitig glauben wir selten, uns in den kommenden zehn Jahren ebenso stark zu verändern. Dies lässt sich nicht etwa darauf zurückführen, dass wir uns mit steigendem Alter tatsächlich weniger verändern. Beispielsweise berichtet eine dreißigjährige Person rückblickend im Durchschnitt stärkere Veränderungen seit ihrem zwanzigsten Geburtstag, als es eine zwanzigjährige Person im Durchschnitt für das kommende Jahrzehnt – also die gleiche Lebensphase – erwartet. Und obwohl eine dreißigjährige Person die zurückliegenden Veränderungen bemerkt, erwartet sie dennoch keine maßgeblichen Veränderungen mehr bis zu ihrem vierzigsten Geburtstag. Die vierzigjährige Person wiederum hat durchaus maßgebliche Veränderungen seit ihrer Zeit als Dreißigjährige bemerkt und so weiter.

Die mangelnde Übereinstimmung in der bisher beobachteten und der zukünftig erwarteten Veränderung liegt darin begründet, dass wir vor uns liegende Veränderungen unterschätzen. Zumindest sind wir vergleichsweise gut in der Lage, einzuschätzen, wie stark wir uns in der Vergangenheit verändert haben.

Die *end of history illusion* betrifft Veränderungen in der Persönlichkeit, beispielsweise unserer emotionalen Stabilität und Gewissenhaftigkeit. Sie betrifft auch Veränderungen in unseren Werten: inwiefern wir beispielsweise Erfolg und Sicherheit angestrebt haben, anstreben und glauben, zukünftig anstreben zu werden. Und sie betrifft unterschiedliche Präferenzen für Musik, Freizeitbeschäftigungen und Freundschaften.

Kostspielig wird diese Illusion, wenn wir in der Gegenwart Entscheidungen für unsere Zukunft treffen, die mit finanziellen Investitionen einhergehen. Zum Beispiel zeigten Gilbert und Kollegen, dass Personen für ein Konzertticket ihrer Lieblingsband hundertneunundzwanzig Dollar ausgeben würden, wenn das Konzert zehn Jahre in der Zukunft liegt. Sie erwarten also, diese Band dann immer noch zu lieben. Gleichzeitig würden Personen für ein Konzertticket nur achtzig Dollar ausgeben, wenn es sich um ein baldiges Konzert der Band handelt, die sie vor zehn Jahren zu ihren liebsten zählten. Die Band löst bei ihnen nicht mehr die gleiche Begeisterung aus wie vor einer Dekade. Wir überschätzen also auch hier die Stabilität unserer Präferenzen und unseres Geschmacks, obwohl uns durch vergangene Erfahrungen bewusst sein müsste, dass es eher unwahrscheinlich ist, uns in ferner Zukunft für die gleiche Musik genauso begeistern zu können wie zum jetzigen Zeitpunkt.

Nun kaufen wir normalerweise Konzerttickets nicht zehn Jahre im Voraus, insofern mögen die Konsequenzen der *end of history illusion* vernachlässigbar erscheinen. Doch wir treffen häufig Lebensentscheidungen für unser zukünftiges Selbst, die im Nachhinein nicht (mehr) zu uns passen: Etwa wenn sich jemand tätowieren lässt und später dann beschämt zur Tattoo-Entfernung geht. Oder – um ein schwerwiegenderes Beispiel zu nennen – wenn zwei Menschen sich scheiden lassen, obwohl ihre Ehe vor mehreren Jahren noch wie für die Ewigkeit gemacht schien. Insofern geht die Illusion, auch in Zukunft die Person mit all den Eigenschaften, Werten und Präferenzen zu bleiben, die man momentan ist – trotz des Wissens, dass man früher nicht die Person war, die man heute ist –, des Öfteren mit folgenschweren Entscheidungen einher.

Festzuhalten bleibt: Wir verändern uns. Haben heute nicht mehr die Persönlichkeit, die wir gestern hatten und morgen haben werden. Diese Veränderlichkeit bleibt über die gesamte Lebensspanne bestehen und speist sich unter anderem aus unseren Erlebnissen. Insofern sind Veränderungen oftmals Weiterentwicklungen, die auf einem wachsenden Erfahrungsschatz aufbauen. Der Glaube an eine flexible Persönlichkeit, die es uns erlaubt, uns an neue Gegebenheiten anzupassen, ist nicht nur realistisch, sie tut auch unserem Wohlbefinden gut. Und sie ist eine Chance, sich in jeder Lebensphase neuen Herausforderungen zu stellen, um an diesen zu wachsen.

Eine gute Nachricht ist damit vorweggenommen: Unsere Persönlichkeit entwickelt sich unaufhörlich weiter. Bevor wir uns jedoch die Veränderungen der Persönlichkeit genauer ansehen, werden wir einen Schritt zurücktreten und die Frage beantworten, was Persönlichkeit eigentlich ist. Wie lässt sich unsere Persönlichkeit beschreiben? Und was macht uns einzigartig?

Persönlichkeitstest*

Glauben Sie an eine veränderliche Persönlichkeit?
Nachstehend finden Sie eine Reihe von Aussagen, die auf Sie zutreffen könnten. Bitte geben Sie für jede der folgenden Aussagen an, inwieweit Sie zustimmen.

	trifft überhaupt nicht zu						trifft voll zu
Was für ein Mensch man ist, ist etwas Grundlegendes und kann nicht maßgeblich verändert werden.	1	2	3	4	5	6	7
Man kann sich unterschiedlich verhalten, aber wer man ist, kann nicht wirklich verändert werden.	1	2	3	4	5	6	7
Man ist ein bestimmter Typ Mensch, und es gibt nicht viel, was man tun kann, um das zu ändern.	1	2	3	4	5	6	7

AUSWERTUNG

Nachdem Sie in jeder Zeile eine Zahl angekreuzt haben, addieren Sie diese drei Zahlen. Ist die Summe kleiner als 8, dann spricht dies für einen unterdurchschnittlich ausgeprägten Glauben an eine stabile Persönlichkeit. Ist die Summe 8 oder größer, aber kleiner oder gleich 19, dann spricht dies für einen durchschnittlich ausgeprägten Glauben an eine stabile Persönlichkeit. Ist die Summe größer als 19, dann spricht dies für einen überdurchschnittlich ausgeprägten Glauben an eine stabile Persönlichkeit.

* Dieser Persönlichkeitstest basiert auf einem Fragebogen zu impliziten Persönlichkeitstheorien von Carol Dweck und Kolleginnen. Nähere Informationen zum englischen Original-Fragebogen: Sheri R. Levy, Steven J. Stroessner & Carol S. Dweck (1998). Stereotype formation and endorsement: The role of implicit theories. Journal of Personality and Social Psychology, Vol. 74, S. 1421–1436. Die deutsche Übersetzung habe ich zusammen mit Marie Hennecke für das Sozio-oekonomische Panel vom Deutschen Institut für Wirtschaftsforschung erstellt. Die Vergleichswerte beruhen auf einer Erhebung an etwa fünftausend Teilnehmenden der Innovationsstichprobe des Sozio-oekonomischen Panels aus dem Jahr 2015.

2. Was ist Persönlichkeit?

Wir werden im Alltag immer wieder mit dem Begriff «Persönlichkeit» konfrontiert: Es wird eine renommierte Persönlichkeit für einen anspruchsvollen Job gesucht. Oder die warmherzige Persönlichkeit einer Krankenpflegerin hervorgehoben. Und eine Person mit Dickkopf wird nachsichtig als «starke Persönlichkeit» beschrieben. In der wissenschaftlichen Psychologie dagegen wird der Begriff ganz anders verwendet, was leicht zu Missverständnissen führen kann.

Dabei liegt der Ursprung dessen, was Psychologinnen unter «Persönlichkeit» verstehen, im Alltagssprachgebrauch: Als sich die US-amerikanischen Psychologen Gordon Allport und Henry Odbert in den dreißiger Jahren einen systematischen Überblick über die Persönlichkeit verschaffen wollten, griffen sie auf Wörterbücher zurück. Die Idee dieses Ansatzes war: Alle Merkmale, die Menschen voneinander unterscheiden und die wichtig für das Zusammenleben sind, haben sich in der Sprache niedergeschlagen. Sie nutzten also die Sprache als Filter, um sich auf die Unterschiede zwischen Menschen zu beschränken, die tatsächlich bedeutsam sind. Und das sind jede Menge. In einem besonders umfassenden Wörterbuch, dem *Webster's New International Dictionary*, in dem damals etwa 400 000 Wörter enthalten waren, suchten Allport und Odbert nach den Wörtern, die Unterschiede im Denken, Fühlen und Verhalten beschreiben. Ihren Auswertungen zufolge trifft das auf etwa jedes 20. Wort zu. Insgesamt identifizierten sie ganze 17 953 Persönlichkeitseigenschaften im weiteren Sinne.

Zu den Persönlichkeitseigenschaften im engeren Sinne zählten Allport und Odbert nur die Wörter, die situationsübergreifende, stabile Verhaltensweisen beschreiben, beispielsweise *gesellig*, *introvertiert* und *streitlustig.* Damit schlossen sie vorübergehende Verhaltensbeschreibungen (wie *frohlockend, verlegen, rasend*) und stark wertende Begriffe (beispielsweise *angenehm, ehrenwert, unbedeutend*) ebenso aus wie Begriffe, die Fähigkeiten und körperliche Merkmale beschreiben. Dennoch blieb eine große Anzahl an relevanten Eigenschaftsworten übrig, nämlich exakt 4504 Persönlichkeitseigenschaften.

Möglicherweise sind tatsächlich etwa 4500 Wörter notwendig, um eine ausreichend detaillierte Beschreibung eines Individuums in seiner Einzigartigkeit zu erlauben. Und doch macht diese Vielfalt an Eigenschaftsbegriffen die Persönlichkeit zu einem schwer handhabbaren Konstrukt. Auch bleibt fraglich, ob wir tatsächlich dazu neigen, die Menschen in unserem Umfeld – selbst uns nahestehende – in einer solchen Komplexität zu charakterisieren, wie es eine so große Anzahl an persönlichkeitsbeschreibenden Wörtern nahelegt.

An dieser Stelle wird ein Konflikt innerhalb der Persönlichkeitspsychologie deutlich: Auf der einen Seite möchte sie die Einzigartigkeit eines Menschen (an)erkennen und verstehen. Auf der anderen Seite aber will sie der Vielfalt der Persönlichkeitseigenschaften einer großen Anzahl von Menschen gerecht werden. In Reaktion auf diesen Konflikt hat sich die moderne Persönlichkeitspsychologie weitgehend von dem Ziel verabschiedet, den einzelnen Menschen genau zu verstehen: wer er ist, wie er zu der Person wurde, die er ist, und wie er sich weiterentwickeln wird. Stattdessen wird der Fokus auf die Frage gelegt, wie sich die Vielfalt an einzigartigen Menschen so zusammenfassen lässt, dass individuelle Unterschiede und typische Entwicklungsverläufe, Bedingungsfaktoren und Lebenslaufkonsequenzen aufgedeckt werden können.

Dieser Bedingung folgend, wurden die von Allport und Odbert herausgefilterten Persönlichkeitseigenschaften auf eine handhabbare Menge reduziert, indem ihre zugrundeliegende Struktur analysiert wurde. Zum Beispiel sind gesellige Menschen oftmals (aber nicht immer!) auch gesprächig, lebhaft, aktiv, durchsetzungsfähig und fröhlich und gleichzeitig selten zurückhaltend, schüchtern, gehemmt und passiv. Diese zehn Eigenschaftsworte werden im wissenschaftlichen Jargon zusammenfassend *Extraversion* genannt, der Begriff wird dort also viel breiter verwendet als in der Alltagssprache. Soll eine Person mit einer überschaubaren Anzahl an Persönlichkeitseigenschaften charakterisiert werden, so ist es einfacher, lediglich eine Aussage zu ihrer Extraversion zu treffen, anstatt zu all den aufgezählten zehn Eigenschaften.

Die Einzigartigkeit einer Person geht mit diesem Vorgehen in gewisser Weise verloren. Es wird nicht berücksichtigt, dass ein Mensch zum Beispiel zwar gesellig und lebhaft, aber wenig durchsetzungsstark sein kann. Übrig bleibt bei dieser sparsamen Form der Persönlichkeitsbeschreibung lediglich die Extraversion dieser Person. Dennoch ist diese Sparsamkeit durchaus begründet, da sich mit Hilfe dieses Ansatzes die Persönlichkeit auf besonders effiziente Weise mit lediglich fünf globalen Persönlichkeitseigenschaften beschreiben lässt. Diese sind unter dem Term *Big Five* bekannt und setzen sich zusammen aus: emotionaler Stabilität, Extraversion, Offenheit für neue Erfahrungen, Verträglichkeit und Gewissenhaftigkeit.

Das soll nicht bedeuten, dass damit die Persönlichkeit einer Person erschöpfend beschrieben sei. Stattdessen wird davon ausgegangen, dass jeder Mensch diese fünf Persönlichkeitseigenschaften in sich trägt, allerdings in unterschiedlichem Ausmaß. Und dass das Wissen über diese fünf Merkmalsausprägungen bereits einen wesentlichen Anteil der Einzigartigkeit einer Person im Vergleich zur großen Vielfalt an Persönlichkeiten beschreibt.

Jonas Obleser, ein befreundeter Neurowissenschaftler von der Universität zu Lübeck, beschreibt seine Persönlichkeit deshalb als Punkt im fünfdimensionalen Raum. Diese abstrakte Perspektive auf die Persönlichkeit entspringt seiner Statistik-Lehre (die er mit viel Liebe und Spaß an Nerdigkeit hält) und legt dabei gleichzeitig in unbeabsichtigter Weise den Finger in die Wunde der Komplexitätsreduktion. Denn sie löst ein deprimierendes Gefühl aus: Meine Einzigartigkeit wird in einen einzigen Punkt gepresst? In einem nur fünfdimensionalen Raum? Bin ich nicht eher ein komplexes Polyeder? Oder zumindest ein Punkt im 4500-dimensionalen Raum?!

Die sparsamste Antwort auf die Frage, wer wir sind, haben wir also unter wissenschaftlichen Gesichtspunkten bereits gefunden: Unsere Persönlichkeit ist unsere individuelle Ausprägung in Bezug auf (mindestens) fünf weitgehend unabhängige Persönlichkeitsfaktoren.

Diese Auffassung von Persönlichkeit hat nur bedingt etwas mit den eingangs genannten, alltagspsychologischen Persönlichkeitsbegriffen zu tun. Wird eine «renommierte Persönlichkeit» gesucht, dann mag damit im persönlichkeitspsychologischen Sinne eine Person mit einem Persönlichkeitsprofil gemeint sein, das besonders gut für eine Führungsrolle geeignet ist. Also beispielsweise hohe Ausprägungen in Extraversion, Gewissenhaftigkeit und emotionaler Stabilität aufweist. Allerdings: Eine «Persönlichkeit» wird sich bei allen Bewerberinnen finden, denn eine Person ohne Persönlichkeit ist per Definition schlicht unmöglich. Ebenso taucht der Begriff «starke Persönlichkeit» in der Fachsprache nicht auf. Die Person, die damit gemeint ist, würde von Wissenschaftlerinnen vermutlich eher durch «hohe Werte in der Extraversion» und «niedrige Werte in der Verträglichkeit» charakterisiert werden.

Was können wir daraus ableiten? Zunächst einmal Folgendes: Unsere Alltagssprache bedient sich gleicher Begriffe wie die Persönlichkeitspsychologie, meint aber zum Teil andere Dinge. Und das, obwohl die Persönlichkeitspsychologie in vielen Fällen auf der Alltagssprache aufbaut, beispielweise bei dem Aufdecken zentraler Persönlichkeitsunterschiede und der Messung der Persönlichkeit, die oftmals von Laien, nämlich den Personen selbst oder ihnen nahestehenden Personen, erfolgt.

3. Die *Big Five*

In einem grundlegenden Überblick zu den *Big Five* und ihrer Entstehungsgeschichte legten Oliver John von der University of California in Berkeley und Kolleginnen dar, dass die *Big Five*-Struktur auf Basis verschiedener Sprachen und verschieden zusammengesetzten Stichproben weitgehend bestätigt werden konnte. Mittlerweile gibt es daher einen breiten Konsens innerhalb der Persönlichkeitspsychologie, dass die fünf Eigenschaften emotionale Stabilität, Extraversion, Offenheit für neue Erfahrungen, Verträglichkeit und Gewissenhaftigkeit die abstrakteste Hierarchiestufe bei der Beschreibung der Persönlichkeit bilden.

> Die *Big Five*: emotionale Stabilität, Extraversion, Offenheit für neue Erfahrungen, Verträglichkeit, Gewissenhaftigkeit.

Im Folgenden stelle ich sie Ihnen genauer vor, und Sie haben die Möglichkeit, einen Einblick in Ihre eigene Persönlichkeit zu erhalten. Dafür ist jeweils ein Kurz-Fragebogen abgedruckt, den Sie ausfüllen und auswerten können. Wenn wir ehrlich mit uns sind, dann funktionieren solche Selbstberichte sehr gut. Schließlich kennen wir uns selbst bereits unser ganzes Leben lang, sind zwangsläufig in jeder noch so intimen Situation «dabei» und haben Zugriff auf jeden noch so heimlichen Gedanken. So sammeln wir ein umfangreiches Detailwissen über unsere Gedanken, Gefühle und Verhaltensweisen, das mit Hilfe von Fragebögen strukturiert abgefragt werden kann.

Gleichzeitig kennen uns andere manchmal besser als wir uns selbst. Schuld daran sind sogenannte *blind spots*, also Lücken im Wissen über uns selbst, die aus fehlenden Informationen – beispielsweise denen, die nur von außen betrachtet auffällig sind – und einem Überangebot an Informationen über uns selbst resultieren. Auch schätzen wir uns zum Teil nachsichtiger, also positiver, ein als objektiv gerechtfertigt. Das ist gesund, doch weil nicht jeder Mensch in gleicher Weise dazu neigt, sich selbst in schmeichelhaftem Licht wahrzunehmen, kann das eine Persönlichkeitsmessung verzerren.

Vielleicht finden Sie ja eine nahestehende Person, die die folgenden Fragen ebenfalls über Sie ausfüllt und so Ihr Wissen über Ihre Persönlichkeit vervollständigt. Das klappt allerdings nur, sofern Sie ehrliche Freundinnen ohne Skrupel vor Offenheit haben und selbst in Hinblick auf deren Einschätzung Nachsicht (mit sich selbst und den ehrlichen Freundinnen) walten lassen können. Denn erfahrungsgemäß kann eine solche Einschätzung durch andere in überraschenden Abweichungen münden.

Oder – sofern Sie nicht nur extravertiert sind, sondern in gewissen Situationen auch zur Nerdigkeit tendieren – Sie verpacken das Ganze in ein geselliges Spiel, wie Kolleginnen und ich es kürzlich getan haben: Nach einem langen Tag auf einer Persönlichkeitspsychologie-Konferenz und einem verdient ausgelassenen Abend bei Drinks am Airbnb-Apartment-Pool fanden wir uns plötzlich in einem Prozess des Sortierens wieder: Wir bildeten Rangreihen für jede der *Big Five*. Das war albern und aufschlussreich.

Erste Erkenntnis: Jede von uns empfand sich als besonders offen für neue Erfahrungen (sonst wären wir vermutlich auch keine Wissenschaftlerinnen geworden, ebenso wenig wie angetrunken als «Ü30» in ein solches Spiel involviert). Zweite Erkenntnis: Die Spitzenplatzierung bei der Verträglichkeit war alles andere als umkämpft. Die authentischen Verträglichkeits-Champions sind offensichtlich viel zu verträglich, um den ihnen zustehenden Platz für sich zu beanspruchen.

Emotionale Stabilität

Beginnen wir mit der emotionalen Stabilität. Sie beschreibt individuelle Unterschiede in der Häufigkeit und Intensität negativer Emotionen. Ein emotional stabiler Mensch fühlt sich vergleichsweise selten ängstlich und nervös, ärgerlich und traurig. Er ist wie ein Fels in der Brandung, trotzt

Alltagsstress und Zeitdruck, lässt sich von unliebsamen Trolls nicht aus der Ruhe bringen und verfängt sich nicht in endlosen Abwägungen. Er ist ausgeglichen und zufrieden mit seinem Leben, seiner Beziehung und seinem Job.

Durch diese Eigenschaften sind emotional stabile Personen nicht nur selbst zufrieden in ihrer Partnerschaft, sondern auch ihre Partnerinnen, wie ein Team um Portia Dyrenforth vom US-amerikanischen Hobart and William Smith College herausfand. Insofern müssten emotional stabile Menschen besonders beliebt bei der Partnerwahl sein. Erstaunlicherweise spricht aber einiges dafür, dass das Gegenteil der Fall ist: Gerade emotional instabile Menschen haben eine höhere Wahrscheinlichkeit, eine feste Partnerschaft einzugehen und zu heiraten. Zum einen liegt das daran, dass sich natürlich auch mit emotional instabilen Menschen wunderbare Beziehungen führen lassen (allerdings nicht so häufig wie mit emotional stabileren Menschen), sie also bei der Partnerwahl nicht unbedingt das Nachsehen haben müssen. Die Bindungswilligkeit kann sich zum anderen damit erklären lassen, dass emotional instabile Menschen umso vehementer eine feste Partnerschaft suchen, während emotional stabilere Menschen diese externe sichere Basis weniger dringend benötigen.

Dem Überraschungserfolg emotional instabiler Menschen bei der Partnersuche steht jedoch ein höheres Risiko für mehrere nachteilige Lebenslaufkonsequenzen gegenüber. Emotional instabile – in der Fachsprache *neurotizistische* – Menschen werden häufiger krank, sowohl in Bezug auf psychische als auch körperliche Erkrankungen, und erholen sich im Durchschnitt weniger schnell davon. Letztendlich resultiert das sogar in einer geringeren Lebenserwartung von neurotizistischen im Vergleich zu emotional stabileren Menschen.

Dies ist unter anderem dadurch bedingt, dass emotional instabile Menschen eher zur Zigarette greifen, möglicherweise, um so kurzfristig besser mit dem intensiver erlebten Stress umgehen zu können.

Persönlichkeitstest*
Wie emotional stabil sind Sie?
Nachstehend finden Sie eine Reihe von Aussagen, die auf Sie zutreffen könnten. Bitte geben Sie für jede der folgenden Aussagen an, inwieweit Sie zustimmen.

	gar nicht	wenig	teils-teils	ziemlich	völlig
Ich habe selten Angst, dass andere Menschen mich nicht mögen.	1	2	3	4	5
Wenn ich mich mit Freunden treffe, habe ich manchmal das Gefühl, dass sie hinterher schlecht über mich reden.	5	4	3	2	1
Ich zweifle nie daran, dass ich es verdiene, von anderen akzeptiert zu werden.	1	2	3	4	5
Ich zweifle oft an der Beständigkeit meiner Beziehungen.	5	4	3	2	1
Ich mache mir nie Sorgen, ob meine persönlichen Fähigkeiten für eine Aufnahme in die Gruppen, die mich interessieren, ausreichen.	1	2	3	4	5
Wenn sich eine Person länger nicht bei mir meldet, fange ich schnell an, die Beziehung zu ihr in Frage zu stellen.	5	4	3	2	1
Wenn eine mir wichtige Person sich irgendwie komisch verhält, habe ich selten die Vermutung, dass dies etwas mit mir zu tun haben könnte.	1	2	3	4	5
Wenn andere Menschen durchblicken lassen, dass sie etwas an mir nicht mögen, kann meine Stimmung recht schnell ins Negative umschlagen.	5	4	3	2	1
Wenn Personen in meinem engen Bekanntenkreis negativ auf mich reagieren, zweifle ich nicht automatisch an der Qualität meiner Beziehung zu ihnen.	1	2	3	4	5
Wenn ich von anderen Personen Signale der Ablehnung empfange, bin ich sofort beunruhigt und mache mir Gedanken über den möglichen Grund.	5	4	3	2	1

AUSWERTUNG

Nachdem Sie in jeder Zeile eine Zahl angekreuzt haben, addieren Sie diese zehn Zahlen. Ist die Summe kleiner als 22, dann spricht dies für eine unterdurchschnittlich ausgeprägte emotionale Stabilität beziehungsweise einen überdurchschnittlich ausgeprägten Neurotizismus. Ist die Summe 22 oder größer, aber kleiner oder gleich 36, dann spricht dies für eine durchschnittlich ausgeprägte emotionale Stabilität. Ist die Summe größer als 36, dann spricht dies für eine überdurchschnittlich ausgeprägte emotionale Stabilität.

* Dieser Persönlichkeitstest basiert auf dem *Five Individual Reaction Norms Inventory* (FIRNI) von Jaap Denissen und Lars Penke. Nähere Informationen zum Fragebogen: Jaap J. A. Denissen & Lars Penke (2008). *Motivational individual reaction norms underlying the Five-Factor model of personality: First steps towards a theory-based conceptual framework. Journal of Research in Personality*, Vol. 42, S. 1285–1302.

Extraversion

Die Extraversion habe ich bereits im letzten Kapitel erwähnt. An ihr wird deutlich, dass sich unsere Alltagssprache nur zum Teil mit der psychologischen Fachsprache überschneidet. Der Rechtschreibduden, der hier das Alltagsverständnis von Extraversion repräsentieren soll, versteht unter einem extravertierten Menschen eine aufgeschlossene, gesellige und kontaktfreudige Person, jemanden, der für äußere Einflüsse leicht empfänglich ist. Dieser Aspekt ist zwar auch in Bezug auf die Extraversion der *Big Five* wichtig, der Begriff hat in der wissenschaftlichen Psychologie aber eine deutlich weitreichendere Bedeutung: Auch Tatendrang, Selbstbewusstsein und Durchsetzungsfähigkeit sowie das häufige und intensive Erleben positiver Emotionen werden dazugezählt.

Extravertierte Menschen begeistern sich nicht nur für eine Vielzahl an Dingen, sondern reißen auch oft andere mit. Kein Wunder also, dass sie häufig beliebt sind, in den Genuss eines großen Freundeskreises und einer beträchtlichen Anzahl an Bettgefährtinnen kommen (Exklusivität ist naheliegenderweise kein typisches Merkmal der Standard-Extravertierten). Gleichzeitig kann man die typische extravertierte Person problemlos zum Kaffee bei der Oma mitnehmen, wo sie sich ebenso unkompliziert bewegen wird wie beim Business-Dinner. Wenn sie nicht ohnehin schon über jemand anderen dorthin eingeladen wurde, schließlich kennt sie Gott und die Welt. Und so finden sich diese optimistischen, anpackenden Menschen auch vermehrt in Führungspositionen, in denen soziale Kompatibilität und Vernetzung meist zentrale Handlungskompetenzen sind.

Ein solches Popularitätslevel erreichen Introvertierte seltener. Soziale Interaktionen spielen einfach eine geringere Rolle in ihrem Leben. Und in sozialer Abgeschiedenheit hat es die soziale Kompetenz auch schwerer aufzublühen, sie ist weniger geübt. Eine befreundete Philosophie-Professorin beschrieb den Unterschied zwischen Intro- und Extraversion kürzlich sehr anschaulich an sich und ihrer Schwester: Während sie selbst nach einer eintägigen Konferenz schon Symptome einer *social overdose* spüre, verbringe ihre Schwester Stunden am Telefon, wenn sie auch nur einen Abend zu Hause bliebe, anderenfalls würde sie sich sofort einsam fühlen.

Ich mag dieses Beispiel, weil es drei Dinge deutlich macht: erstens, dass es auch innerhalb von Familien deutliche Unterschiede in der Persönlichkeit gibt – wie Ihnen vermutlich in Ihrer Familie auch schon das eine oder andere Mal aufgefallen sein wird. Kein Familienmitglied gleicht dem anderen vollkommen, auch nicht, wenn es sich um eineiige Zwillinge handelt.

Zweitens: Auch sehr introvertierte Menschen suchen sozialen Austausch, sie brauchen nur zwischendrin mehr Zeit allein, um sich von der Interaktionsflut zu erholen. Und drittens: Extravertierte Menschen bewegen sich zwar oftmals leichtfüßiger in beruflichen Netzwerken, aber auch introvertierte Menschen erreichen Führungspositionen. Ich halte das für wichtig, da wir so von einer bunten Vielfalt an Menschen und Perspektiven in allen Gruppen profitieren. Dies ist selbstverständlich nicht nur auf Vielfalt im persönlichkeitspsychologischen Sinne beschränkt, sondern betrifft auch jegliche anderen Eigenschaften wie das Geschlecht und Alter, die (soziale) Herkunft und sexuelle sowie weltanschauliche und religiöse Orientierung.

Persönlichkeitstest*
Wie extravertiert sind Sie?
Nachstehend finden Sie eine Reihe von Aussagen, die auf Sie zutreffen könnten. Bitte geben Sie für jede der folgenden Aussagen an, inwieweit Sie zustimmen.

	gar nicht	wenig	teils-teils	ziemlich	völlig
Der Umgang mit anderen Leuten gibt mir im Allgemeinen viel Energie.	1	2	3	4	5
Ich fühle mich am wohlsten, wenn ich alleine bin.	5	4	3	2	1
Ich treffe gerne viele Leute und habe Spaß mit ihnen.	1	2	3	4	5
Wenn ich mit vielen Menschen zusammen bin, halte ich mich lieber im Hintergrund.	5	4	3	2	1
Mich mit anderen Personen zu unterhalten, motiviert mich und bringt mein Bestes zum Vorschein.	1	2	3	4	5
Ich ziehe es gewöhnlich vor, Dinge alleine zu tun.	5	4	3	2	1
Ich habe immer Spaß daran, neue Menschen kennenzulernen.	1	2	3	4	5
Das Zusammensein mit anderen Menschen ist häufig anstrengend für mich.	5	4	3	2	1
Es geht mir am besten, wenn ich viele Menschen um mich herum habe.	1	2	3	4	5
Ich kann mich nicht so schnell für andere Menschen begeistern.	5	4	3	2	1

AUSWERTUNG

Nachdem Sie in jeder Zeile eine Zahl angekreuzt haben, addieren Sie diese zehn Zahlen. Ist die Summe kleiner als 25, dann spricht dies für eine unterdurchschnittlich ausgeprägte Extraversion beziehungsweise eine überdurchschnittlich ausgeprägte Introversion. Ist die Summe 25 oder größer, aber kleiner oder gleich 41, dann spricht dies für eine durchschnittlich ausgeprägte Extraversion. Ist die Summe größer als 41, dann spricht dies für eine überdurchschnittlich ausgeprägte Extraversion.

* Dieser Persönlichkeitstest basiert auf dem *Five Individual Reaction Norms Inventory* (FIRNI) von Jaap Denissen und Lars Penke. Nähere Informationen zum Fragebogen: Jaap J. A. Denissen & Lars Penke (2008). *Motivational individual reaction norms underlying the Five-Factor model of personality: First steps towards a theory-based conceptual framework. Journal of Research in Personality*, Vol. 42, S. 1285–1302.

Offenheit für neue Erfahrungen

Während sich ein extravertierter Mensch durch ein hohes Maß an Offenheit gegenüber anderen Menschen auszeichnet, zeichnet sich ein Mensch mit – im *Big Five*'schen Sinne – großer Offenheit für neue Erfahrungen dadurch aus, dass er offen gegenüber Ideen, Denkweisen und Kulturen, gegenüber komplexen theoretischen Abhandlungen und Kunst ist. Er ist neugierig, schätzt intellektuelle Anregung, liebt Unkonventionelles und sucht das Einzigartige und Originelle.

Ein Freund berichtete kürzlich, solche Mitmenschen finde man bevorzugt bei «Fräulein Frost», einer Eisdiele in Berlin, die für ihr leckeres hausgemachtes Fruchteis bekannt ist. Die Prototypin der Offenheit für neue Erfahrungen kann dort ihrer Persönlichkeit entsprechend statt Erdbeereis Guzimi wählen, eine Gurke-Zitrone-Minz-Mischung. Klar, Charlotte Pauly, die Schöpferin der kuriosen Eissorten – statt schnödem Erdbeereis gibt es Erdbeer-Basilikum, aus bloßer Vanille wird Kürbiskern-Vanille –, gehört mit ihrem bunten Eislabor mit hoher Wahrscheinlichkeit zu den offenen Menschen. Obwohl ich sie nicht kenne, wage ich mal zu vermuten, dass sie auch abseits ihrer Eis-Kreationen eher zum Originellen statt zum Konservativen neigt.

Erdbeer oder Guzimi?

Ob die Guzimi-Kundschaft aber tatsächlich auch so offen ist, lässt sich schwerer beantworten. Es spricht einiges dafür: Wer eine ungewöhnliche Eisvielfalt sucht und deshalb bei «Fräulein Frost» landet, sich dann für das Neue – Guzimi – statt das Nostalgie-Erdbeereis entscheidet, scheint offen für Ungewöhnliches zu sein. Andererseits ist das Berliner Maybachufer mit Hipstern überlaufen, die sich nur veganes Bio-Eis aus eigener Herstellung zumuten wollen. Das Guzimi-Eis hat dort bereits Kult-Status erreicht. Insofern ist der Hang zum Besonderen schon wieder Mainstream. Offene Menschen zeichnen sich aber besonders dadurch aus, dass sie das Unkonventionelle suchen. Bestellt eine im *Big Five*'schen Sinne offene Neuköllnerin in Post-Hipster-Manier in der Eisdiele um die Ecke also bevorzugt Erdbeer?

Mein Kollege Jochen Gebauer von der Universität Mannheim würde genau das vermuten. Er geht davon aus, dass Menschen, die offen für neue Erfahrungen sind, gerne gegen den gesellschaftlichen Mainstream schwimmen. Die Verhaltensweisen einer offenen Person variieren also mit der vorherrschenden sozialen Norm in einer Kultur. Zum Beispiel beobachtete er zusammen mit Kolleginnen, dass Menschen mit einer hohen Offenheit für neue Erfahrungen in religiösen Kontexten selten religiös sind, in nichtreligiösen Kontexten dagegen häufiger. Um der Anschaulichkeit halber ausnahmsweise Vorurteile zu bemühen: Eine offene Neuköllnerin isst vermutlich lieber Erdbeer statt Guzimi, ihr offener Besuch aus Neuruppin wählt dagegen vermutlich lieber Guzimi statt Erdbeer.

Abgesehen von ungewöhnlichen Eispräferenzen zeichnen sich Menschen mit einer hohen Offenheit für neue Erfahrungen durch ein höheres Bildungsniveau aus, sind meist wissensdurstiger, belesener und kreativer als weniger offene Menschen. Sie verfolgen vielfältige Interessen und reisen viel, vorzugsweise an entlegene Orte dieser Welt. Gleichzeitig erhöht ein hohes Maß an Offenheit aber auch die Wahrscheinlichkeit für Substanzmissbrauch, denn die Neugier macht vor Gesetz und Vernunft nicht unbedingt halt.

Persönlichkeitstest*
Wie offen sind Sie für neue Erfahrungen?
Nachstehend finden Sie eine Reihe von Aussagen, die auf Sie zutreffen könnten. Bitte geben Sie für jede der folgenden Aussagen an, inwieweit Sie zustimmen.

	gar nicht	wenig	teils-teils	ziemlich	völlig
Ich genieße es, über neue Lösungen für Probleme nachzudenken.	1	2	3	4	5
Denken ist für mich nicht mit Spaß verbunden.	5	4	3	2	1
Ich denke gerne darüber nach, wie die Gesellschaft in Zukunft aussehen könnte.	1	2	3	4	5
Ich mag es nicht, über komplexe Themen nachzudenken, wenn es dafür keine klare Notwendigkeit gibt.	5	4	3	2	1
Ich liebe es, über komplexe Themen wie den Sinn des Lebens oder die Weltpolitik nachzudenken.	1	2	3	4	5
Ich mag es nicht, Gedankenspiele anzustellen.	5	4	3	2	1
Ich mag es sehr, mich geistig zu betätigen.	1	2	3	4	5
Ich beschäftige mich lieber mit alltäglichen Dingen, als über theoretische Themen nachzudenken.	5	4	3	2	1
Es geht mir am besten, wenn ich geistig gefordert werde.	1	2	3	4	5
Ich mag es nicht, über unkonventionelle Ideen nachzudenken.	5	4	3	2	1

AUSWERTUNG

Nachdem Sie in jeder Zeile eine Zahl angekreuzt haben, addieren Sie diese zehn Zahlen. Ist die Summe kleiner als 30, dann spricht dies für eine unterdurchschnittlich ausgeprägte Offenheit für neue Erfahrungen. Ist die Summe 30 oder größer, aber kleiner oder gleich 44, dann spricht dies für eine durchschnittlich ausgeprägte Offenheit für neue Erfahrungen. Ist die Summe größer als 44, dann spricht dies für eine überdurchschnittlich ausgeprägte Offenheit für neue Erfahrungen.

* Dieser Persönlichkeitstest basiert auf dem *Five Individual Reaction Norms Inventory* (FIRNI) von Jaap Denissen und Lars Penke. Nähere Informationen zum Fragebogen: Jaap J. A. Denissen & Lars Penke (2008). *Motivational individual reaction norms underlying the Five-Factor model of personality: First steps towards a theory-based conceptual framework. Journal of Research in Personality*, Vol. 42, S. 1285–1302.

Verträglichkeit

Die Persönlichkeitseigenschaft mit der größten Bedeutung für stabile, konfliktarme soziale Beziehungen ist die Verträglichkeit. Verträgliche Menschen zeichnen sich dadurch aus, dass sie anderen gegenüber gutmütig und wohlwollend sind, Kooperation statt Wettbewerb vorziehen, selbstlos ihre Hilfe anbieten und bescheiden auftreten. Sie schenken anderen leichter Vertrauen, und ihnen wird im Gegenzug mehr Vertrauen entgegengebracht. Wenig verträgliche Menschen dagegen tragen Streitigkeiten offen aus und wirken auf ihre Mitmenschen häufig kalt und zynisch.

Die prosoziale – also uneigennützige, hilfsbereite – Orientierung von verträglichen Menschen führt dazu, dass sie bevorzugt das Gute in anderen sehen, anstatt sich auf das Schlechte zu fokussieren. In vielen Lebensbereichen hat das positive Konsequenzen. So führen verträgliche Menschen beispielsweise zufriedenere und stabilere romantische Beziehungen. Sie sind wie geschaffen für liebevolle Nachsicht, die – meiner Meinung nach – die wichtigste Zutat glücklicher Beziehungen ist. Ebenso führt die Verträglichkeit auch zu zufriedenen und stabilen Netzwerken im beruflichen Kontext. Dies wiederum kann wirtschaftliche Vorteile haben, weil sich Zufriedenheit und Stabilität positiv auf die Leistungsfähigkeit von Teams auswirken.

Da überrascht es wenig, dass sich unter straffälligen Menschen vergleichsweise wenig verträgliche finden lassen.

Doch nicht nur im sozialen Miteinander zahlt sich Verträglichkeit aus, sie geht auch mit positiven gesundheitlichen Konsequenzen einher, beispielsweise einem geringeren Risiko für Herz-Kreislauf-Erkrankungen.

Die Beobachtung, dass verträgliche Menschen weniger Dates haben, liegt sicher nicht so sehr daran, dass sie auf potenzielle Partnerinnen unattraktiv wirken. Vielmehr sind sie zum einen mit höherer Wahrscheinlichkeit in einer langfristigen festen Beziehung und zum anderen weniger anfällig für untreues Verhalten. Erstaunlicherweise führt die Verträglichkeit der einen Partnerin sogar dazu, dass auch die andere mit höherer Wahrscheinlichkeit selbst treu bleibt und in die Beziehung investiert.

Keinesfalls soll diese Charakterisierung den Eindruck erwecken, verträgliche Menschen ließen sich aufgrund ihres Harmoniebedürfnisses und ihrer Gutmütigkeit besonders häufig ausnutzen. Auch wenn die Küchenpsychologie annimmt, nett zu sein sei ein sozialer Nachteil, spricht mehr dafür, dass sowohl verträgliche Menschen selbst als auch ihre Mitmenschen von dieser Verträglichkeit profitieren. Das einzige Manko: Verträgliche Menschen können oftmals nicht besonders gut mit sozialer Ablehnung umgehen. Um ihr Bedürfnis, sich zu vertragen und hilfreiche Kompromisse zu finden, zu stillen, wird meistens das Zutun mindestens einer weiteren Person mit ähnlichen Bedürfnissen benötigt. Und das ist nicht immer gegeben. Lässt sich ein Konflikt nicht auflösen, setzt dies verträglichen Menschen oft besonders stark zu.

Persönlichkeitstest*
Wie verträglich sind Sie?
Nachstehend finden Sie eine Reihe von Aussagen, die auf Sie zutreffen könnten. Bitte geben Sie für jede der folgenden Aussagen an, inwieweit Sie zustimmen.

	gar nicht	wenig	teils-teils	ziemlich	völlig
Ich würde lieber teilen, als mit anderen darum zu wetteifern, etwas ganz für mich zu bekommen.	1	2	3	4	5
Mein eigenes Wohlbefinden ist mir wichtiger als die Probleme anderer Personen.	5	4	3	2	1
Ich verzichte lieber darauf, meine Interessen durchzusetzen, wenn sie mit den Gefühlen anderer Leute im Konflikt stehen.	1	2	3	4	5
Ich helfe anderen Menschen ungern, wenn mir daraus Nachteile entstehen.	5	4	3	2	1
Ich bin gerne großzügig, ohne dafür eine Gegenleistung zu erwarten.	1	2	3	4	5
Ich scheue mich nicht vor Konflikten, um meine Ansprüche gegenüber anderen durchzusetzen.	5	4	3	2	1

Wenn ich etwas mit anderen teile, finde ich es nicht schlimm, wenn andere mehr bekommen als ich selbst.	1	2	3	4	5
Ich tue einer Person ungern einen Gefallen, wenn ich weiß, dass ich später nichts von ihr zurückbekomme.	5	4	3	2	1
Ich würde anderen Personen auch dann helfen, wenn ich gerade selbst viele Probleme habe.	1	2	3	4	5
Ich hätte keine Probleme damit, meine Interessen auf Kosten anderer Personen durchzusetzen.	5	4	3	2	1

AUSWERTUNG

Nachdem Sie in jeder Zeile eine Zahl angekreuzt haben, addieren Sie diese zehn Zahlen. Ist die Summe kleiner als 29, dann spricht dies für eine unterdurchschnittlich ausgeprägte Verträglichkeit. Ist die Summe 29 oder größer, aber kleiner oder gleich 42, dann spricht dies für eine durchschnittlich ausgeprägte Verträglichkeit. Ist die Summe größer als 42, dann spricht dies für eine überdurchschnittlich ausgeprägte Verträglichkeit.

Gewissenhaftigkeit

Gewissenhafte Menschen kennen die Regeln und halten sich daran. Sie haben sich fabelhaft unter Kontrolle, was ihnen ermöglicht, ihr Verhalten an langfristigen Zielen auszurichten und kurzfristigen Ablenkungen oder Belohnungen zu widerstehen. Steht eine Durststrecke zwischen dem Status quo und Wolke sieben, dann bereitet das einem gewissenhaften Menschen wenig Probleme. Eine typische gewissenhafte Person zeichnet sich dadurch aus, dass sie ordentlich und fleißig ist, ihre To-do-Liste priorisiert und sie anschließend planmäßig und konsequent abarbeitet.

Diese Zuverlässigkeit und dieses Verantwortungsbewusstsein zahlen sich aus und resultieren im Durchschnitt in besserer Leistungsfähigkeit im Beruf. Sie gehen außerdem mit gesundheitsbewusstem Verhalten einher und einer geringeren Wahrscheinlichkeit, Lastern wie Rauchen oder Substanzmissbrauch, ungesunder Ernährung oder mangelnder sportlicher Betätigung zu verfallen. So kommt es, dass gewissenhaftere Menschen im Durchschnitt sogar länger leben.

Sie erinnern sich vielleicht noch an die oben genannte Charakterisierung emotional instabiler (neurotizistischer) Menschen. Ein schönes Bei-

* Dieser Persönlichkeitstest basiert auf dem *Five Individual Reaction Norms Inventory* (FIRNI) von Jaap Denissen und Lars Penke. Nähere Informationen zum Fragebogen: Jaap J. A. Denissen & Lars Penke (2008). *Motivational individual reaction norms underlying the Five-Factor model of personality: First steps towards a theory-based conceptual framework. Journal of Research in Personality*, Vol. 42, S. 1285–1302.

spiel dafür, dass Persönlichkeitseigenschaften nicht in Isolation bestehen, sondern miteinander interagieren, lieferte ein Team um Brent Roberts von der University of Illinois in Urbana-Champaign. Sie fanden heraus, dass gewissenhafte Menschen zwar besonders gesund und emotional instabile Menschen besonders ungesund leben, dass es aber den größten Vorteil habe, sowohl sehr gewissenhaft als auch emotional sehr instabil zu sein.

In Kombination mit der hohen Gewissenhaftigkeit dreht sich der nachteilige Effekt des hohen Neurotizismus nämlich in sein Gegenteil um. Eine Erklärung dafür könnte sein, dass emotional instabile Menschen besonders sensibel gegenüber gesundheitsschädigendem Verhalten und ersten Indikatoren für eine beginnende Erkrankung sind. Statt jedoch in erhöhter Sorge und endlosen Bedenkenschleifen zu verharren, führt wiederum eine hohe Gewissenhaftigkeit dazu, diese potenziellen Probleme konstruktiv anzugehen, also eine Ärztin aufzusuchen, kontinuierlich ihren Rat zu befolgen und sich gesundheitsbewusst zu verhalten.

Ein Großteil der bisherigen Forschungsergebnisse deutet darauf hin, dass gewissenhafte Menschen besser an gesellschaftliche Anforderungen angepasst sind als weniger gewissenhafte Menschen und davon in vielen Lebensbereichen profitieren.

Mit einer Ausnahme: Eine übermäßig stark ausgeprägte Gewissenhaftigkeit kann zu übertriebenem Perfektionismus führen, der diese Menschen daran hindert, Aufgaben abzuschließen. Diese Form der Zwanghaftigkeit kann dazu führen, dass sie erst zufrieden sind, sobald sie ihre Aufgaben bis hin zum letzten i-Tüpfelchen optimiert haben. Auch wenn das Resultat dann sicherlich besonders gut ist, so ist doch gemeinhin bekannt, dass für die letzten zwei Prozent der Optimierung noch einmal 90 Prozent der Zeit draufgehen können. Das kann dem Erfolg dann schon mal im Weg stehen.

Persönlichkeitstest*

Wie gewissenhaft sind Sie?

Nachstehend finden Sie eine Reihe von Aussagen, die auf Sie zutreffen könnten. Bitte geben Sie für jede der folgenden Aussagen an, inwieweit Sie zustimmen.

	gar nicht	wenig	teils-teils	ziemlich	völlig
Wenn ich an etwas arbeite, bin ich leicht abzulenken.	5	4	3	2	1
Wenn ich einen Plan habe, dann tue ich alles, um ihn zu verwirklichen.	1	2	3	4	5
Wenn ich bei der Ausführung eines Plans auf Schwierigkeiten stoße, neige ich dazu, schnell aufzugeben.	5	4	3	2	1
Ich hätte keine Probleme damit, hart für etwas zu arbeiten, was erst nach relativ langer Zeit Früchte tragen wird.	1	2	3	4	5
Ich setze meine Pläne oft nicht zu Ende durch.	5	4	3	2	1
Wenn ich einen Plan verfolge, lasse ich mich nicht leicht durch kurzfristige Bedürfnisse ablenken.	1	2	3	4	5
Ich habe mir oft ein Ziel gesetzt, ohne wirklich versucht zu haben, es zu erreichen.	5	4	3	2	1
Wenn ich mir ein Ziel gesetzt habe, verfolge ich es sehr hartnäckig.	1	2	3	4	5
Es ist sehr schwierig für mich, einen Plan zu verfolgen, wenn dies erfordert, dass ich momentane Bedürfnisse ignoriere.	5	4	3	2	1
Wenn ich mir ein Vorhaben in den Kopf gesetzt habe, dann bleibe ich dran, egal wie lange es dauert.	1	2	3	4	5

AUSWERTUNG

Nachdem Sie in jeder Zeile eine Zahl angekreuzt haben, addieren Sie diese zehn Zahlen. Ist die Summe kleiner als 26, dann spricht dies für eine unterdurchschnittlich ausgeprägte Gewissenhaftigkeit. Ist die Summe 26 oder größer, aber kleiner oder gleich 40, dann spricht dies für eine durchschnittlich ausgeprägte Gewissenhaftigkeit. Ist die Summe größer als 40, dann spricht dies für eine überdurchschnittlich ausgeprägte Gewissenhaftigkeit.

* Dieser Persönlichkeitstest basiert auf dem *Five Individual Reaction Norms Inventory* (FIRNI) von Jaap Denissen und Lars Penke. Nähere Informationen zum Fragebogen: Jaap J. A. Denissen & Lars Penke (2008). *Motivational individual reaction norms underlying the Five-Factor model of personality: First steps towards a theory-based conceptual framework. Journal of Research in Personality*, Vol. 42, S. 1285–1302.

4. Die Persönlichkeit und ihre Entwicklung über die Lebensspanne

Aus dem ersten Kapitel wissen Sie bereits, dass sich die Persönlichkeit im Laufe des Lebens verändert. Fast niemand von uns ist heute noch exakt dieselbe Person, die sie vor zehn Jahren war und die sie in zehn Jahren voraussichtlich sein wird. Die Ausprägung auf den *Big Five* ist also immer nur eine Momentaufnahme und beschreibt die derzeitige Persönlichkeit eines Menschen. Diese ändert sich nicht von heute auf morgen, aber doch in kleinen Nuancen über die Zeit.

Das Ausmaß und die Art der Veränderung der Persönlichkeit stehen im Zusammenhang mit dem Alter und der Lebenssituation, in der sich ein Mensch befindet. Im Folgenden nähern wir uns der Veränderlichkeit unserer Persönlichkeit, indem wir das Leben chronologisch durchgehen und uns anschauen, welche Persönlichkeitsmerkmale schon vor der Geburt über das Kindes- und Jugendalter bis hinein ins hohe Alter typischerweise zu beobachten sind.

Die pränatale Persönlichkeit

Theoretisch beginnt die Persönlichkeitsentwicklung im Mutterleib, also vorgeburtlich. Schon ungeborene Kinder unterscheiden sich voneinander, zum Beispiel in ihrem Aktivitätslevel. Die Ursachen für diese pränatalen Unterschiede werden im Allgemeinen auf genetische Unterschiede zurückgeführt. Doch auch Umwelteinflüsse können die Entwicklung des ungeborenen Kindes beeinflussen.

Genetische Einflüsse auf die Persönlichkeit werden häufig mit Zwillings- oder Familienstudien untersucht. Der aufschlussreichste Test ist dabei die Untersuchung getrennt aufgewachsener eineiiger Zwillinge: Sogenannte *monozygotische* Zwillinge sind nämlich genetisch identisch, sie sind natürliche Klone, da sie sich aus der gleichen Eizelle entwickelt haben, die sich nach der Befruchtung geteilt und zu zwei Geschwistern entwickelt hat. Wachsen diese eineiigen Zwillinge in unterschiedlichen Elternhäusern auf, so lassen sich Gemeinsamkeiten zwischen ihnen nicht auf Umwelteinflüsse zurückführen (abgesehen von gemeinsamen Erfahrungen im Mutterleib), sondern weitgehend auf ihre genetische Ähnlichkeit.

Glücklicherweise gibt es kaum Fälle von eineiigen Zwillingen, die direkt nach der Geburt voneinander getrennt wurden. Die meisten Zwillinge wachsen gemeinsam im gleichen Elternhaus auf, sodass sich die Ähnlichkeiten zwischen ihnen nicht nur mit ihrer genetischen Ähnlichkeit, sondern auch durch ihre gemeinsame Lebensumwelt erklären lassen: Sie interagieren mit den gleichen Eltern und gegebenenfalls weiteren Geschwistern, wohnen im gleichen Haushalt und besuchen meist die gleiche Schule, sodass sich auch ihre Freundeskreise häufig überschneiden.

Der genetische Einfluss auf die Persönlichkeitsentwicklung lässt sich in diesem Fall über einen Vergleich von eineiigen und zweieiigen Zwillingen schätzen. Während sich eineiige Zwillinge zu 100 Prozent genetisch gleichen, gleichen sich zweieiige Zwillinge im Durchschnitt zu 50 Prozent (ebenso wie Geschwister unterschiedlichen Alters). Beide Arten von Zwillingspaaren wachsen in ähnlichen Umwelten auf, teilen sich eine Familie, den Alltag und dergleichen. Beobachtet man nun, dass sich eineiige Zwillingspaare stärker ähneln, als es zweieiige Zwillingspaare tun, dann kann das auf ihre größere genetische Ähnlichkeit zurückgeführt werden.

Und tatsächlich legen Ergebnisse solcher Zwillingsstudien nahe, dass – je nach Persönlichkeitseigenschaft und Alter – etwa 30 bis 50 Prozent der Unterschiede zwischen Menschen auf ihre genetischen Unterschiede zurückgeführt werden können. Somit ist ein wesentlicher Anteil unserer Persönlichkeit genetisch bedingt. Ein mindestens ebenso großer Anteil muss jedoch anderweitig erklärt werden, nämlich durch Einflüsse der Umwelt.

Die Prägung im Mutterleib

Auch ungeborene Kinder werden bereits durch Umweltereignisse geprägt. Vergleichsweise große Beachtung findet in der Fachliteratur der Einfluss mütterlichen Stresses auf die psychische Gesundheit des Nachwuchses. Zum Beispiel stellt Marta Weinstock von der Hebrew University in Jerusalem dar, dass Stress und Ängstlichkeit der Mutter während der Schwangerschaft spätere emotionale Probleme, Hyperaktivität und Aufmerksamkeitsstörungen des Kindes begünstigen. Es wird angenommen, dass ein hohes Stresslevel der Mutter zu einer vermehrten Ausschüttung von Stresshormonen führt, die – hält der Stress dauerhaft an – auch an das Kind weitergegeben werden, was wiederum dessen Entwicklung beeinträchtigt.

Die bisherige Forschungsliteratur legt nahe, dass ungewöhnlich belastende Umwelterfahrungen einen nachteiligen Einfluss auf die Entwicklung des Fötus nehmen können. Unklar ist indes, welche Folgen Umwelteinflüsse, die nicht mit chronischer Belastung einhergehen, auf die Entwicklung des Kindes haben. Macht es beispielsweise einen Unterschied, ob die Mutter während der Schwangerschaft sportlich aktiv ist (sich also besonders fit hält), musiziert (das Kind also vielen auditiven Reizen aussetzt) oder berufsbedingt besonders viel spricht, vielleicht sogar in unterschiedlichen Sprachen (das Kind also vielfältigen sprachlichen Reizen ausgesetzt ist)?

Unklar ist auch, welche persönlichkeitspsychologischen Konsequenzen sich daraus ergeben. Bisher ist nicht belegt, dass ein Kind besonders gesprächig, musikalisch oder sportlich wird, weil es im Mutterleib bereits entsprechend geprägt wurde. Vielmehr kann man davon ausgehen, dass Kinder nach der Geburt durch die Eltern geprägt werden, weil diese durch ihren Lebensstil und die Gestaltung der Lebensumwelt ihren Kindern unterschiedliche Anreize für die Entwicklung bieten. Insofern sind Trainings, die dem ungeborenen Kind bereits Mozart oder die chinesische Sprache nahebringen wollen, eher ein Symptom überambitionierter Kindes-Optimierung – oder das Ergebnis eines ausgeklügelten Geschäftsmodells – als wissenschaftlich plausibel.

Was können wir also festhalten? Es gibt Indizien für individuelle vorgeburtliche Unterschiede, die sowohl genetisch als auch durch Umwelteinflüsse bedingt sein können. Ist die Mutter des ungeborenen Kindes ausgeglichen, entspannt und wenig gestresst, wirkt sich das positiv auf die Entwicklung des Kindes aus. Pränatale Förderungen haben dagegen keinen wissenschaftlich plausiblen Einfluss auf anhaltende Persönlichkeitsunterschiede zwischen Menschen.

Die Persönlichkeit im Kindesalter

Die pränatale Persönlichkeit ist erheblichen Einschränkungen ausgesetzt: Das Denken, Fühlen und Verhalten entwickelt sich beim Fötus erst im Laufe der Schwangerschaft und erlaubt schon allein wegen des begrenzten Handlungsraums (der Gebärmutter) nur wenig individuelle Unterschiede. Insofern zeigt sich die Persönlichkeit erst postnatal deutlich. Doch auch in den Jahren nach der Geburt wird die Persönlichkeit meist noch nicht mit den Konstrukten der erwachsenen Persönlichkeit wie den *Big Five* beschrieben. Diese Persönlichkeitsstruktur entwickelt sich erst im späten Kindesalter. Als Vorläufer davon werden deshalb sogenannte *Temperamentsunterschiede* herangezogen, um den Charakter von Kindern zu beschreiben.

Temperament

Das Temperament beschreibt Verhaltensstile von Kindern, die meist grundlegender sind als die späteren Persönlichkeitseigenschaften. Dazu zählt beispielsweise die Sensitivität, also Feinfühligkeit oder Empfindlichkeit, gegenüber Reizen. Oder die Intensität von Reaktionen: Reagiert ein Kind besonders schnell und besonders stark auf angstauslösende Reize? Oder bleibt es gelassen, hat es also, um es wissenschaftlich auszudrücken, eine höhere Reizschwelle und eine geringere Reaktionsstärke?

Wir unterscheiden uns bereits im Kindesalter darin, wie häufig und wie stark wir negative Emotionen wie Angst, Traurigkeit und Ärger empfinden. Das Gleiche gilt für positive Emotionen wie Fröhlichkeit, Ausdauer oder Abenteuerlust.

Eine Besonderheit der Temperamentsforschung ist, dass Unterschiede zwischen Menschen auf unterschiedliche neurophysiologische Prozesse zurückgeführt werden, die Persönlichkeit also aus einer biologischen Perspektive heraus betrachtet wird. Dies basiert auf der Annahme, dass Temperament angeboren, sprich weitgehend genetisch bestimmt, ist und sich – im Vergleich zu anderen Persönlichkeitseigenschaften – durch eine besonders hohe, langfristige Stabilität auszeichnet.

Einer der ersten und wichtigsten Temperamentsforscher, Hans-Jürgen Eysenck, nahm an, dass es zwei grundlegende Temperamentseigenschaften gibt: Extraversion und Neurotizismus. Sie kennen diese Begriffe schon aus den *Big Five*: Mit Extraversion ist die nach außen gewandte Haltung eines Menschen gemeint, Neurotizismus meint emotionale Instabilität. Die individuelle Ausprägung auf diesen Eigenschaften, so nahm Eysenck an, sei auf Unterschiede im sogenannten aufsteigenden retikulären aktivierenden System des Hirnstamms (ARAS) beziehungsweise im limbischen System zurückzuführen.

> *ARAS*: ein Teil des Gehirns, der unter anderem die Aufmerksamkeit steuert.
>
> *Limbisches System*: ein Teil des Gehirns, der Emotionen verarbeitet.

Eysenck ging davon aus, dass extravertierte Menschen ein wenig aktives und wenig sensitives ARAS haben, dessen Aufgaben unter anderem die Aufmerksamkeitssteuerung und die Schlaf-Wach-Regulation beinhalten. Dadurch benötigen Extravertierte deutlich mehr Aktivierung durch ihre Umwelt (beispielsweise andere Menschen oder Umgebungsreize wie Musik), um sich wohlzufühlen und leistungsfähig zu sein. Introvertierte Menschen dagegen haben ein aktiveres und empfindlicheres ARAS. Selbst wenige Reize in der Umwelt führen bereits zu einer merklichen Aktivierung, sodass introvertierte Menschen eine ruhige Umwelt bevorzugen.

Unterschiede im Neurotizismus (also der emotionalen Instabilität) führte Eysenck auf Unterschiede im limbischen System zurück, dessen Funktion die Regulierung von Emotionen ist. Neurotizistischere Menschen werden leichter und anhaltender emotional erregt und sind anfälliger für Stress als emotional stabile Menschen.

Die bisherige Forschung kann zwar die Existenz der beiden Persönlichkeitseigenschaften Extraversion und Neurotizismus bestätigen, allerdings gibt es gemischte Befunde, was die zugrundeliegenden neurophysiologischen Prozesse angeht. Insofern ließen sich Eysencks Annahmen nur bedingt bestätigen. Zuverlässige Hinweise über die biologischen Ursachen von Temperamentsunterschieden stehen weiterhin aus. Dadurch hat sich auch der Wunsch nach einer möglichst objektiven Persönlichkeitsmessung bisher leider nicht erfüllt. Nichtsdestotrotz erleichtert die Temperamentsforschung das Verständnis von Persönlichkeitsunterschieden im Kindesalter.

Vier Faktoren, die das Temperament ausmachen

Eine zentrale Rolle bei der Beschreibung von Temperamentsunterschieden zwischen Kindern spielen folgende Faktoren: negativer Affekt, positiver Affekt, Selbstkontrolle und das Aktivitätslevel.

Ein hoher *negativer Affekt* beschreibt eine Komponente der emotionalen Instabilität, nämlich die Veranlagung, häufiger und intensiver als andere Kinder negative Emotionen zu erleben. Ein hoher *positiver Affekt* beschreibt die Tendenz, häufig positive Emotionen zu erleben, ist also ein Teil der Extraversion.

> *Affekt*: ein Gefühl wie Freude oder Ärger, das sich auch körperlich ausdrückt.

Mit *Selbstkontrolle* ist das Zurückhalten von Impulsen zugunsten langfristiger Vorteile gemeint, also die Ausdauer und das Durchhaltevermögen des Kindes. In den bekannten Experimenten des Psychologen Walter Mischel und seinen Kolleginnen werden Unterschiede in der Fähigkeit zur Selbstkontrolle besonders deutlich: Kinder erhalten von einer Versuchsleiterin einen Marshmallow und bekommen die Aufgabe, diesen nicht zu essen, bis die Versuchsleiterin nach einiger Zeit zurückkehrt. Den Kindern wird versprochen, dass sie einen zweiten Marshmallow erhalten, wenn sie es schaffen, bis dahin durchzuhalten. Essen sie den Marshmallow während des Wartens oder holen sie die Versuchsleiterin vorzeitig zurück, dann erhalten sie keinen weiteren Marshmallow, also keine Belohnung.

Der Marshmallow-Test
Der Marshmallow-Test zeigt unter anderem, dass das Alter der Kinder einen wesentlichen Unterschied macht: Kinder unter vier Jahren sind selten in der Lage, den Belohnungsaufschub für einige Minuten auszuhalten. Schulkinder ab sechs Jahren haben sich dagegen meist bereits Strategien angeeignet, wie sie sich vom Objekt der Begierde ablenken können, zum Beispiel indem sie den Marshmallow nicht anschauen, etwas spielen oder singen. Kinder zwischen vier und sechs Jahren unterscheiden sich am deutlichsten in ihrer Fähigkeit zum Belohnungsaufschub, was auf Unterschiede in ihrer Selbstkontrolle zurückgeht. Ist die Selbstkontrolle hoch, zeigt sich das auch in anderen Lebensbereichen: Selbstkontrollierte Kinder sind intelligenter, verhalten sich verantwortungsbewusster und sind leistungsmotivierter als Kinder mit geringerer Selbstkontrolle.

Die Kinder, die an dem Marshmallow-Experiment teilgenommen hatten, unterschieden sich selbst noch zehn Jahre später deutlich voneinander: Diejenigen mit einer hohen Selbstkontrolle galten im Jugendalter als kompetenter, konnten besser mit Enttäuschungen umgehen und Versuchungen widerstehen. Sie zeigten bessere Schulleistungen, waren aufmerksamer, konzentrierter und hatten ein höheres Selbstvertrauen.

Mindestens drei Dinge lassen sich aus den berühmten Experimenten von Mischel und Kolleginnen lernen. Erstens: Kinder unterscheiden sich deutlich in ihrer Fähigkeit zur Selbstkontrolle. Zweitens: Diese individuellen Unterschiede sind über mehrere Jahre hinweg stabil, beschreiben also nicht nur vorübergehende Entwicklungs-, sondern anhaltende Persönlichkeitsunterschiede. Und drittens: Die Selbstkontrolle ist ein Merkmal, das in unserer heutigen Gesellschaft eine zentrale Rolle einnimmt und sich in vielen Lebensbereichen – in emotionaler, sozialer und schulischer Hinsicht – auszahlt. In späteren Entwicklungsphasen wird dieses Temperamentsmerkmal als ein Aspekt der Gewissenhaftigkeit aufgefasst.

Neben negativem Affekt, positivem Affekt und Selbstkontrolle wird in der Temperamentsforschung häufig das Aktivitätslevel, also die motorische Aktivität, von Kindern betrachtet. Dazu zählt, wie viel Energie Kinder haben, wie aktiv und impulsiv sie im Alltag sind. Bei Erwachsenen hat dieses Merkmal eine geringere Bedeutung und stellt einen Aspekt der Extraversion dar (ebenso wie der positive Affekt). Kinder unterscheiden sich jedoch deutlich in diesem Merkmal, weshalb es häufig zur Beschreibung von individuellen Unterschieden im Kindesalter herangezogen wird.

Im Gegensatz dazu spielen bei Kindern, im Vergleich zu Erwachsenen, Unterschiede in der Offenheit für neue Erfahrungen eine geringe Rolle. Zwar kann man auch bei Kindern intellektuelle Unterschiede erkennen (die manchmal als eine Komponente der Offenheit angesehen werden und in der Temperamentseigenschaft *Sensitivität* adressiert werden), aber die Offenheit gegenüber Kunst und Kultur entwickelt sich erst im späten Kindes- und im Jugendalter. Und obwohl der Mensch ein soziales Wesen ist und diese prosoziale Orientierung im Persönlichkeitsmerkmal der Verträglichkeit abgebildet wird, so zeigt sie sich im Kindesalter selten und am ehesten als ein Aspekt der emotionalen Stabilität.

Sie haben gesehen, dass im Kindesalter (im Vergleich zum Erwachsenenalter) andere Merkmale geeignet sind, um die Einzigartigkeit eines Individuums möglichst umfassend zu beschreiben. Die Unterscheidung von

Temperaments- und Persönlichkeitseigenschaften hat jedoch vor allem historische Gründe, nämlich unterschiedliche Forschungstraditionen, die sich entweder mit biologischen Grundlagen individueller Unterschiede beschäftigten (Temperamentsforschung) oder mit individuellen Unterschieden im Erwachsenenalter (Persönlichkeitsforschung). Mehrere Studien zeigen mittlerweile, dass es mehr Gemeinsamkeiten als Unterschiede zwischen diesen Konzepten gibt.

Entwicklungstrends im Kindesalter

Bis in das späte Kindesalter von etwa 10 bis 12 Jahren hinein entwickelt sich eine Persönlichkeitsstruktur, die der im Erwachsenenalter entspricht. Gleichzeitig zeigt sich, dass Persönlichkeitsmerkmale, die im Kindesalter eine größere Rolle spielen als im späteren Verlauf des Lebens, sich bereits durch eine erstaunlich hohe Stabilität auszeichnen.

Ordnet man Kinder dahingehend ein, wie sehr ein bestimmtes Persönlichkeitsmerkmal bei ihnen ausgeprägt ist, lässt sich beobachten, dass diese Rangreihe über die Zeit immer stabiler wird. Während es im frühen Kindesalter noch zu vielen Wechseln kommt, wird das im Verlauf des Kindesalters immer seltener: Zeichnet sich ein Kind beispielsweise durch eine hohe Extraversion aus, nimmt es bei diesem Merkmal also einen vorderen Rangplatz ein, dann wird es mit steigendem Alter immer unwahrscheinlicher, dass es von einem sehr introvertierten Kind «überholt» wird. Daraus lässt sich schlussfolgern, dass sich die Individualität von Kindern im Vergleich zu Gleichaltrigen immer stärker manifestiert und individuelle Entwicklungsverläufe mit steigendem Alter seltener werden.

Gleichzeitig unterliegt die Persönlichkeit von Kindern typischen, allgemeinen Veränderungen: Beim Übergang vom Kindes- zum Jugendalter – etwa zwischen 10 und 14 Jahren – werden Kinder im Durchschnitt weniger extravertiert, offen für neue Erfahrungen, gewissenhaft und verträglich. Einschätzungen der Eltern zufolge entwickeln sich diese Effekte bereits im Verlauf des Kindesalters ab etwa drei Jahren.

Diese Entwicklungstrends werden mit der *Disruptions-Hypothese* beschrieben. Gemeint ist damit, dass sich Kinder entgegen eines im Allgemeinen als angepasst geltenden Persönlichkeitstrends entwickeln.

Dieser Verlauf wird darauf zurückgeführt, dass Kinder mit der Zeit höhere Standards entwickeln, wie sie gern wären oder glauben, sein zu müssen. Da gleichzeitig ihre Fähigkeit zu beispielsweise gewissenhafterem und offenerem Verhalten noch nicht vorhanden ist, entsteht eine wachsende Kluft zwischen tatsächlicher Persönlichkeit und subjektivem Ideal. Dadurch sinken die selbst eingeschätzten Persönlichkeitsmerkmale wiederum.

Während des späten Kindesalters und beginnenden Jugendalters entwickelt sich auch der große Geschlechterunterschied in der emotionalen Stabilität. Wie in keinem anderen Merkmal unterscheiden sich Frauen in dieser Eigenschaft von Männern. Jedoch wird Mädchen eine erhöhte Neigung zu Ängstlichkeit, Traurigkeit und übermäßigen Sorgen nicht in die Wiege gelegt. Vielmehr entwickelt sich diese erst im Teenageralter, einer sensiblen Phase, die mit vielen hormonellen Veränderungen einhergeht und darüberhinaus die Mädchen vermehrt mit ausgeprägten gesellschaftlichen Geschlechterstereotypen konfrontiert. Und so kommt es, dass junge Frauen mit Beginn ihrer sexuellen Reife gleichzeitig einem höheren Risiko ausgesetzt sind, sich gesellschaftlichen Rollenerwartungen nicht gewachsen zu fühlen, und darauf mit Persönlichkeitsveränderungen reagieren, die bekanntermaßen zu den Risikofaktoren von Depression und Angststörungen zählen.

Bindungsstile

Wir haben die Betrachtung der Persönlichkeit im Kindesalter mit einer biologischen Perspektive begonnen, dem Temperament. Eine weitere Perspektive hat ihre Ursprünge in der Psychoanalyse. Obwohl die Ansätze von Sigmund Freud und Co. in der wissenschaftlichen Psychologie Deutschlands insgesamt wenig Zustimmung erfahren, sind psychoanalytische Denkweisen in einigen medizinischen/psychiatrischen und geisteswissenschaftlichen Schulen Deutschlands durchaus anerkannt, ebenso an psychologischen Instituten außerhalb Deutschlands. Unbestritten ist, dass die psychoanalytische Perspektive wichtige Impulse für das Verständnis frühkindlicher Bindung gegeben hat.

Viele Aspekte von Freuds Annahmen und Theorien beziehen sich auf das Kindesalter, er arbeitete aber fast ausschließlich mit erwachsenen Patientinnen. Dennoch ging Freud davon aus, dass sich zwischenmenschliche Erfahrungen im Kindesalter bis hinein in das Erwachsenenalter auf die Psyche eines Menschen auswirken. Aus diesem Grund kommt der Beschäftigung mit frühen Entwicklungsphasen bei Freud eine wichtige Bedeutung bei der Suche nach Ursachen psychischer Auffälligkeiten zu.

Die moderne psychologische Forschung zu Bindungsstilen, die die grundlegenden Formen des sozialen Miteinanders von Menschen beschreibt, vertraut nicht auf diese Form der rückblickenden Betrachtung des Kindesalters, sondern setzt direkt bei Beobachtungen und Befragungen von Kindern und Erwachsenen an, um Unterschiede in der jeweiligen Altersgruppe aufzudecken. Es werden bei dieser Herangehensweise zwei Arten von Bindungsstilen unterschieden: ein sicherer und ein unsicherer Bindungsstil.

Der sichere und der unsichere Bindungsstil

Personen mit einem sicheren Bindungsstil haben meist stabile, zufriedene Beziehungen zu ihrer Partnerin, ihren Eltern und anderen Familienangehörigen sowie zu Freundinnen und Bekannten. Sie können sich gegenüber nahestehenden Personen öffnen, sind in der Lage, Konflikte konstruktiv zu lösen, und schaffen damit die Grundlage für eine tiefe, vertrauensvolle Beziehung.

Personen mit einem unsicheren Bindungsstil dagegen führen häufig fragile, weniger zufriedene Beziehungen. Ihnen ist übermäßige Nähe unangenehm, sie fühlen sich leicht zurückgewiesen und hadern mit sich und ihrem sozialen Umfeld, wenn es zu Konflikten kommt.

Der Bindungsstil einer Person lässt sich anhand von zwei Dimensionen beschreiben: der *Bindungsängstlichkeit* und der *Bindungsvermeidung.*

> *Bindungsängstlichkeit*: Ausmaß der Angst, in engen sozialen Beziehungen zurückgewiesen zu werden.
>
> *Bindungsvermeidung*: Ausmaß des Unwohlseins in engen sozialen Beziehungen.

Bindungssichere Menschen zeichnen sich durch eine geringe Bindungsängstlichkeit und eine geringe Bindungsvermeidung aus. Bindungsängstliche Menschen haben das Gefühl, keine zuverlässige Bezugsperson in ihrem sozialen Umfeld zu haben, und befürchten, verletzt und zurückgewiesen zu werden. Bindungsvermeidende Menschen fühlen sich unwohl dabei, eine enge Beziehung zu anderen Personen aufzubauen, sich ihnen zu öffnen und von diesen abhängig zu sein.

> John Bowlby, ein britischer Psychiater und Psychoanalytiker, der die Bindungsstil-Forschung begründete, ging davon aus, dass es einen evolutionär entstandenen psychologischen Mechanismus gibt, eine genetische Veranlagung zur Bindungsfähigkeit, die sicherstellt, dass Säuglinge und Kleinkinder den Schutz einer Bezugsperson suchen. Im Laufe der menschlichen Entwicklungsgeschichte hat diese Bindungsfähigkeit das Überleben des unselbständigen Nachwuchses ermöglicht und sich auf heutige Generationen weitervererbt.

Unterschiede im Bindungsstil können bereits im frühen Kindesalter beobachtet werden. Kinder, die die Erfahrung gemacht haben, dass sie den Schutz einer Bezugsperson genießen, die anwesend und ihnen zugewandt ist, fühlen sich sicher und können aus diesem Sicherheitsgefühl heraus ihr Umfeld erkunden. Die Bezugsperson ist damit eine sichere Basis, von der aus ein Kind den Mut und das Selbstvertrauen gewinnt, sich in seiner Umgebung zurechtzufinden. Hat ein Kind das Gefühl, nicht den zuverlässigen Schutz einer wohlmeinenden Bezugsperson zu genießen, so begünstigt das Verhaltensauffälligkeiten, beispielsweise erhöhte Ängstlichkeit oder Irritierbarkeit.

Unterschiede im Bindungsstil von Kindern lassen sich über den *strange situation*-Test der US-amerikanischen Entwicklungspsychologin Mary Ainsworth beobachten. Kinder im Alter von etwa einem Jahr besuchen dafür gemeinsam mit ihrer primären Bezugsperson (meist einem Elternteil) das Labor und werden dort in Situationen beobachtet, in denen das Elternteil für einige Minuten den Raum verlässt. Sicher gebundene Kinder reagierten auf die Trennung aufgewühlt, lassen sich bei der Rückkehr des Elternteils aber leicht wieder beruhigen.

Ängstlich-ambivalente Kinder reagierten dagegen übermäßig gestresst, wenn sich das Elternteil entfernt, lassen sich nach dessen Rückkehr schwer beruhigen und zeigen widersprüchliche Verhaltensweisen wie Annäherung und Abweisung. Ängstlich-vermeidende Kinder reagieren kaum auf die Trennungssituation, weder auf das Verlassen des Elternteils noch auf dessen Rückkehr.

Aus Sicht der Bindungstheorie speichern Menschen aufgrund ihrer frühkindlichen Erfahrungen mit ihren primären Bezugspersonen gedankliche Abbilder, sogenannte *internale Arbeitsmodelle.*

> *Internale Arbeitsmodelle*: gedanklich gespeicherte Erfahrungen und Erwartungen über das Verhalten nahestehender Personen.

Dieses gedankliche Abbild der eigenen Bedeutung in der sozialen Welt ist – so die Annahme – weitgehend stabil und zeigt sich auch noch in der Art und Weise, wie Beziehungen im Erwachsenenalter geführt werden: nicht nur zu den Eltern, sondern auch zu anderen Interaktionspartnerinnen.

Durch wissenschaftliche Beobachtungen lässt sich diese Annahme nur zum Teil bestätigen. Tatsächlich gibt es Zusammenhänge zwischen dem Bindungsstil im Kindesalter und im Erwachsenenalter: Sicher gebundene Kinder haben eine höhere Wahrscheinlichkeit als unsicher gebundene Kinder, auch im Erwachsenenalter von sicheren Bindungen zu profitieren. Allerdings sind diese Zusammenhänge eher klein, und die Stabilität des Bindungsstils wächst erst im Laufe der Entwicklung deutlich an: Der Bindungsstil im Kindesalter erlaubt also nur ungenaue Vorhersagen über den Bindungsstil im Erwachsenenalter. Außerdem zeigt sich, dass die Bindungsängstlichkeit im Laufe des Lebens im Durchschnitt sinkt, Menschen mit steigendem Alter also generell weniger stark davon betroffen sind. Ähnliche Entwicklungstrends lassen sich für den vermeidenden Bindungsstil hingegen nicht finden.

Festzuhalten bleibt außerdem: Wir haben nicht nur «den einen Bindungsstil». Vielmehr kann er sich gegenüber unterschiedlichen Personen oder Personengruppen (beispielsweise Familie, Freundinnen, Partnerinnen) unterscheiden. Es ist also nicht ungewöhnlich, dass Menschen einen unsicheren Bindungsstil in romantischen Beziehungen haben, sich gegenüber Freundinnen aber durch einen sicheren Bindungsstil auszeichnen oder andersherum.

Als Elternteil oder nahestehende Bezugsperson eines Kindes sollte man eine stabile Grundlage für die Entwicklung eines sicheren Bindungsstils schaffen, also Wärme und Geborgenheit, Sicherheit und Zuverlässigkeit vermitteln, ebenso wie das Gefühl unbedingter Liebe. Damit erleichtern wir es den Kindern, mit diversen Herausforderungen der Umwelt umzugehen, und schaffen gute Voraussetzungen für ihre späteren sozialen Beziehungen.

Kindern fällt es dann leichter, einen sicheren Bindungsstil zu entwickeln, wenn sie eine (oder mehrere) enge Bezugspersonen haben, die ihnen Zeit und Aufmerksamkeit schenken, ein offenes Ohr für sie haben und sich ihnen explizit zuwenden, also beispielsweise mit Blick- und Körperkontakt liebevolle Zuwendung ausstrahlen.

Gleichzeitig hängt die Art des Bindungsstils auch immer mit gesellschaftlichen Erwartungen und dem sozialen Kontext zusammen, in dem ein Kind aufwächst: Kinder, die sich bereits sehr früh in Kinderbetreuungseinrichtungen behaupten, reagieren weniger stark auf die kurzfristige Trennung von ihren Eltern. Dies muss nicht auf einen unsicheren Bindungsstil hindeuten, sondern kann vielmehr ein Resultat der Erfahrung sein, dass das Kind auch ohne ein Elternteil gut zurechtkommt und darauf vertrauen kann, dass – entsprechend früherer Erfahrungen – seine Eltern in absehbarer Zeit wieder zurückkehren werden.

Will man also bewerten, wie angepasst ein Kind in seinem Bindungsstil ist, muss immer auch der gesellschaftliche und soziale Kontext mitberücksichtigt werden.

Die Konsequenzen der Persönlichkeit für die Zukunft der Kinder

Die Persönlichkeit von Kindern zeichnet sich durch messbare Unterschiede im Denken, Fühlen und Verhalten aus. Um in der wissenschaftlichen Psychologie als Persönlichkeitsmerkmal aufgefasst zu werden, müssen diese Unterschiede über einige Jahre hinweg stabil sein. Erst dann ist die Persönlichkeit eines Kindes nicht nur eine Momentaufnahme seiner Individualität, sondern darüber hinaus auch eine Hinweisgeberin für seine Zukunft, seine spätere Persönlichkeit und mögliche Lebenslauf-Konsequenzen. All diese Zusammenhänge sind niemals deterministisch, also vorgegeben und unveränderlich. Vielmehr erhöhen oder vermindern sie die Wahrscheinlichkeit für zukünftige Persönlichkeitsausprägungen oder Erfahrungen.

Rebecca Shiner von der US-amerikanischen Colgate University untersuchte die Entwicklungsverläufe von Kindern über viele Jahre hinweg. Die Persönlichkeit der ursprünglich acht- bis zwölfjährigen Kinder stand im Zusammenhang mit ihren späteren akademischen Leistungen und ihrer sozialen Kompetenz. Kinder mit einer hohen Leistungsmotivation gehen mit Enthusiasmus, Kreativität, Selbstvertrauen und Ausdauer an Aufgaben heran, was sich auch zehn Jahre später noch in einer höheren akademischen Leistungsfähigkeit und sozialen Kompetenz zeigt. Auch verträgliche Kinder sind weniger verträglichen Kindern in diesen Bereichen voraus. Zusammengenommen hatten die in dieser Studie gemessenen Persönlichkeitseigenschaften einen größeren Einfluss auf die Zukunft der Kinder als die Intelligenz im Kindesalter – und das galt gleichermaßen für Mädchen wie auch für Jungen.

Sogar noch 20 Jahre nach der ersten Persönlichkeitsmessung blieben diese Zusammenhänge bestehen. Experten-Interviews zur Freundschaftsqualität, Selbstberichte sowie Elternberichte ergaben, dass Kinder mit einer hohen Leistungsmotivation im Alter von etwa 30 Jahren ein höheres Bildungsniveau hatten. Auch verträgliche Kinder erreichten 20 Jahre später ein höheres Bildungsniveau und führten erfolgreichere Freundschaften. Beide Zusammenhänge ließen sich nicht allein auf Unterschiede in der Intelligenz der untersuchten Personen zurückführen.

Es gibt weitere beeindruckende Beispiele: Haben Sie zum Beispiel noch Erinnerungen an die Zeit, als Sie drei Jahre alt waren? Mein Erinnerungsvermögen beschränkt sich auf eine einzige Situation – und auch die bleibt sehr vage –, in der meine Oma zu Besuch kam: Es gab einen Konflikt unter den Erwachsenen, den ich nicht verstand, und ich verkleidete mich heimlich mit diversen Kleidungsstücken und Schuhen, die ich von meinen Eltern und meiner Oma auftreiben konnte, in der Hoffnung, damit die Stimmung aufzuhellen. Ich bin noch nicht einmal sicher, ob diese Erinnerung wahr ist oder lediglich in meinem Kopf existiert. Sicher ist aber, dass meine Persönlichkeit in dieser frühen Lebensphase bereits einen Einfluss auf mein jetziges Leben hatte, und das, obwohl ich die Person, die ich damals war, kaum noch erinnern kann.

Das legen zumindest Befunde von Avshalom Caspi nahe, der mit Hilfe der neuseeländischen Dunedin-Studie Kinder im Alter von drei Jahren bis zum Erwachsenenalter wiederholt untersucht hat. Kinder im Alter von drei Jahren konnten drei Persönlichkeitstypen zugeordnet werden: dem angepassten (auch: *resilienten*), dem unterkontrollierten und dem gehemmten beziehungsweise überkontrollierten Typ.

Drei Persönlichkeitstypen: angepasst/resilient, impulsiv/unterkontrolliert, gehemmt/überkontrolliert.

Gut angepasste Kinder waren in der Lage, sich zu kontrollieren, waren selbstbewusst und blieben neuen Menschen und Situationen gegenüber gelassen. Unterkontrollierte Kinder, mehrheitlich männlich, zeichneten sich durch Impulsivität, Unruhe, Ablenkbarkeit und emotionale Labilität aus. Kinder des dritten, gehemmten Persönlichkeitstyps – mehrheitlich weiblich – waren zurückhaltend, ängstlich und ließen sich durch Fremde leicht irritieren.

Im Alter von 21 Jahren zeigte sich, dass die jungen Erwachsenen, die bereits als Kleinkind gut angepasst waren, dies auch fast 20 Jahre später noch in vielen Lebensbereichen waren. Zum Beispiel genossen sie eine längere Schulbildung und hatten ein geringeres Risiko für eine psychiatrische Erkrankung.

Unterkontrollierte Kinder dagegen waren im jungen Erwachsenenalter im Durchschnitt weit weniger gut angepasst. Sie führten konfliktträchtigere soziale Beziehungen, waren häufiger von der Schule verwiesen worden und hatten ein höheres Risiko für Arbeitslosigkeit (sie wurden 2,5-mal häufiger entlassen als diejenigen jungen Erwachsenen, die als Kind nicht unterkontrolliert waren). Darüber hinaus hatten sie ein höheres Risiko für kriminelles Verhalten und psychische Störungen, insbesondere für eine antisoziale Persönlichkeitsstörung und Alkoholabhängigkeit. Auch das Risiko für Selbstmordversuche war erhöht.

Junge Erwachsene, die im Alter von drei Jahren als gehemmt eingeschätzt wurden, blieben auch 20 Jahre später eher in sich gekehrt, hatte ein kleineres soziales Netzwerk, konnten von weniger sozialer Unterstützung profitieren und waren anfälliger für psychische Störungen, insbesondere für eine Depression.

Deutlich wird an den Untersuchungen von Caspi, dass die Lebenswege, die Menschen einschlagen, bereits in den ersten Lebensjahren geebnet werden. Das soll nicht bedeuten, dass diese Lebenswege notwendigerweise schicksalhaft sind, es heißt aber, dass einige Kinder bereits im Kindergartenalter mit mehr psychischen Ressourcen ins Leben starten als andere Kinder, denen es bereits zu diesem Zeitpunkt und in noch folgenschwererer Weise bis in das Erwachsenenalter hinein weniger leichtfällt, in ihrer sozialen Umwelt konstruktiv zu handeln.

Es gibt weitere Studien dieser Art, die einen wesentlichen Einfluss der Persönlichkeit im Kindesalter auf spätere Lebenslauf-Konsequenzen belegen, auch wenn sie aufgrund ihres zeitlichen Umfangs eher selten sind. Eine davon stammt von Jaap Denissen und Kollegen. Sie fanden heraus, dass Kinder, die im Alter von etwa fünf Jahren von ihren Lehrerinnen als gehemmt eingeschätzt wurden, im Laufe ihres Jugend- und jungen Erwachsenenalters erst später eine erste romantische Beziehung eingingen. Außerdem stellten sie fest, dass gut angepasste Kinder im Vergleich zu anderen Kindern im Erwachsenenalter früher einen Beruf fanden und von zu Hause auszogen.

Die Stabilität der Persönlichkeit bereits zu Beginn des Lebens und ihre Konsequenzen für den weiteren Lebensverlauf sind beeindruckend. Es wird deutlich, dass uns Denk- und Verhaltensmuster charakterisieren, die auch im Kindesalter nicht flüchtig sind, sondern im Zusammenhang mit den Dingen stehen, die uns in unserem späteren Leben widerfahren.

Gleichzeitig ist es wichtig, bei diesen Befunden keiner verbreiteten und dennoch falschen Illusion zu erliegen: der von der unerschütterlichen Bedeutung unserer Kindheit. Unsere Kindheit legt zwar den Grundstein für alles, was darauf folgt, dieser Grundstein ist aber keineswegs eindeutig mit einem bestimmten Lebensweg verknüpft. Auch wenn unterkontrollierte Kinder als Erwachsene häufiger durch kriminelles Verhalten auffallen als andere Kinder, so werden natürlich längst nicht alle unterkontrollierten Kinder zu Kriminellen, im Gegenteil: Die Mehrheit unterkontrollierter Kinder wird ein Leben als unbescholtene Bürgerin führen. Und obwohl das Risiko für eine Depression bei gehemmten Kindern weitaus höher liegt, so wird nicht jedes zurückhaltende Kind daran erkranken – gleichzeitig können auch gut angepasste Kinder später durchaus eine depressive Phase erleben.

Die Annahme, die Kindheit sei diejenige Lebensphase, von der die stärkste Prägung für die nächsten Jahrzehnte ausgehe, halte ich für hoffnungslos übertrieben und für ein Relikt früher psychoanalytischer Annahmen. Unsere Persönlichkeit und unser Leben sind viel stärker durch das bedingt, was wir jetzt und in den letzten beiden Jahren erlebt haben, als durch das, was bereits Jahrzehnte zurückliegt. Gleichzeitig bedeutet das auch: Unser Denken, Fühlen und Verhalten in den kommenden beiden Jahren ist maßgeblich davon bestimmt, wer wir jetzt sind, mit wem und womit wir jetzt Zeit verbringen, welche Entscheidungen wir jetzt treffen und welche Lebenswege wir jetzt einschlagen.

Das ist vielleicht ein Trost für diejenigen, die sich – auf ihre Kindheit zurückblickend – andere Startbedingungen gewünscht hätten: mehr Selbstbewusstsein vielleicht, sicherere Bindungen zu den Eltern oder eine bessere intellektuelle Förderung. Gleichzeitig bedeutet es aber auch für diejenigen, die mit Glanz und Gloria ins Leben gestartet sind, dass auch sie immer wieder mit neuen Lebenssituationen konfrontiert sein werden, die Anpassungen notwendig machen werden.

Die Persönlichkeit im Jugendalter

Erinnern Sie sich noch an Ihre Jugend? An die Phase vielfältiger körperlicher und emotionaler Veränderungen? In der alles in Frage gestellt wird: die Welt, die täglichen Verpflichtungen, die eigene Person? Viele Heranwachsende emanzipieren sich von ihrem Elternhaus und identifizieren sich stattdessen stärker mit Gleichaltrigen. Bei all den Veränderungen ist es nicht verwunderlich, dass die Jugend oftmals eine Lebensphase zwischen kompromissloser Rebellion und verzweifelter Suche nach Anerkennung ist. Junge Menschen wollen vermehrt ihre eigenen Wege gehen, wissen aber oftmals noch nicht, wohin sie wollen. Dieses ganze gefühlsmäßige Durcheinander nennt man in der Fachsprache *Identitätskonfusion.*

Stabilität trotz innerem Durcheinander

Persönlichkeitspsychologisch ist das Jugendalter – möglicherweise im Kontrast zu dem Bild, das wir von Jugendlichen mit Identitätskonfusion vor Augen haben – eine Phase der Stabilisierung. Noch längst nicht so stabil wie im Erwachsenenalter zwar, aber doch deutlich stärker als noch im Kindesalter manifestiert sich die Persönlichkeit. Die großen Geschlechterunterschiede in der emotionalen Stabilität entwickeln sich bereits im Übergang zum Jugendalter, und sowohl Mädchen als auch Jungen erleben im Laufe ihrer Jugend im Durchschnitt eine Zunahme der emotionalen Stabilität, wenn auch junge Frauen deutlich emotional instabiler bleiben als gleichaltrige Männer.

Auch bezüglich der anderen Persönlichkeitseigenschaften der *Big Five* kehren sich die Entwicklungstrends des Kindesalters um. Statt Disruption ist Reifung beobachtbar. Denn die jungen Menschen werden im Durchschnitt – entgegen den allgemeinen Vorurteilen – deutlich gewissenhafter und verträglicher. Beide Eigenschaften stehen im Zusammenhang mit der Bewältigung von gesellschaftlich zentralen Entwicklungsaufgaben wie der Bewältigung des Schulalltags, was gewissenhaftes Verhalten benötigt, oder dem Aufbau von sozialen Netzwerken außerhalb der Familie, was durch verträgliches Verhalten oftmals erleichtert wird. Vergleichsweise wenig Veränderungen werden in diesem Alter in der Extraversion und Offenheit für neue Erfahrungen beobachtet.

Diese Reifungstrends spiegeln sich auch in den Persönlichkeitstypen wider, die wir bereits bei der Betrachtung der Persönlichkeit von Kindern thematisiert haben. Der niederländische Psychologe Wim Meeus und seine Kolleginnen untersuchten Heranwachsende zwischen 12 und 20 Jahren und fanden dabei heraus, dass der Anteil der resilienten, gesellschaftlich gut angepassten Personen mit dem Alter anstieg. In der letzten Befragungswelle gehörte bereits gut die Hälfte der jungen Menschen diesem Persönlichkeitstyp an, während der unterkontrollierte, impulsive Persönlichkeitstyp sowie der überkontrollierte, gehemmte Persönlichkeitstyp seltener wurden.

Die zunehmende Verbreitung des resilienten Persönlichkeitstyps ist eine Konsequenz daraus, dass Jugendliche, die zu Beginn noch dem unter- oder überkontrollierten Persönlichkeitstyp angehörten, einer höheren Wahrscheinlichkeit für eine Persönlichkeitsveränderung unterlagen als resiliente Jugendliche. Der resiliente Persönlichkeitstyp war dagegen oftmals der Endpunkt des Entwicklungsprozesses. Dieses typische Veränderungsmuster ist insofern angepasst, als dass sich in der Studie von Meeus und Kolleginnen zeigte, dass Personen mit einem resilienten Persönlichkeitstyp weniger Symptome einer Angst-Erkrankung berichteten und besser in der Lage waren, intime romantische Beziehungen aufzubauen.

Die Pubertät

Der Zeitpunkt der Pubertät hat, fand Susan Branje von der niederländischen Universiteit Utrecht zusammen mit Kollegen heraus, keinen Einfluss auf die Entwicklung der Persönlichkeit. Insofern scheinen die hormonellen Veränderungen während des Jugendalters nur einen geringfügigen Beitrag zu den psychischen Entwicklungsprozessen zu leisten und stattdessen andere Einflussfaktoren wichtiger zu sein. Nahe liegt, dass sich die Rolle eines Menschen in der Gesellschaft während des Jugendalters ändert, sich aus einem vergleichsweise unselbständigen, behüteten Kind ein unabhängiger, eigenverantwortlicher Erwachsener entwickelt.

Meine Jugend habe ich – und es wird den meisten von Ihnen sicherlich nicht viel anders gehen – als emotionale Herausforderung erlebt, in der sich eine bunte Mischung widersprüchlicher oder rasch wechselnder Gefühle austobte. Als Phase der Emanzipation, bei der vor allem klar war, wovon man sich emanzipieren oder wogegen man sich auflehnen, aber nicht, wohin man gehören möchte.

Nun erlebe ich diese Entwicklungsphase aus anderer Perspektive, als Mutter. Und dabei zeigt sich, dass die Pubertät nicht nur eine Herausforderung für die «Betroffenen» selbst ist, sondern in abgeschwächter Form auch für die dazugehörigen Eltern. Genau diese Beobachtung bestätigten auch Branje und Kollegen, die in ihrer längsschnittlichen Studie Familien untersuchten, die beim Studienbeginn mindestens zwei Kinder im Alter zwischen 11 und 15 Jahren hatten.

> Bei einer *längsschnittlichen Studie* werden die gleichen Personen über längere Zeit wiederholt untersucht.

Mütter wurden während der Pubertät ihrer Kinder im Durchschnitt emotional stabiler, dafür aber weniger verträglich. Vielleicht hinterlassen hier die Streitigkeiten ihre Spuren, die während des Ablöseprozesses vom Elternhaus, wie wir wissen, keine Seltenheit sind. Allerdings basieren diese Veränderungen allein auf der Selbsteinschätzung der Mütter, wohingegen die restlichen Familienmitglieder vor allem eine ausgeprägtere Gewissenhaftigkeit bei den Müttern beobachteten.

Väter erleben während der Pubertät ihrer Kinder dagegen im Mittel keine Persönlichkeitsveränderungen. Die restlichen Familienmitglieder nehmen solche allerdings durchaus wahr: Aus ihrer Perspektive wurden die Väter im Laufe der drei Studien-Jahre im Durchschnitt introvertierter, emotional instabiler und weniger verträglich.

Die Persönlichkeit und Veränderungen in dieser Zeit liegen offensichtlich im Auge des Betrachtenden. Das kann viele Gründe haben: Zum einen nehmen wir uns selbst gern positiv verzerrt wahr, insofern «übersehen» Väter vielleicht Entwicklungsprozesse, die ihnen eine erfolgreiche Bewältigung der diversen Herausforderungen eigentlich erschweren. Gleichzeitig ändert sich insbesondere im Jugendalter die Beziehung zwischen Jugendlichen und ihren Eltern erheblich. Häufig werden nicht nur gemeinsame Unternehmungen oder auch nur der gegenseitige Austausch seltener, sondern es verändern sich auch die Situationen, in denen die Heranwachsenden und Eltern miteinander zu tun haben. Und so wundert es nicht, dass sich die Perspektive der Kinder auf ihre Eltern während dieser Phase grundlegend wandeln kann, selbst wenn sich die Persönlichkeit der Eltern dafür nicht notwendigerweise geändert haben muss.

Den «roten Faden» im eigenen Leben finden

Die Pubertät ist, ich sprach das oben bereits an, auch eine Phase der Identitätskonfusion. Das Identitätsgefühl bildet sich im Laufe des Jugend- und jungen Erwachsenenalters heraus und unterstützt die Menschen dabei, ihr Leben als einheitlich, zielgerichtet und sinnhaft zu erleben. Der US-amerikanische Psychologe Dan McAdams sieht die Person in diesem Zusammenhang als Geschichtenerzählerin. Sie konstruiert im Einklang mit der eigenen Biographie und Persönlichkeit eine zusammenhängende, sinnhafte Geschichte des Selbst, die *narrative Identität*. Diese Identität ist höchst subjektiv, so subjektiv, dass sie im Allgemeinen nicht durch einen standardisierten Fragebogen erfragt wird, sondern in Interviews oder Aufsätzen, die für sich stehen und nicht unmittelbar zwischen Menschen vergleichbar sind.

Der «autobiographische Autor», wie ihn McAdams nennt, ist Bestandteil einer Entwicklungsstufe, in der ein Gefühl zeitlicher Beständigkeit und narrativer Identität entwickelt wird. Anknüpfend an Erik Eriksons Arbeiten zur Identität, geht McAdams davon aus, dass die Identitätsentwicklung die dritte und höchste Entwicklungsstufe darstellt. Sie schließt sich an die Phase des *Selbst als sozialem Akteur* an, in der ein Verständnis für soziale Handlungen erlernt wird, und an die Phase des *Selbst als motiviertem Agenten*, in der das Erkennen von zielgerichtetem Verhalten von sich und anderen erlernt wird. Erst dieses Verständnis schafft die Grundlage dafür, dass ein Mensch versteht, wer er ist, wie er zu der Person wurde, die er ist, und welche Zukunft er für sich erwartet.

In der narrativen Identität sind Höhepunkte, Niederlagen und Wendepunkte des eigenen Lebens enthalten, ebenso wie die wichtigsten Bezugspersonen und Handlungsstränge. Damit ist die Identität auch Teil eines Abwägungsprozesses zwischen verschiedenen sozialen Rollen und sozialen Nischen, möglichen Lebenswegen und Lebenszielen, die mit sich selbst und anderen ausgehandelt werden, bevor sie sich in einem subjektiven Bild der eigenen Person festigen. Es ist, so kann man sagen, der Roman zum eigenen Leben.

Den roten Faden im eigenen Leben zu finden, ist eine riesige Herausforderung. Im Jugendalter sind zwar bereits die intellektuellen Voraussetzungen vorhanden, um eine Identität zu bilden – die eigene Biographie ist aber noch so jung und unbeständig, dass es in besonderem Maße schwerfällt, ein geordnetes Bild vom eigenen Leben zu entwickeln. Und selbst, wenn ein Mensch seine Identität im Jugendalter ausgebildet hat, überdenkt er sie anschließend noch stetig, insbesondere nach einschneidenden Erfahrungen oder anderen Lebensveränderungen.

Der Prozess der Identitätsfindung im Jugendalter ist in seiner Verworrenheit und seinem Durcheinander also vor allem eine Identitätskonfusion. Elisabetta Crocetti, die derzeit Gastwissenschaftlerin an der niederländischen Universiteit Utrecht ist, stellt zusammen mit Kolleginnen drei Aspekte der Identitätsfindung heraus: Das *Commitment*, die *Exploration* und das *Überdenken.*

Es gibt *drei Aspekte der Identitätsfindung*: Commitment, Exploration, Überdenken.

Das *Commitment* ist die Entscheidung für einen Aspekt des Lebens, eine soziale Rolle oder einen Lebensweg. Zum Beispiel die Festlegung auf eine feste Partnerschaft oder die Mutterrolle oder einen Ausbildungsweg, dem man sich zugehörig und verpflichtet fühlt und in den man dauerhaft Ressourcen, beispielsweise Zeit, investiert. Personen mit hohem Commitment haben sich also bereits festgelegt und sind zufrieden mit dieser Festlegung.

Die *Exploration* – also Erkundung oder Erforschung – bezieht sich auf den Prozess des intensiven Ausprobierens sozialer Rollen, indem man sich zum Beispiel häufig gedanklich damit beschäftigt.

Das *Überdenken* beinhaltet das Hinterfragen von sozialen Rollen, den Wunsch, an der bestehenden Identität etwas zu verändern, und die Suche nach Alternativen.

Wer bin ich, wo stehe ich, wo will ich hin?

Um eine stabile Identität zu entwickeln, beginnen Jugendliche, das bisherige Selbstbild, die soziale Rolle, die sie einnehmen, und den Lebensweg, den sie einschlagen, zu überdenken.

In einer Studie mit Jugendlichen zwischen 12 und 20 Jahren fand Theo Klimstra von der niederländischen Tilburg University zusammen mit Kolleginnen heraus, dass der Prozess des Überdenkens zu Beginn des Jugendalters vergleichsweise stark ausgeprägt ist und bis zum Alter von 16 Jahren sinkt. Anschließend folgt eine Phase, in der die Exploration – also die erkundende Selbst-Reflexion – an Bedeutung gewinnt. Diese Phase des Suchens von Alternativen (zu Beginn des Jugendalters) und des intensiven Auseinandersetzens damit (bis zum Ende des Jugendalters) spiegelt einen Reifungsprozess wider, der auf eine erwachsene Identitätsbildung hindeutet. Anschließend ist bei vielen jungen Erwachsenen zu beobachten, dass die Bedeutung des Commitments – also die Festlegung auf eine Identität – zunimmt und sich die Exploration im Laufe der Twen-Jahre wiederum mindert.

Die Identitätssuche in der Jugend ist eine Herausforderung, der sich die meisten Heranwachsenden stellen (oder stellen müssen). Jugendliche, die länger mit ihrer eigenen Identität hadern, haben gleichzeitig ein höheres Risiko für Erkrankungen wie Depression und Angststörungen.

Als Elternteil kann ein unterstützender Erziehungsstil einen wichtigen Beitrag dazu leisten, dass sich die Jugendlichen bereits zu einem früheren Zeitpunkt auf eine Identität festlegen und eine kürzere Phase der Identitätskonfusion erleben. Dazu gehört es, den Jugendlichen Freiraum zum Ausprobieren zu geben, sie eigene Entscheidungen treffen und Lebenswege einschlagen zu lassen, ihnen zuzuhören und sie anzuerkennen, zu respektieren, statt von oben herab zu behandeln.

Erleben Jugendliche den Erziehungsstil dagegen als aufdringlich, dann fördert das eine verlängerte Identitätssuche, in der stärker hinterfragt, grübelnd statt vertiefend exploriert und weniger Commitment gezeigt wird.

Persönlichkeitstest*

Wie stark ist Ihr Identitäts-Commitment im Bereich Partnerschaft? Nachstehend finden Sie eine Reihe von Aussagen, die auf Sie zutreffen könnten. Bitte geben Sie für jede der folgenden Aussagen an, inwieweit Sie zustimmen.

	Trifft überhaupt nicht zu	Trifft nicht zu	Trifft zum Teil zu	Trifft zu	Trifft völlig zu
Meine Partnerin gibt mir Sicherheit im Leben.	1	2	3	4	5
Meine Partnerin gibt mir Selbstvertrauen.	1	2	3	4	5
Durch meine Partnerin fühle ich mich selbstsicher.	1	2	3	4	5
Meine Partnerin gibt mir Sicherheit für die Zukunft.	1	2	3	4	5
Durch meine Partnerin kann ich der Zukunft mit Zuversicht entgegensehen.	1	2	3	4	5
Ich versuche, viel über meine Partnerin herauszufinden.	1	2	3	4	5
Ich mache mir oft Gedanken über meine Partnerin.	1	2	3	4	5
Ich betreibe großen Aufwand, um stets neue Dinge über meine Partnerin herauszufinden.	1	2	3	4	5
Ich versuche oft herauszufinden, was andere Leute über meine Partnerin denken.	1	2	3	4	5

* Dieser Persönlichkeitstest basiert auf einem Fragebogen von Wim Meeus und Kolleginnen. Eine deutsche Übersetzung wurde von Rico Haas vorgenommen. Im Original bezieht sich der Fragebogen auf die Themen Schulbildung und Freundschaft und wurde hier auf das Thema Partnerschaft angepasst. Weitere Informationen zum Originalfragebogen finden Sie hier: Elisabetta Crocetti, Seth J. Schwartz, Alessandra Fermani & Wim Meeus (2010). *The Utrecht-Management of Identity Commitments Scale (U-MICS): Italian validation and cross-national comparisons. European Journal of Psychological Assessment*, Vol. 26, S. 172–186.

	Trifft überhaupt nicht zu	Trifft nicht zu	Trifft zum Teil zu	Trifft zu	Trifft völlig zu
Ich spreche oft mit anderen Leuten über meine Partnerin.	1	2	3	4	5
Ich denke oft, dass es besser wäre, mir eine andere Partnerin zu suchen.	1	2	3	4	5
Ich denke oft, dass eine andere Partnerin mein Leben interessanter machen würde.	1	2	3	4	5
Ich bin tatsächlich auf der Suche nach einer anderen Partnerin.	1	2	3	4	5

AUSWERTUNG

Es werden drei Skalen voneinander differenziert: Je stärker Sie den Fragen 1 bis 5 zugestimmt haben, desto stärker ist Ihr Commitment ausgeprägt. Je stärker Sie den Fragen 6 bis 10 zugestimmt haben, desto stärker ist Ihre vertiefende Exploration bei Ihnen ausgeprägt. Und je stärker Sie den Fragen 11 bis 13 zugestimmt haben, desto stärker hinterfragen Sie Ihr aktuelles Commitment. Typische Ausprägungen Erwachsener auf diesen Skalen liegen nicht vor, sodass keine Aussage darüber getroffen werden kann, ob Ihre Ausprägungen durchschnittlich, über- oder unterdurchschnittlich im Vergleich zu anderen Menschen sind.

Aggressivität

Der Aggressivität kommt im Jugendalter eine besonders große Aufmerksamkeit zu. Und das zu Recht, denn die Sorge um gewaltbereite Jugendliche ist begründet: Ein Großteil der Straftaten in Deutschland wird von jungen Männern zwischen 14 und 21 Jahren verübt. In keiner anderen Altersgruppe ist der Anteil krimineller Personen so hoch. Handelt es sich dabei also um eine Entwicklungsphase, die vorübergehend Aggressivität begünstigt? Oder ist Aggressivität ein Persönlichkeitsmerkmal, das sowohl zuvor als auch im Anschluss an das Jugendalter bestehen bleibt?

Terrie Moffitt hat sich in einer Vielzahl von psychologischen und kriminologischen Untersuchungen dieser Frage gewidmet und darauf aufbauend eine vielbeachtete Theorie zur Aggressivität im Jugendalter formuliert. Ihre zentrale Annahme: Es müssen (mindestens) zwei Personengruppen unterschieden werden. Zum einen diejenigen, die bereits im Kindesalter und bis weit über das Jugendalter hinaus mit aggressivem und straffälligem Verhalten auffallen. Zum anderen jene, deren sozial unverträgliche Verhaltensmuster auf das Jugendalter beschränkt sind.

Moffitt beobachtete, dass sich beide Gruppen im Jugendalter nicht voneinander unterscheiden lassen, sondern lediglich mit Hilfe von längsschnittlichen Untersuchungen unterschieden werden können.

Personen, die über die gesamte Lebensspanne mit antisozialen Verhaltensweisen und hoher Kriminalität auffallen, sind selten. Und sie zeigen sich nicht erst in Kriminalitätsstatistiken, sondern bereits im strafunmündigem Alter. Verurteilte Straftäterinnen stellen also lediglich die Spitze des Eisbergs dar. Moffitt geht davon aus, dass etwa fünf Prozent eines Jahrgangs zu den Personen gehört, die über viele Jahre hinweg eine stabile Tendenz zu aggressivem Verhalten haben. Zu diesem Schluss kommt sie unter anderem mit Blick auf die Dunedin-Studie: Jungen, die im Verlauf von sieben zweijährlichen Messungen im Alter von 3 bis 15 Jahren fortlaufend überdurchschnittlich starke antisoziale Verhaltensweisen aufwiesen, wurden zu dieser stabil-aggressiven Personengruppe gezählt. Alle wurden von drei unterschiedlichen Personen (Eltern, Lehrerinnen und sich selbst) als aggressiv eingeschätzt.

Die Art und Weise, wie sich antisoziales Verhalten äußert, variiert beträchtlich: Im Alter von vier Jahren kann es sich beispielsweise in Form von übermäßigem Beißen und Schlagen zeigen, mit zehn Jahren als Ladendiebstahl und Schuleschwänzen äußern, mit 16 Jahren als Drogenhandel und Autoklau zutage treten, mit 22 Jahren in Form von Raubüberfällen und Vergewaltigungen zum Vorschein kommen und im Alter von 30 Jahren als Betrug und Kindesmisshandlung.

Obwohl also die persönlichkeitspsychologische Neigung zu antisozialem Verhalten über die Jahrzehnte stabil blieb, zeigte sie sich in unterschiedlichen Altersphasen in unterschiedlichem Verhalten.

Wichtig ist mir an dieser Stelle hervorzuheben: Jede noch so stabile Persönlichkeitseigenschaft – auch die Aggressivität – ist niemals deterministisch. Nicht jedes aggressive Kind hat eine kriminelle Karriere von Ladendiebstahl über Vergewaltigung bis hin zu Kindesmisshandlung vor sich, ebenso wird nicht jedes stehlende Kind später zur Betrügerin. Und doch ist das Risiko für kriminelles Verhalten im Erwachsenenalter bei denjenigen beträchtlich höher, die sich bereits im Kindesalter regelmäßig deutlich aggressiver verhielten als Gleichaltrige.

Angry young man

Einige Menschen, stellte Moffitt fest, fallen im Kindesalter zwar nicht durch aggressives Verhalten auf, zeigen im Jugendalter aber dennoch zeitweise kriminelles Verhalten. Das ist nicht selten der Fall: Im Alter von 11 bis 15 Jahren verhielt sich bereits ein Drittel ihrer Stichprobe ebenso aggressiv wie die ursprünglichen stabil-aggressiven fünf Prozent. Aufgrund dieser hohen Verbreitung nimmt Moffitt an, dass Straffälligkeit als ein normaler Aspekt des Jugendalters aufgefasst werden kann. Ihre Beobachtungen legen nahe, dass im Alter von 28 Jahren der überwiegende Anteil, nämlich 85 Prozent, der antisozialen Jugendlichen keinerlei Auffälligkeiten mehr zeigt. Insofern spricht einiges dagegen, dass sich diese Personen durch eine hohe Ausprägung des stabilen Persönlichkeitsmerkmals «Aggressivität» auszeichnen. Vielmehr scheinen die aggressiven Verhaltensmuster eine Entwicklungsphase darzustellen. Das soll nicht heißen, dass die Straftaten weniger schwerwiegend, entschuldbarer oder weniger ernstzunehmen sind. Es heißt jedoch, dass unterschiedliche Bedingungsfaktoren, Entstehungsmechanismen und langfristige Konsequenzen zwischen beiden Aggressivitätstypen erwartbar sind.

Und tatsächlich beobachtete Moffitt deutliche Unterschiede zwischen den stabil-aggressiven und den vorübergehend-aggressiven Personen. Menschen, die bereits im Kindesalter regelmäßig aggressiv sind, weisen häufig neuropsychologische Beeinträchtigungen auf. Diese können diverse Ursachen haben, beispielsweise durch Drogenkonsum oder Mangelernährung der Mutter während der Schwangerschaft entstehen, Folgen von Hirnschädigungen durch Geburtskomplikationen sein oder sich auf Vernachlässigung oder Misshandlung im Säuglings- und Kleinkindalter zurückführen lassen. Zu den Symptomen gehören sprachliche und andere intellektuelle Defizite, Unaufmerksamkeit und Impulsivität. Gleichzeitig beobachtete Moffitt, dass Kinder mit diesen Beeinträchtigungen oft in Haushalten aufwachsen, die diese negativen Startbedingungen weiter begünstigen. Zum Teil deshalb, weil ihre Eltern mit ähnlichen Problemen zu kämpfen haben.

Im Laufe des Lebens kann es zu weiteren, sich selbst verstärkenden Prozessen kommen: Interpretieren aggressive Kinder mehrdeutige Situationen als bedrohlich, werden sie eher mit aggressivem Verhalten reagieren und stärken dadurch ihre bisherigen Verhaltensmuster. Dies wird als *reaktive Interaktion* bezeichnet. Zusätzlich führen sogenannte *proaktive Prozesse* dazu, dass Menschen ihrem Verhaltensstil entsprechend Umwelten aufsuchen, die sich verstärkend auf ihr (in diesem Fall: aggressives) Verhalten auswirken. So entsteht ein Teufelskreis, der aggressives Verhalten verfestigen kann und den Heranwachsenden kein ausreichendes Repertoire an alternativen Verhaltensweisen zur Verfügung stellt.

Der *maturity gap*

Bei Personen, die ausschließlich im Jugendalter durch kriminelles Verhalten auffallen, müssen andere Erklärungsansätze für die geringe Stabilität nichtaggressiven Verhaltens herangezogen werden. Moffitt sieht eine wichtige Ursache für die zeitlich begrenzte Aggressivität bei Jugendlichen im sogenannten *maturity gap*, der zeitlichen Lücke zwischen biologischem und sozialem Alter. Noch Jahre nachdem Jugendliche weitgehend die körperliche Reife eines Erwachsenen entwickelt haben, werden ihnen von der Gesellschaft noch nicht die Rechte Erwachsener eingeräumt: Sie dürfen noch nicht Auto fahren und wählen, ihren eigenen Lebensunterhalt verdienen oder heiraten. Sie verbleiben also lange in einer Abhängigkeit zu ihren Eltern, obwohl es sie gleichzeitig danach drängt, sich von diesen zu lösen.

Moffitt geht davon aus, dass dieser *maturity gap* die Jugendlichen zu neuen Verhaltensstilen motiviert, die sie sich wiederum von den stabil-aggressiven Gleichaltrigen abschauen (eine sogenannte soziale Nachahmung). Wird dieses Verhalten verstärkt, kann es sich – zumindest zeitweise – verfestigen.

Jugendliche Aggressivität ist also weniger ausgeprägt, wenn der *maturity gap* geringer ist, beispielsweise bei spät beginnender Pubertät oder wenn die Jugendlichen früh erwachsene Rollen übernehmen. Aber auch, wenn es kaum Gelegenheiten zur sozialen Nachahmung gibt, etwa weil das Umfeld nicht aggressiv ist oder ein solches Verhalten sanktioniert.

Obwohl insbesondere jugendliche Männer durch Aggressivität auffallen und sich Moffitt zu Beginn auch vor allem auf männliche Personen in ihren Studien konzentrierte, wissen wir mittlerweile, dass sich diese beiden Aggressivitäts-Typen auch bei Frauen finden. Die Bedingungsfaktoren und Entwicklungsverläufe sind vergleichbar, wenn auch das Auftreten weiblicher Kriminalität deutlich seltener ist.

Die Persönlichkeit im jungen Erwachsenenalter

Es ist schon eine Weile her, dass Menschen bereits mit Beginn des jungen Erwachsenenalters ihre Rolle in der Gesellschaft fanden, einen Baum pflanzten, ein Haus bauten, ein Kind zeugten und dergleichen. Mittlerweile leben wir in einer Zeit, in der hochspezialisierte Berufe der Normalfall sind und diese oft mit langen Ausbildungszeiten einhergehen. Erst wenn der richtige Job gefunden ist, beginnt dann für viele der ideale Zeitpunkt zur Familiengründung, sodass auch Hochzeit und Kinderkriegen im Durchschnitt immer später stattfinden.

Zwischen den Stühlen: Beginnendes Erwachsenenalter

Die Beobachtung der damit verbundenen verlängerten Identitätssuche nahm Jeffrey Arnett von der Clark University in Worcester, Massachusetts, zum Anlass, eine Phase des jungen Erwachsenenalters hervorzuheben, die er «beginnendes Erwachsenenalter» nannte. In einer Phase von etwa 18 bis 25 Jahren, so argumentiert Arnett, lassen sich junge Menschen im Allgemeinen weder dem Jugendalter zuordnen, noch haben sie bereits das Erwachsenenalter mit den festgeschriebenen Rollenerwartungen erreicht. Stattdessen hängen sie zwischen zwei Lebensphasen. Das zeigt sich auch im subjektiven Empfinden der jungen Menschen: Einer Studie von Arnett zufolge gab weniger als die Hälfte der Menschen zwischen 18 und 25 Jahren an, sich erwachsen zu fühlen (etwa 40 Prozent). Unter den 26- bis 35-Jährigen sind es bereits etwa 70 Prozent und unter den 36- bis 55-Jährigen über 90 Prozent.

Diese Phase des «Dazwischen-Hängens» ist eine Gelegenheit für die vertiefte Identitätserkundung. Nach dem Schulabschluss folgt für viele eine mehrjährige Ausbildung oder ein Studium. Nicht selten werden verschiedene Ausbildungswege oder Studiengänge ausprobiert, bevor man sich festlegt (sofern ein Studiengang nicht ohnehin unterschiedliche Schwerpunktsetzungen erlaubt). Und auch der erste Job ist selten ein Job fürs Leben, sondern lediglich der erste Schritt auf mehreren beruflichen Etappen, die jemand im Laufe seiner Karriere einschlagen wird. Gleichermaßen haben sich – auch durch moderne Verhütungsmittel wie die Pille – gesellschaftliche Rahmenbedingungen geändert, die voreheliche Beziehungen erlauben (oder eher: erwarten). Das beginnende Erwachsenenalter bietet somit heutzutage viele Gelegenheiten zum Erkunden romantischer Beziehungen, bevor eine feste Partnerschaft und Familiengründung überhaupt in Betracht gezogen wird.

Viele Menschen Anfang 20 ähneln sich hierzulande darin, dass sie finanziell noch nicht auf eigenen Beinen stehen, weder Ehepartnerin noch Kinder haben und damit frei von Rollenerwartungen sind, die erst später durch Job und Familie auf sie zukommen. Dass dieser Freiraum tatsächlich zur Identitätsentwicklung genutzt wird, legt eine interkulturelle Studie nahe. Wiebke Bleidorn, die zurzeit an der University of California in Davis forscht, untersuchte mit Kollegen Altersverläufe der *Big Five* bei Personen aus 62 unterschiedlichen Ländern. Dabei stellten sie fest, dass in Ländern, in denen die Menschen früher eine Familie gründeten und früher ins Berufsleben starteten, die Offenheit für neue Erfahrungen im jungen Erwachsenenalter vergleichsweise wenig anstieg. In Ländern wie Deutschland, den Niederlanden oder Belgien jedoch, in denen Menschen erst relativ spät eine Familie gründen und ins Berufsleben einsteigen, zeigte sich im jungen Erwachsenenalter ein starker Anstieg der Offenheit. Da die Offenheit für neue Erfahrungen wiederum maßgeblich an der Identitäts-Exploration beteiligt ist, legt dieses Ergebnis nahe, dass die späte Übernahme von sozialen Rollen des Erwachsenenalters tatsächlich dafür genutzt wird, sich verstärkt auszuprobieren.

Auch andere Persönlichkeitseigenschaften werden Bleidorns Studie zufolge davon beeinflusst, wie schnell junge Erwachsene Verantwortung übernehmen: Menschen zeigten schon früher typische Reifungstrends, wenn sie in Ländern lebten, die durch eine kürzere Ausbildungszeit und einen früheren Berufseintritt gekennzeichnet waren. Bei diesen stieg die Gewissenhaftigkeit, emotionale Stabilität und Verträglichkeit stärker an als bei Menschen aus Ländern mit späterem Eintritt ins Berufsleben.

Reifung

Im Zusammenhang mit Persönlichkeitsveränderungen wird von «Reifung» gesprochen, als handelte es sich hier um eine einzig vernünftige Richtung der Entwicklung. Dem liegt ein bekanntes Prinzip der Persönlichkeitsentwicklung von Brent Roberts von der University of Illinois zugrunde. Er geht davon aus, dass Menschen im Laufe des jungen Erwachsenenalters emotional stabiler, sozial dominanter, verträglicher und gewissenhafter werden, und nennt diese Beobachtung Reifungsprinzip. Menschen investieren Roberts zufolge in soziale Rollen (das «soziale Investitions-Prinzip»), um diese erfolgreich zu bewältigen. Familiengründung und der Berufseintritt sind mit sozialen Rollen verknüpft, die von vielen Menschen in einem ähnlichen Alter bewältigt werden müssen. Studien legen nahe, dass die Bewältigung dieser sozialen Rollen umso leichter fällt, je reifer die Persönlichkeit ist.

Meta-Analyse: fasst eine Vielzahl an wissenschaftlichen Studien zu einem Thema statistisch zusammen.

Eine umfangreiche Meta-Analyse von Roberts und Kolleginnen bestätigt die Reifungstrends: Die emotionale Stabilität steigt bereits im Jugendalter und beginnenden Erwachsenenalter und auch darüber hinaus bis zum Alter von etwa 40 Jahren an. Auch die soziale Dominanz, ein Aspekt der Extraversion, steigt in diesen Altersphasen an, insbesondere im beginnenden Erwachsenenalter. Und auch für die Gewissenhaftigkeit bestätigt die Meta-Analyse, dass sie im Durchschnitt ab einem Alter von etwa 22 Jahren bis weit in das mittlere Erwachsenenalter hinein ansteigt. Allerdings werden junge Erwachsene, das ergab die Studie auch, entgegen der Erwartung nicht verträglicher.

Die Daten dieser umfassenden Analyse sind bereits etwas älter, aber auch aktuellere Zahlen einer Studie, die ich zusammen mit Kollegen durchgeführt habe, bestätigen diesen Trend: Wir nutzten Daten des *Sozio-oekonomischen Panels*, einer großangelegten Befragung, die jährlich Daten an mehreren tausend Personen erhebt, die als repräsentativ für die deutsche Bevölkerung gelten. Insbesondere die Gewissenhaftigkeit, in geringem Maße auch die emotionale Stabilität, ist mit höherem Alter im Durchschnitt stärker ausgeprägt als zu Beginn des Erwachsenenalters. Auch hier ließ sich allerdings der für das junge Erwachsenenalter erwartete Anstieg der Verträglichkeit nicht bestätigen.

Gleichzeitig konnten wir in unserer Studie untersuchen, worauf sich die Persönlichkeitsveränderungen zurückführen lassen: Im Vergleich zu Personen, die während des mehrjährigen Untersuchungszeitraums nicht ins Berufsleben starteten, zeichneten sich die Berufsanfängerinnen durch einen auffallenden Anstieg der Gewissenhaftigkeit aus. Tatsächlich scheint die neue berufliche Rolle und die damit verknüpften Erwartungen also bei vielen jungen Menschen eine Persönlichkeitsreifung anzustoßen.

Überraschenderweise stehen familiäre Ereignisse wie das Zusammenziehen mit der Partnerin, Hochzeit oder die Geburt eines Kindes nicht mit Reifungsprozessen in der Persönlichkeit in Verbindung. Im Gegenteil, eine Hochzeit führte zum Beispiel sogar eher dazu, dass die frisch Vermählten weniger offen für neue Erfahrungen, weniger extraviert, weniger verträglich und gewissenhafter wurden.

Wie kann es sein, dass bei solch einschneidenden familiären Ereignissen kaum Persönlichkeitsveränderungen beobachtet werden und wenn doch, dann alles andere als reifende? Dabei kann ich aus persönlicher Perspektive ganz deutlich sagen, dass die Geburten meiner Kinder zu den schönsten, wichtigsten und umwälzendsten Erfahrungen meines Lebens gehörten. Und sie sollen keine positiven Spuren in der Persönlichkeit hinterlassen haben?

In einer weiteren Studie, die ich zusammen mit der niederländischen Psychologin Manon van Scheppingen und weiteren Kolleginnen durchführte, sahen wir uns Persönlichkeitsveränderungen rund um die Geburt eines Kindes genauer an. Mit Hilfe von bevölkerungsrepräsentativen Daten aus Australien untersuchten wir, ob sich werdende Eltern bereits vor der Geburt, also in Erwartung des Kindes, in ihrer Persönlichkeit verändern und ob es Veränderungsprozesse im Anschluss an die Geburt des Kindes gibt.

Der besondere Clou bei dieser Studie: Wir wissen, dass sich Menschen, die in naher Zukunft Kinder haben möchten, möglicherweise von Menschen unterscheiden, die (vorerst) keine Kinder haben möchten. Aus diesem Grund wendeten wir eine Analysemethode an, die in einer Stichprobe «statistische Zwillinge» identifiziert. Diese sind weder miteinander verwandt noch bekannt, ähneln sich aber sehr stark in ihrer Persönlichkeit und in vielen anderen Merkmalen. Sie unterscheiden sich einzig darin, ob sie im Untersuchungszeitraum ein Kind bekamen.

Auch hier bestätigte sich: Während die jungen Erwachsenen im Allgemeinen reifen – ihre Gewissenhaftigkeit und emotionale Stabilität stieg an –, war von diesen Reifungstrends bei den Eltern nichts Besonderes zu spüren. Zumindest wurden werdende Väter in den Jahren vor der Geburt ihres Kindes offener für neue Erfahrungen. Doch abgesehen davon zeigten weder die werdenden noch die frisch gebackenen Eltern andere Entwicklungsverläufe als die kinderlosen jungen Erwachsenen.

Insofern deuten mittlerweile mehrere Studien darauf hin, dass sich der Reifungstrend, den Roberts festgestellt hat, nur in Teilen bestätigen lässt: Die Gewissenhaftigkeit und die emotionale Stabilität im jungen Erwachsenenalter steigt zwar an, allerdings nicht die Verträglichkeit. Eine Ursache dafür ist der Eintritt ins Berufsleben, während die Familiengründung überraschend wenig Einfluss auf die Reifung der Persönlichkeit nimmt.

Eine naheliegende Erklärung: Der Eintritt ins Berufsleben geht mit klaren Rollenerwartungen einher. Verhält sich eine Berufseinsteigerin wenig gewissenhaft – kommt sie also beispielsweise häufig zu spät, ist sehr unordentlich oder hält Deadlines nicht ein –, so wird sie in vielen Fällen eine unmittelbare Rückmeldung ihrer Vorgesetzten oder ihrer Kolleginnen erhalten, die sie darauf hinweisen, welches Verhalten (nämlich gewissenhaftes) im Beruf angemessen ist, und kann sich entsprechend anpassen.

In dieser Deutlichkeit sind Rückmeldungen im familiären Kontext nicht zu erwarten. Wie man die Partnerinnen- oder Elternrolle erfolgreich bewältigt, scheint nicht eindeutig an bestimmte Persönlichkeitseigenschaften geknüpft zu sein – und die Rückmeldung über rollenkonformes Verhalten durch Partnerin oder Kind sind selten so unmittelbar wie im beruflichen Kontext. Selbst wenn sie es wären: Vielleicht fehlen in dieser Lebensphase auch einfach Zeit und Muße, um neben den Alltagsanforderungen auch noch die eigene Persönlichkeit zu optimieren. Insofern können die unterschiedlichen Feedback-Prozesse und persönlichen Ressourcen mögliche Erklärungsansätze dafür sein, warum die Persönlichkeit durch berufliche Ereignisse reift, durch familiäre Ereignisse aber nicht.

Die Persönlichkeit im mittleren Erwachsenenalter

Das mittlere Erwachsenenalter ist im Vergleich zu allen anderen Lebensphasen die stabilste. Nachdem sich die Persönlichkeitsstruktur im Kindesalter entwickelt hat, im Jugend- und jungen Erwachsenenalter die Identitätskonfusion überwunden wurde und schließlich viele um ihren 30. Geburtstag herum stabile soziale Rollen gefunden haben, an die sie sich gebunden fühlen, folgt nun häufig eine Lebensphase, die wenig Anreize zur Veränderung mit sich bringt. Dies gilt allerdings nur im Durchschnitt. Die individuellen Lebenswege sind ja oftmals viel verworrener, als es ein Bevölkerungsdurchschnitt darzustellen vermag.

Gesamtgesellschaftlich ist aber klar: Die Persönlichkeitsunterschiede zwischen Menschen verfestigen sich im Alter zwischen 30 und 60 Jahren. Würde man Menschen anhand der Ausprägung ihrer Persönlichkeitsmerkmale sortieren, dann wären selbst über mehrere Jahre hinweg nur wenige Änderungen in der Rangplatzfolge zu erwarten.

Reifung und Stabilität

Abgesehen von den relativen Veränderungen der Personen zueinander, setzen sich die Reifungsprozesse des jungen Erwachsenenalters in dieser Phase fort: Die emotionale Stabilität, soziale Dominanz und Gewissenhaftigkeit steigen im Durchschnitt auch im mittleren Erwachsenenalter weiter an. Ab einem Alter von etwa 50 Jahren verstärkt sich zudem endlich die Verträglichkeit, deren Anstieg von Brent Roberts und Kollegen bereits für das junge Erwachsenenalter erwartet wurde.

Auch eine ganzheitlichere Perspektive auf die Persönlichkeitsentwicklung deutet auf eine Phase hoher Stabilität hin. Mit Hilfe der bevölkerungsrepräsentativen Daten des *Sozio-oekonomischen Panels* untersuchte ich zusammen mit Maike Luhmann und Christian Geiser die Stabilität von Persönlichkeitstypen. Sie erinnern sich an die Persönlichkeitstypen, die wir bereits für das Kindesalter betrachtet haben und die Personen in Typen (das heißt: Gruppen) zusammenfassen, die ein ähnliches Persönlichkeitsprofil haben? Auch im Erwachsenenalter lassen sich gut angepasste/resiliente Typen, impulsive/unterkontrollierte Typen und gehemmte/überkontrollierte Typen voneinander unterscheiden.

Über einen Zeitraum von vier Jahren ist die Stabilität dieser Persönlichkeitstypen im mittleren Erwachsenenalter sehr hoch: Etwa 90 Prozent der Personen behalten in dieser Zeit ihren Persönlichkeitstyp bei. Das heißt, dass nur eine von zehn Personen ihr Persönlichkeitsprofil so grundlegend ändert, dass sie nach vier Jahren einem anderen Persönlichkeitstyp zugeordnet wird. Eine Ausnahme bilden dabei unterkontrollierte Frauen, bei denen etwa jede fünfte zum resilienten oder überkontrollierten Persönlichkeitstyp wechselt. Da der Anteil unterkontrollierter Frauen im mittleren Erwachsenenalter mit 20 Prozent gering ist, ist für einen Großteil der Bevölkerung dieser Altersgruppe jedoch eine ausgesprochen hohe Stabilität zu beobachten.

Die Fünf-Faktoren-Theorie

Allzu viel passiert in der Mitte des Lebens also anscheinend nicht, zumindest persönlichkeitspsychologisch. Die hohe Stabilität der Persönlichkeit im mittleren Erwachsenenalter hat die US-amerikanischen Persönlichkeitspsychologen Robert McCrae und Paul Costa zu der Annahme gebracht, dass die Persönlichkeit ab einem Alter von 30 Jahren weitgehend stabil sei. In ihrer Fünf-Faktoren-Theorie gehen sie davon aus, dass die *Big Five* sogenannte *grundlegende Neigungen* (*basic tendencies*) sind, die ausschließlich biologisch beeinflusst werden. Auf dieser Basis bilden sich in Wechselwirkung mit der Umwelt Verhaltenstendenzen aus, sogenannte *charakteristische Anpassungen*, die das Verhalten eines Menschen in einzelnen Situationen beeinflussen.

Aus Sicht der Fünf-Faktoren-Theorie ist die Persönlichkeit im Alter von 30 Jahren «erwachsen». So, wie der menschliche Körper irgendwann sein Größenwachstum abschließt, so seien die Reifungsprozesse der Persönlichkeit mit Beginn des mittleren Erwachsenenalters ebenfalls abgeschlossen. Die biologische Basis, die sowohl Gene als auch nicht näher spezifizierte

Hirnstrukturen umfasst, verändert ihren Einfluss auf die Persönlichkeit bis zum jungen Erwachsenenalter. Anschließend aber nicht mehr, so nehmen es McCrae und Costa an. Sie gehen außerdem davon aus, dass sich die Persönlichkeit von Menschen in unterschiedlichen Kulturen, Familien oder Lebensphasen nicht unterscheidet, während die charakteristischen Anpassungen, die Verhaltensgewohnheiten beinhalten, sehr wohl einem kulturellen und altersbedingten Einfluss unterliegen.

Nachdem die Fünf-Faktoren-Theorie lange Zeit große Popularität innerhalb der Persönlichkeitspsychologie genoss, überwiegen mittlerweile die Kritikerinnen. Vor allem die Annahme, die Persönlichkeit bleibe ab einem Alter von 30 Jahren weitgehend stabil, steht im Fokus der Kritik. Zwar wird das mittlere Erwachsenenalter allgemein als eine Phase vergleichsweise hoher Stabilität angesehen – nicht jedoch als eine von perfekter Stabilität. Davon abgesehen gibt es in jeder Lebensphase Menschen, die sich grundlegend verändern, so auch im mittleren Erwachsenenalter.

Sind wir unserer Persönlichkeit ausgeliefert?

Ein zweiter Kritikpunkt an der Fünf-Faktoren-Theorie bezieht sich auf die Annahme, lediglich nicht näher benannte biologische Ursachen könnten Persönlichkeitsveränderungen anstoßen, nicht aber Lebenserfahrungen. Diese Annahme löst – besonders wenn ich mit Nicht-Psychologinnen über meine Forschungsschwerpunkte spreche – häufig starke Irritation aus. Kann man ernsthaft davon ausgehen, dass uns das Leben gar nicht formt? Dass wir so sind, wie wir geboren werden, unserer Persönlichkeit schicksalhaft ausgeliefert? Gleichzeitig scheint es für viele Menschen intuitiv plausibel, dass wir uns grundlegend im Denken, Fühlen und Verhalten voneinander unterscheiden und diese Unterschiede auch in besonderen Lebenssituationen bestehen bleiben. Zum Beispiel behalten einige Menschen selbst in scheinbar hoffnungslosen Situationen ihren Optimismus, finden die positiven Seiten in der Tragödie und schauen zuversichtlich in die Zukunft. Andere dagegen können noch so sehr vom Glück geküsst werden, sie kommen nicht zur Ruhe, sorgen sich um Details, selbst wenn das große Ganze Hoffnung verspricht. Insofern erscheint beides nachvollziehbar: eine tiefverwurzelte Persönlichkeit, die sich von den Höhen und Tiefen des Lebens nicht beeindrucken lässt, und eine sich verändernde Persönlichkeit, die sich an ihre soziale Umwelt anpasst und in Reaktion darauf Reifungsprozesse durchlebt.

McCrae und Costa sind der Kritik an ihrer These von den unverrückbaren Persönlichkeitseigenschaften im Laufe der Zeit insofern entgegengekommen, als dass sie mittlerweile auch Umweltfaktoren einen Einfluss auf die Persönlichkeit zugestehen – sofern sie sich auf ihre biologische Basis auswirken. Gemeint sind damit jedoch nur Einzelfälle wie die des glücklosen Phineas Gage. Dieser arbeitete als junger Mann Mitte des 19. Jahrhunderts als Vorarbeiter bei der Bahn. Zu seinen Aufgaben gehörte es, Sprengungen durchzuführen, die an einem Septembertag des Jahres 1848 tragisch enden sollten: Eine Sprengung misslang, und eine Metallstange schoss ihm von der linken Wange durch den Kopf hindurch. Wie durch ein Wunder überlebte Gage diesen schrecklichen Unfall. Der 25-Jährige verlor ein Auge und einen Teil seines Gehirns, aber er behielt seine sprachlichen und intellektuellen Fähigkeiten und Erinnerungen. Seine Persönlichkeit jedoch hatte sich fundamental geändert: Einst freundlich und pflichtbewusst, wurde aus ihm ein aufbrausender, unzuverlässiger Mensch, dem jedes Mitgefühl fehlte. Er verlor seinen Job, führte ein unbeständiges Leben und starb etwas mehr als zehn Jahre später an den Folgen des Unfalls.

Unfälle wie dieser sind glücklicherweise eine große Seltenheit. Die allermeisten Menschen führen ein Leben ohne Eisenstange im Kopf, nehmen aber dennoch Persönlichkeitsveränderungen wahr.

McCrae und Costa erläutern in ihrer Theorie nicht näher, welche biologischen Einflüsse ihrer Ansicht nach nun tatsächlich ursächlich für die Ausprägung der Persönlichkeit sind. Als eine wichtige Rolle nennen sie jedoch die genetischen Einflüsse. Wie Sie bereits im Kapitel zur pränatalen Persönlichkeit gelesen haben, können Zwillingsstudien Aufschluss darüber geben, wie hoch der Anteil genetischer Effekte auf die Persönlichkeit ist. Über mehrere Zwillingsstudien hinweg hat sich die Erkenntnis durchgesetzt, dass etwa die Hälfte der Persönlichkeitsunterschiede auf genetische Unterschiede zurückgeführt werden kann. Was bei dieser Analysemethode allerdings nicht klar wird, ist, welche Gene zu welcher Persönlichkeitsausprägung beitragen.

Die andere Hälfte der Persönlichkeitsunterschiede wird demnach durch Effekte der Umwelt erklärt. Das sind vor allem Umwelteinflüsse, denen Menschen außerhalb ihrer Familie ausgesetzt sind. Sogenannte *geteilte Umwelteinflüsse*, die Personen innerhalb einer Familie gemeinsam ausgesetzt sind, erklären dagegen kaum Persönlichkeitsunterschiede.

Genetische Einflüsse vs. Umwelteinflüsse

Längsschnittliche Zwillingsstudien wie die *Bielefeld Longitudinal Study of Adult Twins* (BiLSAT) können mittlerweile auch beantworten, welchen Einfluss Gene und Umwelt auf die Veränderung der Persönlichkeit haben. Dafür wurden erwachsene Zwillinge über zehn Jahre hinweg wiederholt befragt, und es wurde analysiert, wie stark sich eineiige und zweieiige Zwillinge in ihren Entwicklungstrends ähneln. Dabei zeigte sich: Im Durchschnitt tragen genetische Einflüsse mehr zur Stabilität von Persönlichkeitseigenschaften bei als Umwelteinflüsse. Dass die Schlussfolgerung, Gene trügen zur Stabilität bei und die Umwelt stoße Veränderung an, zu kurz greift, verdeutlichen die längsschnittlichen Untersuchungen: Veränderungen in der emotionalen Stabilität, Verträglichkeit und Gewissenhaftigkeit gehen hauptsächlich auf genetische Effekte zurück, während Veränderungen in der Extraversion und Offenheit für neue Erfahrungen vor allem auf Umwelteffekte zurückgehen.

Die Ergebnisse der Zwillingsstudie zeigen: Eine genetische Grundlage für Persönlichkeit ist nicht gleichbedeutend mit einer stabilen Persönlichkeit. Zwar ändern sich die Gene im Laufe eines Lebens nicht, wohl aber die sogenannte *Gen-Expression*. Damit ist gemeint, dass sich die Auswirkungen, die

Gene auf die Persönlichkeit haben, durchaus ändern und somit Persönlichkeitsveränderungen angestoßen werden können.

Gen-Expression: beschreibt, wie sich die genetische Information im Körper auswirkt, also den Weg zwischen einem Gen und der Bildung eines Proteins, das wiederum Einfluss auf Verhaltensmuster haben kann.

Durch Ergebnisse von Zwillingsstudien wird aber auch deutlich, inwiefern Umwelteinflüsse sowohl zur Stabilität der Persönlichkeit beitragen als auch zu deren Änderung. Stabile soziale Rollen, wie sie im mittleren Erwachsenenalter häufig vorkommen, wenn Personen ihre Identitätssuche abgeschlossen und ihren Platz in der Gesellschaft gefunden haben, sind ein wichtiger Einflussfaktor für die Stabilität der Persönlichkeit. Ebenso kann die Umwelt Änderungsprozesse anstoßen, wie es insbesondere bei der Extraversion und Offenheit für neue Erfahrungen der Fall ist. Welche Lebenserfahrungen zu diesen Änderungsprozessen beitragen, werden wir uns später noch genauer ansehen. Halten wir an dieser Stelle erst einmal fest: Der Einfluss der Umwelt auf Veränderungen der Persönlichkeit lässt sich nicht mit den Annahmen der Fünf-Faktoren-Theorie vereinen.

Noch eine weitere Erkenntnis aus Zwillingsstudien spricht gegen die Annahmen von McCrae und Costa. Der Berliner Persönlichkeitspsychologe Christian Kandler fand heraus, dass mit dem Alter der Einfluss genetischer Faktoren auf die Persönlichkeit sinkt. Die Fünf-Faktoren-Theorie geht stattdessen davon aus, dass genetische Einflüsse durchgängig hoch sind oder sogar ansteigen. Bei der Intelligenz – einer Persönlichkeitseigenschaft im weiteren Sinne – ist das auch tatsächlich der Fall: Hier gewinnen genetische Einflussfaktoren über die Lebensspanne hinweg immer mehr an Bedeutung. Erklärt wird das häufig damit, dass Menschen Umwelten aufsuchen, die zu ihrer Intelligenz passen und diese wiederum verstärken. Dadurch steigt der Einfluss genetisch bedingter Intelligenzunterschiede mit dem Alter an. Diese sich gegenseitig verstärkenden Gen-Umwelt-Einflüsse finden sich jedoch nicht in gleicher Weise bei der Persönlichkeit wieder. Hier steigt stattdessen mit dem Alter der Einfluss der Umwelt auf die Persönlichkeit. Diese wichtige Bedeutung der Umwelt auf die Persönlichkeit kann die Fünf-Faktoren-Theorie nicht ausreichend erklären.

Das Neo-sozioanalytische Modell

Eine Perspektive auf Persönlichkeitsveränderungen, die stärker die Umwelt im Blick hat, stellen die sieben Prinzipien des Neo-sozioanalytischen Modells von Brent Roberts dar. Zwei der Prinzipien kennen Sie bereits aus dem Kapitel zum jungen Erwachsenenalter, nämlich das Reifungsprinzip und das Prinzip sozialer Investitionen.

> *Die sieben Prinzipien der Persönlichkeitsentwicklung des Neo-sozioanalytischen Modells*: Reifung, soziale Investitionen, kumulative Kontinuität, Identitätsentwicklung, Rollenkontingenz, Plastizität, Korresponsivität.

Das Prinzip *kumulativer Kontinuität* beschreibt die Beobachtung, dass sich die Persönlichkeit im Laufe des Lebens stabilisiert. Auf den letzten Seiten haben Sie bereits über zahlreiche Befunde gelesen, die dieses Prinzip bestätigen. Seit dem Kindesalter über das identitätssuchende Jugendalter und das junge Erwachsenenalter hinweg hat sich die Persönlichkeit immer weiter stabilisiert, sich mit jeder Lebensphase etwas mehr verfestigt, bis sie im mittleren Erwachsenenalter einen Höhepunkt an Stabilität erreicht. Wir werden später, bei der Betrachtung des höheren Alters, sehen, dass das Prinzip der sich stabilisierenden Persönlichkeit in dieser späten Lebensphase nicht mehr haltbar ist.

Eine Ursache für die steigende Stabilität von Persönlichkeit beschreibt das *Identitätsentwicklungs-Prinzip*. Wie Sie bereits im Kapitel zum Jugendalter gelesen haben, geht auch Roberts davon aus, dass ein weit entwickeltes Identitätsgefühl zu einer stabilen Persönlichkeit beiträgt.

Ähnliches wird im *Rollenkontingenz-Prinzip* angenommen: stabile soziale Rollen, so Roberts, stabilisieren wiederum die Persönlichkeit. Menschen nehmen im Laufe ihres Lebens die Rolle der Tochter, Freundin, Mutter, Angestellten, Chefin, Rentnerin und dergleichen ein und zeigen in dieser Rolle stabile Verhaltensmuster.

Diese Persepktive betont, wie wichtig die Gesellschaft mit ihren Normen und Erwartungen für die Persönlichkeit ist. Vielleicht kennen Sie das: Wenn Sie das Gefühl haben, im Laufe des Lebens (oder des Tages!) die Rolle zu wechseln, morgens in der Mutterrolle aufzuwachen, in der Rolle als Chefin den Tag im Büro zu verbringen und am Nachmittag in ihre Rolle als gute Freundin zu schlüpfen. Alle diese Rollen sind mit bestimmten Anforderungen und Erwartungen verknüpft, was uns besonders dann bewusst wird, wenn diese Rollen miteinander in Konflikt geraten.

Roberts sieht in der Umwelt eines Menschen aber auch Potenzial für Veränderungen der Persönlichkeit und unterscheidet sich mit dieser Annahme explizit von McCraes und Costas Fünf-Faktoren-Theorie. Sein *Plastizitätsprinzip* besagt: Die Persönlichkeit kann sich in jeder Lebensphase durch Umwelteinflüsse verändern. Wie wir eben gesehen haben, deuten die Ergebnisse von Zwillingsstudien darauf hin, dass solche Umwelteffekte insbesondere im mittleren und höheren Alter einen wichtigen Beitrag zur Persönlichkeitsentwicklung leisten. Und alles andere wäre ja auch kaum plausibel, schließlich passen wir uns immer wieder an neue Lebenssituationen an, wachsen daran und verändern uns dadurch.

Zu guter Letzt beschreibt das *Korresponsitivitätsprinzip*, wie sich die Persönlichkeit dadurch stabilisiert, dass ein Mensch aufgrund seiner Persönlichkeitseigenschaften besondere Lebenssituationen aufsucht und sich diese wiederum durch die daraus entstehende Lebenserfahrung verstärken.

Ein schönes Beispiel für einen *Korresponsivitätseffekt* fand Joshua Jackson von der Washington University in St. Louis. Er und sein Team untersuchten den Einfluss des Wehrdienstes auf die Persönlichkeitsentwicklung. Vor wenigen Jahren noch war das in Deutschland besonders gut möglich, da (bis auf wenige Ausnahmen) jeder Mann entweder Wehr- oder Zivildienst leistete. Somit konnte der Einfluss dieser Erfahrung auf die Persönlichkeitsentwicklung an vielen Männern gemessen und miteinander verglichen werden. Jackson und seine Kolleginnen nutzten für ihre Untersuchung die Daten der TOSCA-Studie, einer großangelegten, längsschnittlichen Befragung junger Menschen in Deutschland. Diese machten im letzten Schuljahr des Gymnasiums und dann alle zwei Jahre (bis zu dreimal) Angaben zu ihrer Persönlichkeit.

Junge Männer, die nach dem Abitur einen Wehrdienst machten, unterschieden sich bereits zu Schulzeiten in ihrer Persönlichkeit von Gleichaltrigen, die sich später für den Zivildienst entschieden. Sie waren im letzten Schuljahr weniger verträglich, weniger offen für neue Erfahrungen und emotional stabiler als die zukünftigen Zivildienstleistenden. In den darauffolgenden Jahren zeigten sich bei der männlichen Stichprobe die typischen Reifungsprozesse, die Sie bereits aus dem Kapitel zum jungen Erwachsenenalter kennen: Sie wurden gewissenhafter, emotional stabiler und verträglicher.

Der oben angesprochene Korresponsivitätseffekt zeigte sich in diesem Fall in der Verträglichkeit: Wehrdienstleistende waren bereits vor dem Abitur weniger verträglich als Zivildienstleistende, und der typische Anstieg in der Verträglichkeit verlief bei ihnen deutlich flacher als bei den Zivildienstleistenden. Dadurch vergrößerte sich der Unterschied in der Verträglichkeit zwischen diesen beiden Gruppen nach dem neun Monate andauernden Dienst deutlich. Und dieser Unterschied verstärkte sich auch in den darauffolgenden Jahren weiter erheblich. Das heißt: Junge Männer suchen – unter anderem bedingt durch ihre Verträglichkeit – die eine oder andere Umwelt (hier: Wehr- oder Zivildienst) auf, und die dort gesammelten Erfahrungen verstärken wiederum die Persönlichkeitseigenschaften (hier: Verträglichkeit), die sie in diese Umwelt brachten.

Ein weiteres Beispiel für den Korresponsivitätseffekt fanden Julia Zimmermann und Franz Neyer von der Friedrich-Schiller-Universität Jena bei Studierenden, die Auslandserfahrungen sammelten. Diese waren Teil der einjährigen PEDES-Längsschnittstudie und verbrachten im Rahmen ihres Studiums mehrere Wochen oder Monate im Ausland, die meisten an Universitäten in Spanien, Frankreich oder Großbritannien. Vor allem Studierende mit einer hohen Extraversion verbrachten einige Zeit ihres Studiums im Ausland. Auch gewissenhafte Studierende zog es – zumindest für einige Wochen – ins Ausland, sowie offene Studierende, die bevorzugt mehrere Monate im Ausland blieben.

Während des Auslandsaufenthaltes zeigte sich bei den Studierenden eine stärkere Persönlichkeitsentwicklung als bei gleichaltrigen Studierenden, die in Deutschland blieben. Sie wurden offener für neue Erfahrungen und verträglicher, unabhängig davon, wie lange sie im Ausland waren. Je länger sie im Ausland waren, desto stärker profitierte ihre emotionale Stabilität, sie wurden also umso weniger ängstlich und sorgenvoll, je länger sie im Ausland blieben.

Die Studie zeigte also: Offene Menschen zieht es eher ins Ausland, um dort eine andere Kultur und Sprache, andere Menschen und – im Studierendenkontext – andere wissenschaftliche Herangehensweisen kennenzulernen. Ebendiese Eigenschaft wird dann langfristig durch die neue Erfahrung gestärkt, und die ursprünglich bereits bestehenden Persönlichkeitsmerkmale verfestigen sich noch weiter.

Die beiden Studien verdeutlichen zwei wichtige Dinge: Zum einen zeigen sie, dass unsere Persönlichkeit beeinflusst, welche Umwelten wir aufsuchen, zum anderen, dass unsere Persönlichkeit durch diese Umwelten wiederum verstärkt wird. Insofern können sich angeborene Veranlagungen in der passenden Umwelt entfalten und so Persönlichkeitsunterschiede verfestigen. Das heißt: Die starke Unterscheidung zwischen genetischen und Umwelt-Einflüssen ist oft künstlich, da sich beide im Wechselspiel miteinander entwickeln. Und es bedeutet auch, dass die Persönlichkeitseigenschaften, die uns in die Wiege gelegt werden, nur bedingt schicksalshaft sind.

Zeichnen wir uns durch eine hohe Verträglichkeit aus, dann erhöht das die Wahrscheinlichkeit, Tätigkeiten nachzugehen, die Verträglichkeit erfordern und verstärken (beispielsweise Zivildienst). Zeichnen wir uns durch eine hohe Offenheit für neue Erfahrungen aus, dann erhöht sich die Wahrscheinlichkeit dafür, dass wir neue Denkanstöße suchen (beispielsweise im Ausland), was unsere Offenheit wiederum verstärkt. Gleichzeitig sind das – wie so oft – nur probabilistische Zusammenhänge. Auch unverträgliche Menschen können Zivildienst leisten, und auch wenig offene Menschen können Erfahrungen im Ausland sammeln und damit ihre Verträglichkeit beziehungsweise Offenheit für neue Erfahrungen stärken. Sind wir also daran interessiert, bestimmte Persönlichkeitsmerkmale zu fördern, dann kann dies dadurch gelingen, indem wir Umwelten aufsuchen, die wir normalerweise meiden würden. So machen wir Lernerfahrungen, die diese Persönlichkeitseigenschaften stärken können und die uns – würden wir diese Umwelten vermeiden – verlorengingen.

Einen weiteren wichtigen Aspekt zeigen diese Studien jedoch auch: Nur für einen Bruchteil der Persönlichkeitsmerkmale und Lebenserfahrungen finden sich Korresponsivitätseffekte. Oftmals sagen mehrere Persönlichkeitseigenschaften gemeinsam vorher, ob eine Person eine Situation aufsuchen wird oder nicht. In Reaktion auf die Erfahrungen der Situation wiederum verändern sich einige Persönlichkeitseigenschaften, andere aber nicht. Oftmals sind die Persönlichkeitseigenschaften, die uns in eine Situation brachten, nicht unbedingt die Eigenschaften (oder zumindest nicht die einzigen), die sich anschließend ändern. Der Einfluss von Korresponsivität ist also begrenzt. Das passt wiederum dazu, dass im Laufe des Lebens der Einfluss von Umwelterfahrungen (im Vergleich zur genetischen Veranlagung) auf die Persönlichkeit steigt.

Was können wir festhalten?

Erstens: Viele Menschen reifen im jungen und mittleren Erwachsenenalter, was durch soziale Investitionen gestärkt werden kann. Vielleicht haben Sie das auch an sich selbst erlebt, als Sie eine feste Partnerschaft eingingen oder Mutter wurden, als sie sich im Job besonders engagiert haben oder einer Freundin unter die Arme griffen, die eine schwere Krise durchlebte.

Zweitens: Unsere Persönlichkeit stabilisiert sich bis ins mittlere Erwachsenenalter, zum Teil bedingt durch ein weitentwickeltes Identitätsgefühl und stabile soziale Rollen. Wie Sie vermutlich bei sich oder anderen schon beobachtet haben, endet die Entwicklung dann natürlich nicht, aber das Ausmaß der Persönlichkeitsveränderung wird abgeschwächt.

Und schließlich drittens: Umwelterfahrungen verändern unsere Persönlichkeit. Es ist also mitnichten nur ein genetisches Programm, das unsere Entwicklung vorherbestimmt.

Mit Blick auf das hohe Erwachsenenalter können die sieben Prinzipien von Roberts allerdings nur eingeschränkt die Entwicklungstrends dieser Lebensphase erklären. Das werden wir uns im Folgenden genauer ansehen.

Die Persönlichkeit im hohen Alter

Das hohe Alter gehört in der Persönlichkeitspsychologie zu der am wenigsten erforschten Lebensphase. Nachdem zahlreiche Studien gezeigt hatten, dass sich die Persönlichkeit im Laufe der Kindheit und Jugend bis hin zum mittleren Erwachsenenalter immer weiter stabilisiert, ging man lange davon aus, dass dies bis ins hohe Alter so weitergeht. Gestützt wurde die Annahme durch die oben vorgestellten Theorien von McCrae, Costa und Roberts.

Auch aufgrund praktischer Herausforderungen (beispielsweise der nicht ganz leichten Suche nach geeigneten Versuchspersonen und der Durchführung von aufwendigen Interviews bei Personen mit kognitiven oder Seh-Einschränkungen) basieren viele Studien zur Persönlichkeit und ihrer Entwicklung auf Stichproben mit jungen Erwachsenen.

Kein Stillstand im Alter

Es war eine große Überraschung, als ich im Rahmen meiner Doktorarbeit darauf stieß, dass die Persönlichkeit im hohen Alter ähnlich instabil ist wie im jungen Erwachsenenalter. Zusammen mit Boris Egloff und Stefan

Schmukle untersuchte ich die bereits angesprochenen Daten des Soziooekonomischen Panels, im Rahmen dessen Personen zwischen sechzehn und zweiundachtzig Jahren wiederholt Auskunft über ihre Persönlichkeit gaben. Dabei zeigte sich, dass ältere Personen deutlich verträglicher und weniger offen für neue Erfahrungen sind als jüngere Personen. Ein Indiz dafür, dass diese im Mittel ihre Persönlichkeit also durchaus noch veränderten, und zwar – entgegen des Stereotyps – nicht zur grummeligen Alten werden, sondern zu einer am sozialen Miteinander orientierten Person, die eher an Bewährtem festhält, anstatt Neues auszuprobieren.

Die Rangordnung von Personen war im höheren Alter ähnlich instabil wie mit etwa 20 oder 30 Jahren: Personen über 60 tauschten im Laufe des vierjährigen Untersuchungszeitraums häufig ihre Rangplätze in der emotionalen Stabilität, Extraversion, Offenheit für neue Erfahrungen und Verträglichkeit. Persönlichkeitsausprägungen, die sich im mittleren Erwachsenenalter manifestiert haben, destabilisieren sich also nun wieder. Die Ergebnisse deuten darauf hin, dass ältere Menschen sich ebenfalls individuell entwickeln und somit Personen, die anfangs beispielsweise zu den emotional Stabilen gezählt hatten, im Verlauf der Zeit emotional instabiler werden und dadurch mit anderen Personen die Rangplätze tauschen.

Ähnliche Ergebnisse fanden sich auch, als ich einige Jahre später zusammen mit Maike Luhmann und Christian Geiser Persönlichkeitstypen untersuchte. Der verbreitetste Persönlichkeitstyp bei den über 60-Jährigen war der gut angepasste/resiliente Persönlichkeitstyp, gefolgt von dem gehemmten/überkontrollierten und dem impulsiven/unterkontrollierten Persönlichkeitstyp. Im hohen Alter stieg der Anteil der resilienten Männer und der überkontrollierten Frauen noch einmal an. Davon abgesehen wechselten vergleichsweise viele ältere Menschen im Verlauf von vier Jahren ihren Persönlichkeitstyp, veränderten sich also in Bezug auf mehrere Persönlichkeitsmerkmale erheblich.

Dieser überraschende Befund trifft auf den demographischen Wandel, weshalb der Persönlichkeit der Hochbetagten auch gesellschaftlich eine wachsende Bedeutung zukommt. Wie wir wissen, ist die Geburtenrate bereits seit mehr als 40 Jahren niedriger als die Sterberate: Deutschlands Bevölkerung schrumpft. Das wird nur zum Teil von den Migrationsbewegungen aufgefangen. Gleichzeitig werden Frauen immer später zu Müttern und bekommen durchschnittlich nur 1,4 Kinder, was – zusammen mit der steigenden Lebenserwartung um geschätzte sechs bis sieben Jahre bis zum Jahr 2060 – zur Alterung der Gesellschaft beiträgt.

Eine Altersgruppe, die besonders stark wächst, ist die der Hochbetagten: Ihre Anzahl verdoppelt sich nach Schätzungen des Statistischen Bundesamtes bis zum Jahr 2060 auf neun Millionen. Jeder achte Mensch wird dann in Deutschland zu den über 80-Jährigen gehören. Den psychologischen Konsequenzen dieses demographischen Wandels mit seinen zahlreichen veränderungssensiblen Seniorinnen kommen derzeit zwar glücklicherweise eine wachsende, aber dennoch weiterhin vergleichsweise geringe Aufmerksamkeit zu.

Als ich herausfand, wie stark sich die Persönlichkeit auch im höheren Alter noch verändert, war die Persönlichkeitspsychologie darauf nicht vorbereitet: Die Theorien zur Persönlichkeit und Persönlichkeitsentwicklung gingen – wie oben bereits angesprochen – im Allgemeinen davon aus, dass sich die Persönlichkeit stabilisierte, und boten wenig Erklärungsansätze für die erheblichen Persönlichkeitsveränderungen im hohen Alter. Doch bei bei meinen Befunden handelt es sich keineswegs um Einzelfälle: Die starke Veränderlichkeit im hohen Alter wurde durch Kolleginnen bestätigt, die andere Datensätze, Analysemethoden und Stichproben aus anderen Ländern nutzen.

Die «La dolce vita»-Persönlichkeit

Die Persönlichkeit im höheren Alter beschreiben Herbert Marsh von der University of Oxford in Großbritannien und Kollegen mit dem anschaulichen Term «‹La dolce vita›-Persönlichkeit». Sie beobachteten in einer großen, bevölkerungsrepräsentativen britischen Stichprobe, dass die emotionale Stabilität und Verträglichkeit im hohen Alter im Durchschnitt anstieg und gleichzeitig die Gewissenhaftigkeit, Extraversion und Offenheit für neue Erfahrungen sank. Sie führen diese Entwicklungstrends auf eine steigende Selbstgenügsamkeit zurück, die sie mit dem Terminus «La dolce vita»-Persönlichkeit beschreiben. Der Ausdruck bezieht sich auf das «süße» italienische Leben, das als Synonym für einen entspannten und genussreichen Alltag gilt, in dem es viel Zeit für Erfreuliches und wenige Verpflichtungen gibt.

Laut Marsh sind Personen höheren Alters eher auf ihr Wohlbefinden bedacht – sodass die emotionale Stabilität steigt – sowie auf ihr enges soziales Umfeld – sodass die Verträglichkeit steigt. Aspekte der Pflichterfüllung oder der Erkundung der Umwelt, die durch höhere Gewissenhaftigkeit, Extraversion und Offenheit erleichtert würde, sind in dieser Lebensphase nach Auffassung von Marsh und Kollegen dagegen weniger relevant.

Ältere Menschen, deren Alltag durch gesundheitliche Einschränkungen geprägt ist und die dadurch alles andere als relaxt durchs Leben gehen, werden sich in dieser Beschreibung möglicherweise nicht wiederfinden. Und doch ist die Perspektive von Marsh wichtig, weil sie eine erfrischend positive Betrachtung des höheren Lebensalters bietet: So hat man zum Beispiel mehr freie Zeit, die man individuell gestalten kann, unabhängig von beruflichen Verpflichtungen – sofern es sich um eine Gesellschaft mit einem sozialen Rentensystem handelt.

Zugespitzt formuliert ist der betagte Mensch bei Marsh also ein zufriedener, unproduktiver Mensch, der sich persönlichkeitspsychologisch an seine Senioren-Rolle anpasst, indem er sich prosozial verhält, aber Fleiß, Geselligkeit oder Offenheit gegenüber Neuem wenig abgewinnt.

Entwicklungsaufgaben

Eine gänzlich andere Perspektive auf das hohe Alter hatte der US-amerikanische Psychologe Robert Havighurst, der den Fokus auf die Bewältigung verbreiteter Entwicklungsaufgaben legte. Er ging davon aus, dass es in bestimmten Lebensphasen charakteristische Entwicklungsaufgaben gibt und dass typische Veränderungen in der Persönlichkeit dabei helfen, sie zu meistern. Dabei unterscheidet er drei Lebensphasen: Im jungen Erwachsenenalter bestehe die Herausforderung vor allem darin, soziale Rollen auszusuchen und aufzubauen, also den eigenen Platz in der Gesellschaft zu finden (z. B. das Finden einer Partnerin fürs Leben, die Geburt von Kindern und der Berufseintritt). Im mittleren Erwachsenenalter gehe es vornehmlich darum, die gewählten Rollen auszufüllen (z. B. eine langfristige Partnerschaft zu pflegen, Kinder aufzuziehen und den Job zu behalten beziehungsweise in diesem aufzusteigen). Im hohen Alter bestehe die Herausforderung vor allem darin, Verluste zu kompensieren. Diese Verluste lassen sich fünf Lebensbereichen zuordnen: in romantischen Beziehungen (z. B. Scheidung), im Familienleben (z. B. wenn die Kinder aus dem Haus gehen), im Berufsleben (z. B. die bevorstehende Rente), im weiteren sozialen Umfeld (wenn z. B. Freunde erkranken oder sterben) und in Bezug auf körperliche Veränderungen (z. B. Abbau der Sehkraft, Einschränkung der Mobilität).

René Mõttus, der zurzeit an der University of Edinburgh forscht, und Kolleginnen bestätigten in einer Stichprobe die Annahme, dass körperliche Verluste im hohen Alter mit Persönlichkeitsveränderungen einhergehen. Sie befragten Personen im Alter von etwa 80 Jahren zu ihrer Persönlichkeit und unterschiedlichen Anzeichen körperlicher Fitness. Diese Messung wiederholten sie etwa sieben Jahre später: Die Gewissenhaftigkeit, Verträglichkeit, Extraversion und der Intellekt (ein Aspekt der Offenheit für neue Erfahrungen) sanken bei den Hochaltrigen. Zumindest die abnehmende Gewissenhaftigkeit konnte auf körperliche Einschränkungen zurückgeführt werden: Personen, die in vergleichsweise guter körperlicher Verfassung blieben, wurden nämlich gewissenhafter, wohingegen Personen mit erheblichen körperlichen Einschränkungen umso weniger gewissenhaft wurden.

Die Forschung zu Entwicklungsaufgaben beschäftigt sich vor allem mit Lebensaufgaben, denen sich die meisten Menschen einer Gesellschaft innerhalb einer Generation gegenübersehen. Sie ist somit weniger gut dafür geeignet, individuelle Unterschiede abzubilden (die im höheren Alter aber besonders häufig sind). Unterschiede zwischen Menschen werden vor allem auf unterschiedliche Entwicklungsaufgaben beziehungsweise auf die unterschiedlich gut gelungene Bewältigung dieser Aufgaben zurückgeführt.

Aus persönlichkeitspsychologischer Sicht greift dies in vielen Fällen zu kurz, denn Menschen unterscheiden sich nicht nur darin, wie gut sie sich anpassen. Unterschiedliche Persönlichkeiten können unterschiedliche soziale Nischen füllen oder unterschiedliche Lebenswege ermöglichen und sind somit also – in der einen wie der anderen Ausprägung – kein Manko, sondern möglicherweise nur eine Anpassung an individuelle Gegebenheiten.

Es wird deutlich, dass Marsh mit seinem «La dolce vita»-Begriff ein positiveres Bild vom Leben Hochaltriger zeichnet, als es Havighurst mit der Perspektive der Entwicklungsaufgaben tut. Für Letzteren ist die späte Lebensphase keine Zeit der friedlichen Entspannung, sondern der Bewältigung von Verlorenem.

Weisheit

Die Weisheit ist ein weiterer Aspekt der Persönlichkeit, der bevorzugt dem höheren Alter zugeschrieben wird. Sie wurde maßgeblich von der Entwicklungspsychologin Ursula Staudinger geprägt, die lange Zeit in Deutschland forschte und lehrte und nun an der Columbia University in New York tätig ist.

Die Weisheit lässt sich sowohl von der leichtfüßigen «La dolce vita»-Perspektive als auch der leidvollen Verlust-Kompensations-Perspektive abgrenzen. Bei diesen beiden Ansätzen stand die Persönlichkeitsreifung als ein Anpassungprozess an sozial erwünschte Rollen im Vordergrund, welche die Bewältigung von Entwicklungsaufgaben und somit auch das Zusammenleben in einer Gesellschaft erleichtern sollen.

Die Weisheit dagegen ist das Resultat von Persönlichkeitswachstum (*growth*), das nicht an eine bessere gesellschaftliche Funktionalität geknüpft und Staudinger zufolge lediglich einer Minderheit der Menschen vergönnt ist. Eine Ursache für diese geringe Verbreitung ist, dass es wenig gesellschaftlichen Druck gibt, Weisheit zu erreichen, und sie sogar das Wohlbefinden mindern kann.

Weisheit wird in der Literatur häufig als idealer Endpunkt der menschlichen Entwicklung angesehen, ist also mit einer starken Wertung verbunden. Gleichzeitig lässt sich die Weisheit auf diese Weise in Entwicklungsmodelle einfügen (beispielsweise von Erik Erikson oder Jane Loevinger), wie solche zur Identitätsentwicklung, die wir bereits im Rahmen der Entwicklung im Jugendalter betrachtet haben.

Weisheit erlaubt es einem Menschen, das Gleichgewicht zu wahren zwischen Abhängigkeit und Unabhängigkeit, Sicherheit und Zweifel, Kontrolle und Kontrollverlust, Endlichkeit und Ewigkeit, Selbstbezogenheit und Selbstlosigkeit. Die Widersprüche des Lebens werden von weisen Menschen nicht nur akzeptiert, sondern sie können daraus auch tiefere Einsichten gewinnen.

Die Weisheit setzt sich aus mehreren Kernelementen zusammen: Ein großer Erfahrungsschatz bildet die intellektuelle Voraussetzung für Weisheit und tritt in Kombination mit der Motivation auf, sich in komplexe Zusammenhänge hineinzudenken, anstatt diese lediglich oberflächlich zu betrachten. Weise Menschen zeichnen sich auch dadurch aus, dass sie keine schnellen Bauchentscheidungen treffen, sondern Fragestellungen intensiv durchdenken, beispielsweise mehrere Perspektiven einnehmen und sich dabei auch selbst in Frage stellen. Sie sind außerdem geprägt durch Empathie und die Sorge um andere, engagieren sich in sozialen Organisationen und berücksichtigen die Meinungen anderer. Auch die Fähigkeit zum konstruktiven Umgang mit Gefühlen wird von einigen Kolleginnen zur Weisheit gezählt. Damit ist sowohl die Empfänglichkeit für die Wahrnehmung von Gefühlen gemeint als auch das Vorhandensein von Humor, der die Bewältigung großer Herausforderungen erleichtern kann. Menschen, die sich durch Weisheit auszeichnen, wissen zwar um die Unkontrollierbarkeit des Lebens, sie reagieren darauf aber nicht hilflos, sondern vertrauen darauf, mit kommenden Herausforderungen umgehen zu können.

Für die Persönlichkeitsentwicklung ist insbesondere die persönliche Weisheit wichtig, die von der allgemeinen Weisheit unterschieden wird. Die allgemeine Weisheit beschreibt Expertenwissen und ein reichhaltiges Repertoire an Lebenserfahrungen, die es ermöglichen, schwere Lebensaufgaben zu lösen. Persönliche Weisheit dagegen bezieht sich auf reflektierte Einsichten in das eigene Leben und die eigene Person. Weise Menschen haben ein ausgeprägtes Wissen über sich selbst, sind sich also ihrer sozialen Rollen, sozialen Beziehungen und Persönlichkeitsmerkmale bewusst. Sie sind außerdem in der Lage, Mehrdeutigkeiten oder Widersprüche auszuhalten und sich für das Gute der Welt einzusetzen.

Älteren Menschen wird Weisheit eher zugetraut. Sollen Menschen Personen benennen, die sie für weise halten, sind diese meist über 60 Jahre alt. Auch wenn sie unterschiedlich alte Menschen hinsichtlich ihrer Weisheit einschätzen sollen, bewerten sie meist die älteren Menschen als weiser. Plausibel ist das, weil älteren Menschen bereits mehr Zeit zur Verfügung stand, um umfangreiche Lebenserfahrungen zu sammeln. Allerdings sind längst nicht alle Hochbetagten weise, und auch junge Menschen können bereits weise sein, wenn sie viel Lebenserfahrung gesammelt haben und über eine hohe Selbstreflexion verfügen. Einige Kolleginnen gehen davon aus, dass die Voraussetzungen für Weisheit sich bereits in der Jugend und im jungen Erwachsenenalter herausbilden, also keineswegs allein dem hohen Alter vorbehalten sind.

Eng verknüpft ist die Weisheit mit dem *Big Five*-Merkmal Offenheit für neue Erfahrungen, das – wie wir oben gesehen haben – im fortgeschrittenen Alter im Durchschnitt sinkt (und nicht steigt). Es wird durch die Konfrontation mit neuen Situationen, neuen Menschen und Denkstilen gefördert, die andere Perspektiven eröffnen und es so ermöglichen, sich ein detailliertes Bild von sich selbst und der Umwelt zu machen. Insofern benötigt es sowohl umfangreiche Erfahrungen, die sich im Allgemeinen erst im Laufe des Lebens ansammeln, als auch eine hohe Offenheit, die im Durchschnitt im jungen Erwachsenenalter ihren Höhepunkt erreicht.

Aufgrund dieser gegenläufigen Entwicklung und der Tatsache, dass sich Weisheit nicht positiv auf das subjektive Wohlbefinden von Menschen auswirkt (sondern dieses zum Teil sogar beeinträchtigt), sind weise Menschen ein eher seltenes Phänomen.

Vom Ende aus betrachtet

Die bisher vorgestellten Studien haben die Entwicklungsverläufe der Persönlichkeit in Abhängigkeit vom Alter untersucht. Sie zählen also die Jahre seit der Geburt einer Person und folgen damit einem chronologischen Verlauf. Im hohen Alter bieten sich jedoch auch andere Perspektiven an, zum Beispiel das rückwärts-chronologische Alter, also die Jahre bis zum Tod einer Person. Solche Informationen liegen selbstverständlich nur für bereits Verstorbene vor. Sie erklären die Entwicklungsverläufe in vielen Fällen aber besser als der Abstand zur weit zurückliegenden Geburt eines Menschen, denn in dieser Lebensphase ähneln sich eher diejenigen Menschen, die die gleiche (dato unbekannte) zeitliche Distanz zum Tod haben als Menschen, die die gleiche (bereits bekannte) zeitliche Distanz zur Geburt haben.

Entwicklungsverläufe relativ zum Tod einer Person werden häufig als *terminal decline* beschrieben.

teminal decline beschreibt das Absinken der Ausprägung von Persönlichkeitsmerkmalen am Ende des Lebens.

Sie knüpfen also nahtlos an die Verlust-Kompensation-Betrachtungen an, von denen bei Havighursts Entwicklungsaufgaben die Rede war. Das beruht auf der Beobachtung, dass im frühen hohen Alter (*young old age*) neben altersbedingten Einschränkungen auch die Freiheiten des Nach-Berufslebens beginnen. Das späte hohe Alter (*old old age*) sei in vielen Fällen dagegen mit wesentlichen Einbußen in der körperlichen und geistigen Leistungsfähigkeit geprägt, insbesondere in den Jahren vor dem Tod. Das hohe Alter, so wird angenommen, ist vor allem von Prozessen geprägt, die im Zusammenhang mit dem Tod stehen. Anfangs sind die damit zusammenhängenden Verluste noch graduell, aber in der «terminalen» Phase sinkt die Funktionsfähigkeit von Körper und Geist rapide und endet letztlich im Tod.

Die beobachteten Verluste am Ende des Lebens betreffen zum Beispiel das Erinnerungsvermögen, die Wahrnehmungsgeschwindigkeit und das räumliche Denken, in geringerem Maße auch bereits erworbenes Wissen. Gleiches gilt für körperliche Einschränkungen wie das Nachlassen von Muskelkraft, Geschicklichkeit und Gleichgewicht und andere gesundheitliche Probleme. Auch persönlichkeitspsychologische Veränderungsprozesse sind im sehr hohen Alter von Verlusten geprägt, zum Beispiel sinken das subjektive Wohlbefinden und die soziale Integration, während das Gefühl von Einsamkeit häufig ansteigt.

Analysen des Berliner Entwicklungspsychologen Denis Gerstorf und seiner Kolleginnen ergaben, dass die Phase des *terminal decline* meist zwei bis sechs, manchmal auch schon acht Jahre vor dem Tod beginnt. Im Durchschnitt findet etwa vier Jahre vor dem Tod der Wechsel von der *pre-terminal* mit lediglich graduellen Einschränkungen hin zur *terminal*-Phase statt, in der die Einschränkungen um ein Dreifaches höher sind. Natürlich gibt es große individuelle Unterschiede: Bei manchen Menschen beginnt die letzte Lebensphase früher als bei anderen. Gleichzeitig scheint sich der Beginn des *terminal declines* innerhalb einer Person jedoch im Allgemeinen über alle Bereiche zu erstrecken.

Kürzlich wurden von der Kieler Psychologin Jenny Wagner und ihren Kolleginnen auch persönlichkeitspsychologische Entwicklungstrends relativ zum Tod gefunden. Sie untersuchten Daten von hochaltrigen Teilnehmenden der Berliner Altersstudie, die über einen Zeitraum von 13 Jahren Informationen zu ihrer Persönlichkeit und Gesundheit teilten und mittlerweile verstorben sind. In den Jahren vor dem Tod der Personen sank die emotionale Stabilität deutlich ab. Nachdem im Laufe des Lebens also vor allem eine

Reifung dieser Persönlichkeitseigenschaft zu beobachten war, kehrt sich dieser Reifungsprozess in den Jahren vor dem Tod um. Das kann durchaus hilfreich sein, da in dieser Lebensphase eine höhere Sensibilität für Gefahren und erhöhte Vorsicht sinnvoll sein können. Wie bereits in den vorhergehenden Lebensphasen nahm die Extraversion und Offenheit für neue Erfahrungen im Durchschnitt ebenfalls ab.

Neben gesundheitlichen und kognitiven Einschränkungen, die diese Entwicklungsprozesse erklären können, zeigte sich, dass auch die soziale Teilhabe der Älteren ein wichtiger Einflussfaktor war: Personen, die gut sozial integriert waren und sich wenig einsam fühlten, waren gleichzeitig vergleichsweise emotional stabil, offen für neue Erfahrungen und extravertiert. Dieser Zusammenhang wurde mit nahendem Tod umso stärker.

Es bleibt festzuhalten: Analysen zum rückwärts-chronologischen Alter haben sich als aussagekräftig für das hohe Lebensalter erwiesen. Sie basieren jedoch vornehmlich auf der Annahme, dass Menschen im hohen Alter eines natürlichen Todes sterben. Insbesondere Entwicklungsprozesse im Zusammenhang mit plötzlichen Todesfällen – beispielswiese durch Unfälle, zwischenmenschliche oder kriegerische Konflikte – sind dagegen Ausnahmefälle, die mit Hilfe des *terminal decline* nicht gut erklärt werden können. Sie gehen mit untypischen Entwicklungsverläufen einher, die eine gesonderte Untersuchung erfordern.

Die gefühlte Zeit

Nicht nur die tatsächliche Zeit bis zum Tod, auch die subjektiv wahrgenommene Zeit bis zum eigenen Tod ist eine aussagekräftige Perspektive, um Veränderungen in der Persönlichkeit von Menschen zu verstehen. Zurück geht die wahrgenommene Zukunftsperspektive auf die *Sozio-emotionale Selektivitätstheorie* von Laura Carstensen, der Leiterin des Stanford Center on Longevity. Sie beobachtete in ihrer Forschung, dass es nicht das Alter, sondern vor allem der subjektive Zeithorizont ist, der Unterschiede in Bedürfnissen und Zielen, in Gedanken und Gefühlen erklären kann. Oft wird dieser Zusammenhang übersehen, da wir es gewohnt sind, das chronologische Alter als Zeit-Metrik zu nutzen. In der Kindheit, wenn die Zeit seit der Geburt noch überschaubar ist, mag das sinnvoll sein. Je älter wir aber werden, desto weniger aussagekräftig ist es. Im Laufe des Lebens sammeln wir viele unterschiedliche Erfahrungen, sind unterschiedlichsten Chancen und Herausforderungen ausgesetzt, die unsere Entwicklungsverläufe beeinflussen, verlangsamen und beschleunigen können.

Der wahrgenommene Zeithorizont bestimmt, welche Ziele Menschen anstreben, an welchen sie dauerhaft festhalten und von welchen sie sich lösen. Carstensen geht davon aus, dass sich Menschen unterschiedlichen Alters in ihren Zielen ähneln werden, wenn sie den gleichen wahrgenommenen Zeithorizont haben.

> Die *Sozio-emotionale Selektivitätstheorie* nimmt an, dass die Regulierung von Emotionen an Bedeutung gewinnt, wenn ein Mensch das Gefühl hat, nur noch wenig Lebenszeit vor sich zu haben.

Auch bei jungen Menschen kann der Zeithorizont sehr begrenzt sein, etwa bei Erkrankungen oder wenn sie starken kollektiven Stressereignissen ausgesetzt sind. Zum Beispiel zeigten Studien, dass junge Männer, die sich mit HIV angesteckt hatten bevor es wirksame Behandlungsmöglichkeiten gab, in ihrer Wahrnehmung eine Zukunftsperspektive hatten, die der von älteren Menschen stark ähnelte. Auch bei Menschen, die den Anschlag auf das World Trade Center oder den Ausbruch der SARS-Epidemie in Hongkong miterlebten, gab es in der wahrgenommenen Zukunftsperspektive kaum Unterschiede zwischen den unterschiedlichen Altersgruppen: Sie sahen sich gleichermaßen vom Tod bedroht und wurden für die Endlichkeit des Lebens sensibilisiert, was für größere Ähnlichkeiten in ihrem Denken und Handeln sorgte.

Carstensen geht auf der Grundlage zahlreicher Studien davon aus, dass junge Menschen sich im Allgemeinen durch eine wenig begrenzte subjektive

Zukunftsperspektive auszeichnen. Aus diesem Grund legen sie ihren Fokus meist auf das Sammeln vielseitiger Informationen und neuer Erfahrungen, um darauf aufbauend ein breites Wissen zu erwerben und für zukünftige Herausforderungen gewappnet zu sein. Aus dem gleichen Grund haben sie oftmals große Freundeskreise, in denen sie vielfältige Perspektiven kennenlernen.

Im höheren Alter nehmen Menschen ihre Zukunftsperspektive dagegen als stark eingeschränkt wahr: Ihnen ist die Endlichkeit des Lebens bewusst. Sie konzentrieren sich deshalb weniger auf das Sammeln vielseitiger Informationen, sondern eher darauf, ihr momentanes Wohlbefinden zu sichern, indem sie ihren emotionalen Zustand entsprechend anpassen. Ältere Menschen bevorzugen deshalb einen kleinen Freundeskreis mit engen Vertrauten: Die Zahl der Freunde reduziert sich zwar, die Qualität der Beziehungen aber erhöht sich.

Die Persönlichkeit folgt Entwicklungstrends, die sehr gut zu den Annahmen von Carstensens *Sozio-emotionaler Selektivitätstheorie* passen. Wie wir oben bereits gesehen haben, ist das höhere Alter im Durchschnitt durch eine geringere Offenheit für neue Erfahrungen und eine höhere Verträglichkeit gekennzeichnet. Die Offenheit für neue Erfahrungen ist für das Sammeln von Erfahrungen und Informationen relevant und damit vor allem für Lebensphasen mit einer wenig begrenzten Zukunftsperspektive, die man typischerweise im jungen Alter findet. Die Verträglichkeit ist dagegen vor allem wichtig, um enge soziale Beziehungen zu pflegen und zu erhalten und damit vor allem für Lebensphasen mit einer eng begrenzten Zukunftsperspektive bedeutsam, wie sie oftmals im höheren Alter auftritt. Insofern hängen die Entwicklungsverläufe der Persönlichkeit also eng mit den Zielen der Menschen zusammen, die wiederum maßgeblich davon beeinflusst sind, wie viel Lebenszeit noch vor ihnen liegt.

Das biologische Alter

Zu den neuen Perspektiven auf das Alter und die Zeit zählt auch das biologische Alter, das der US-amerikanische Altersforscher Daniel Belsky mit Kolleginnen untersuchte. Es setzt sich aus mehreren altersspezifischen, biologischen Merkmalen zusammen: unter anderem der Funktionsfähigkeit des Herz-Kreislauf-Systems, des Stoffwechsels und des Immunsystems. Belsky nutzte Daten der Dunedin-Studie, in der eine bevölkerungsrepräsentative Stichprobe von Personen wiederholt befragt und medizinisch untersucht wurde. Das Besondere: Alle Studienteilnehmenden wurden entweder 1972 oder 1973 geboren, hatten also alle das gleiche chronologische Alter.

Wie sich herausstellte, schwankte ihr biologisches Alter jedoch erheblich. Obwohl alle 38 Jahre alt und weitgehend frei von chronischen Erkrankungen waren, verteilte sich ihr biologisches Alter über einen Altersbereich von 28 bis 61 Jahren. Während einige Studienteilnehmerinnen also aufgrund ihres jungen biologischen Alters noch als Twen gelten konnten, hatten andere bereits das biologische Alter einer Rentnerin erreicht.

Diese starken Unterschiede entstanden nicht plötzlich, sondern entwickelten sich im Laufe des Untersuchungszeitraums, der ausführliche Messungen im Alter von 26, 32 und 38 Jahren beinhaltete. Einige der Teilnehmerinnen alterten in diesem Zeitraum gar nicht, während andere nicht nur ein, sondern ganze drei biologische Jahre pro Kalenderjahr alterten. Es gab sogar drei Fälle, in denen die Probandinnen im Laufe der Untersuchungen biologisch jünger wurden.

Altern ist also offensichtlich ein individueller Prozess, der bei unterschiedlichen Menschen unterschiedlich schnell abläuft. Und das hat weitreichende Konsequenzen: Menschen, die bereits ein höheres biologisches Alter erreicht haben, zeigten eine geringere körperliche und auch intellektuelle Leistungsfähigkeit, schätzten ihre eigene Gesundheit negativer ein und wurden als älter wahrgenommen. Insofern erstaunt es nicht, dass das biologische Alter auch die Sterblichkeit über einen Zeitraum von 20 Jahren hinweg vorhersagte.

Das biologische Alter ist somit eine sinnvolle Ergänzung zum chronologischen Alter, da es Entwicklungsunterschiede zwischen Menschen beschreiben kann.

Körperliche Einschränkungen, die sich in Krankheiten manifestieren, sind häufig das Resultat von biologischen Abbauprozessen, die sich über viele Jahre ansammeln und verstärken. Die Aufdeckung des *Pace of Aging*, also des individuellen Entwicklungsverlaufs, gibt damit wichtige Hinweise über Vorläufer für spätere Erkrankungen.

Viele Menschen wünschen sich nicht nur ein langes Leben, sondern ein gesundes und selbstbestimmtes Leben, in dem sie bis ins hohe Alter am gesellschaftlichen Miteinander teilnehmen können und das von Wohlbefinden geprägt ist. Um dieses Ziel erfolgreichen Alterns zu erreichen, ist es wichtig, nicht nur das hohe Alter selbst verstärkter zu untersuchen, als es derzeit (zumindest in der Persönlichkeitspsychologie) noch der Fall ist, sondern auch Entwicklungstrends im jüngeren Alter zu berücksichtigen. Immerhin beeinflussen diese das hohe Alter maßgeblich und bieten daher bereits früh Potenzial zur Unterstützung eines positiven Alterungsprozesses.

Was können wir also festhalten? Das hohe Alter ist, wie jede Lebensphase davor, von individuellen Unterschieden in der Entwicklung gekennzeichnet. Unsere Persönlichkeit steht in jeder Phase des Lebens mit unserer Umwelt in Wechselwirkung. Sie passt sich an diese an, wächst an den Anforderungen und entscheidet durch die Wahl der Situationen, die aufgesucht beziehungsweise gemieden werden, auch selbst über das Ausmaß an Stabilität oder Veränderung. Impulse für Veränderungen finden sich dabei nicht nur im Kindes- und jungen Erwachsenenalter, sondern in besonders starkem Ausmaß auch wieder im höheren Alter, einer Lebensphase, die innerhalb der Persönlichkeitspsychologie lange Zeit erstaunlich vernachlässigt wurde.

In diesem Kapitel haben wir uns mit Entwicklungsverläufen über die Lebensspanne beschäftigt und damit einen starken Fokus auf das Alter und seinen Einfluss auf die Persönlichkeit gelegt. Im Folgenden möchte ich Ihnen einzelne Persönlichkeitsmerkmale genauer vorstellen, die sich nicht in den

Big Five verorten lassen und die ihren ganz eigenen Entwicklungsprozessen unterliegen. Denn die Persönlichkeit, das sprach ich zu Beginn des Buches bereits an, setzt sich natürlich aus viel mehr als nur fünf globalen Merkmalen zusammen.

5. Die Persönlichkeit im weiteren Sinne

Das Selbstwertgefühl

Alle Menschen sind gleich viel wert. Es fühlt sich nur manchmal nicht so an. Wenn wir uns beispielsweise sozial ausgeschlossen fühlen oder Misserfolge bewältigen müssen, dann können Gefühle des Selbstzweifels aufkommen. Einige davon sind vorübergehend: Man ärgert sich vielleicht über das eigene Verhalten in einer bestimmten Situation oder über eine spezifische Angewohnheit. Es gibt aber auch Unterschiede dahingehend, wie sehr wir uns generell selbst wertschätzen. Diese Unterschiede werden unter dem Begriff *Selbstwertgefühl* zusammengefasst.

Wie wir uns selbst bewerten

Das Selbstwertgefühl beschreibt also keine tatsächlichen Unterschiede im Wert von Menschen, sondern individuelle Unterschiede in der subjektiven Bewertung der eigenen Person. Menschen mit einem hohen Selbstwertgefühl sehen sich selbst in einem positiven Licht; sie sind mit sich zufrieden, fühlen sich ebenso wertvoll wie andere Menschen und sind der Meinung, ein wichtiger Teil der Gesellschaft zu sein. Ein hohes Selbstwertgefühl bedeutet, sich selbst zu akzeptieren und zu respektieren, trotz der Eigenarten und Fehler, die natürlich jede von uns hat.

Wichtig ist in diesem Zusammenhang hervorzuheben, dass Menschen mit einem sehr hohen Selbstwertgefühl sich mitnichten anderen Menschen überlegen fühlen. Vielmehr geht es um die Wertschätzung der eigenen Person und Nachsicht gegenüber den eigenen Fehlern und nicht darum, sich im Vergleich mit anderen Menschen zu überhöhen oder diesen einen geringeren Wert als sich selbst zuzuschreiben.

Wie positiv unsere Sicht auf uns selbst ist, kann sich in unterschiedlichen Lebensbereichen durchaus unterscheiden. So wird zwar häufig das allgemeine Selbstwertgefühl untersucht, es lassen sich aber verschiedene Faktoren unterscheiden, beispielsweise das intellektuelle, soziale, emotionale und physische Selbstwertgefühl. Sie kennen bestimmt Personen, die zwar in intellektuellen Auseinandersetzungen selbstbewusst sind, im sozialen Miteinander aber schüchtern auftreten. Eine Ursache dafür kann sein, dass diese ein hohes intellektuelles Selbstwertgefühl haben, aber ein geringeres soziales Selbstwertgefühl und daher je nach Kontext mehr oder weniger sicher auftreten.

Die Dynamik des Selbstwertgefühls

Es liegt nahe zu vermuten, dass das Selbstwertgefühl maßgeblich von der Kompetenz einer Person abhängt: Ist sie es gewohnt, in intellektuellen Auseinandersetzungen zu glänzen, weiß aber auf Partys nicht wohin mit sich, dann könnte sich das in unterschiedlichen Ausprägungen des Selbstwertgefühls in diesen Lebensbereichen niederschlagen. Allerdings ist diese Annahme unvollständig: Auch dynamische, subjektive Prozesse haben einen wichtigen Einfluss auf die Ausprägung und Festigung des Selbstwertgefühls. Denn abhängig vom momentanen Selbstwertgefühl wird auch unser Denken in einer Weise beeinflusst, dass es zu Verzerrungen in der eigenen Wahrnehmung und Erinnerung führt.

Menschen tendieren beispielsweise dazu, sich entsprechend ihres eigenen Selbstbildes wahrzunehmen: Habe ich das Gefühl, anerkannt und beliebt, sozial kompetent und respektiert zu sein, dann nehme ich Rückmeldungen aus meiner sozialen Umwelt eher wahr, die dieses positive Bild bestätigen. Ist das Gegenteil der Fall, dann habe ich eine höhere Sensibilität für negative soziale Rückmeldungen oder interpretiere mehrdeutiges Verhalten in meiner Umwelt zu meinem Nachteil.

Das Gleiche gilt für Erinnerungen: Die solcherart «manipulierten» Erinnerungen tragen dazu bei, dass wir ein stabiles Selbstbild von uns beibehalten. Hat eine Person viele Selbstzweifel, werden Erinnerungen, in denen diese Zweifel bestätigt wurden, prominent gespeichert, während die zahlreichen

Erinnerungen, in denen sie von anderen anerkannt wurde, in Vergessenheit geraten.

Da ein hohes Selbstwertgefühl es im Allgemeinen erleichtert, selbstsicher aufzutreten, weil man wenig Furcht vor Zurückweisung erlebt, wird man von anderen Personen auch oftmals als selbstbewusster wahrgenommen – was wiederum Reaktionen hervoruft, die dieses hohe Selbstwertgefühl erneut bestätigen.

Auch die *Big Five* stehen mit dem Selbstwertgefühl im Zusammenhang. Ängstliche und sorgenvolle Menschen sehen sich selbst kritischer als gelassene, selbstbewusste Menschen, die eine stark ausgeprägte emotionale Stabilität haben. Auch extravertierte Menschen, die unter anderem häufige positive Emotionen haben und über Offenheit gegenüber anderen sowie ein gutes Durchsetzungsvermögen verfügen, sehen sich selbst in einem positiveren Licht als introvertiertere Menschen. Und schließlich gibt es unter den Menschen, die sich durch ein hohes Maß an Gewissenhaftigkeit auszeichnen, also sich im Allgemeinen zuverlässig und zielgerichtet verhalten, eine Mehrzahl an Menschen mit hohem Selbstwertgefühl.

Obwohl wir Denkmuster pflegen, die es uns erleichtern, ein einheitliches Bild von uns zu haben, und die zur Folge haben, dass wir uns über die Zeit hinweg auf ähnliche Weise selbst bewerten, ist unser Selbstwertgefühl nicht perfekt stabil, sondern unterliegt Veränderungen. Auch wenn die individuellen Entwicklungsverläufe unterschiedlich sind, zeigen Studien des Persönlichkeitspsychologen Ulrich Orth von der Universität Bern und Kolleginnen, dass zumindest im Durchschnitt das Selbstwertgefühl bei Jugendlichen vergleichsweise gering ist, es aber bis zu einem Alter von etwa 50 bis 60 Jahren stetig ansteigt und sich anschließend im höheren Alter wieder etwas mindert.

Fluktuation und Kontingenz

Abgesehen von diesen durchschnittlichen Veränderungen, die sogenannte *normative Trends* im Level des Selbstwertgefühls abbilden, lassen sich zwei weitere Aspekte des Selbstwertgefühls beobachten: die *Fluktuation* und die *Kontingenz*. Die *Fluktuation* beschreibt, wie stark das momentan empfundene Selbstwertgefühl im Laufe der Zeit schwankt. Wache ich morgens beispielsweise mit einem hohen Selbstwertgefühl auf und erlebe bis zum Abend mehrere *Ups-and-downs*, bis ich abends mit einem unterirdischen Selbstwertgefühl ins Bett gehe, dann kann mein allgemeines Selbstwertgefühllevel noch so hoch sein, es schützt mich nicht vor den negativen Folgen niedriger Selbstwertgefühl-Zustände.

> *Fluktuation*: Schwankung des Selbstwertgefühls über den Tag hinweg.
>
> *Kontingenz*: Abhängigkeit des Selbstwertgefühls von äußeren Faktoren.

Laurenz Meier von der Universität Basel beobachtete mit Kolleginnen in einer Studie, dass die Neigung zur Fluktuation des Selbstwertgefühls über die Lebensspanne hinweg abnimmt. Die Studienteilnehmenden berichteten über 25 Tage hinweg in einem Tagebuch über ihr tägliches Selbstwertgefühl. Die Schwankungen im Selbstwertgefühl nahmen in dieser Studie zwischen einem Alter von 13 und 72 Jahren kontinuierlich ab. Im hohen Alter blieb das Selbstwertgefühl der Menschen im Durchschnitt also über mehrere Tage und Wochen hinweg auf einem ähnlichen Niveau und veränderte sich deutlich weniger von einem Tag zum nächsten, so wie es bei Jugendlichen und jungen Erwachsenen typischerweise noch der Fall war.

Auch die *Kontingenz* nimmt mit steigendem Lebensalter ab. Sie beschreibt, wie stark unser Selbstwertgefühl von den alltäglichen Freuden und Konflikten bestimmt wird. Bei einer hohen Kontingenz reagiert das Selbstkonzept unmittelbar auf positive und negative Rückmeldungen aus der Umwelt. Die betroffenen Personen sind dann innerlich wenig gefestigt und lassen sich leicht in ihrem Selbstwertgefühl beeinflussen. Das mag gut sein, wenn wir nach einem Erfolgserlebnis direkt zufriedener mit uns sind, bedeutet aber gleichermaßen, dass sich auch kleine Alltagskonflikte direkt in unserem Selbstwertgefühl niederschlagen.

Das tägliche Selbstwertgefühl wird also mit steigendem Alter immer weniger von den Alltagskonflikten, die wir mit unserer Partnerin, mit Freundinnen oder Familienangehörigen erleben, beeinflusst, stellten Meier und Kolleginnen fest. Unser Selbstwertgefühl festigt sich also sowohl dadurch, dass es weniger schwankt, als auch dadurch, dass es weniger von alltäglichen, äußeren Einflüssen abhängt. Obwohl das selbst noch nichts darüber aussagt, ob wir uns selbst wertschätzen, wird dieser Entwicklungstrend dennoch als Reifungsprozess interpretiert.

Je weniger Fluktuation und Kontingenz, so der Gedanke dahinter, desto mehr ruhen wir in uns und desto weniger lassen wir uns durch die oftmals wenig kontrollierbare Umwelt in unserer Selbstachtung (beziehungsweise in unseren Selbstzweifeln) beirren.

Die soziale Komponente

Die *Soziometer-Theorie* der US-amerikanischen Sozialpsychologen Mark Leary und Roy Baumeister ist eine der bekanntesten Theorien, um die Dynamik des Selbstwertgefühls zu erklären. Danach gilt das Selbstwertgefühl als Abbild des subjektiv empfundenen Wertes einer Person in Bezug auf ihre sozialen Beziehungen. Sie baut damit auf dem grundlegenden menschlichen Bedürfnis nach sozialer Einbettung auf. Personen mit einem hohen Selbstwertgefühl haben das Gefühl, dass andere Menschen die Beziehung zu ihnen als wichtig empfinden und dass sie – sowohl im Moment als auch in der Zukunft – danach streben, mit ihnen Kontakt zu halten. Personen mit einem niedrigen Selbstwertgefühl dagegen haben das Gefühl, von anderen Menschen – insbesondere den Menschen und sozialen Gruppen, die ihnen selbst wichtig sind – wenig wertgeschätzt werden. Ändert sich die empfundene soziale Wertschätzung, so wird davon ausgegangen, dass sich auch das Selbstwertgefühl einer Person entsprechend ändert.

Insofern «misst» das Selbstwertgefühl in der Soziometer-Theorie die subjektiv empfundene soziale Integration eines Menschen, konzentriert sich also vor allem auf die soziale Komponente des Selbstwertgefühls.

Veränderungen im Selbstwertgefühl über die Lebensspanne lassen sich auf zwei entscheidende Einflussfaktoren zurückführen, wie Ulrich Orth darlegt: zum einen auf objektive Veränderungen und zum anderen auf Änderungen in der subjektiven Bewertung von Eigenschaften. Der Anstieg des Selbstwertgefühls bis ins späte mittlere Erwachsenenalter kann damit erklärt werden, dass Menschen in Merkmalen reifen, die mit einer sozialen Anpassung einhergehen. Dazu zählen beispielsweise Freundlichkeit, Vertrauenswürdigkeit, bestimmte Fähigkeiten und der soziale Status – alles Merkmale, die in dieser Lebensphase bei vielen Menschen ansteigen.

Außerdem kann sich die subjektive Bewertung von Merkmalen, die für das soziale Miteinander als wichtig empfunden werden, verändern, zum Beispiel wenn die Person ihr Selbstwertgefühl nicht mehr auf ihre Attraktivität, sondern ihre Vertrauenswürdigkeit zurückführt. Obwohl sich in diesem Fall weder die tatsächliche Attraktivität noch die Vertrauenswürdigkeit verändert haben muss, kann sich das Selbstwertgefühl stark geändert haben, einfach weil der Vertrauenswürdigkeit nun deutlich mehr Gewicht zukommt.

Wie entwickelt sich das Selbstwertgefühl?

Der Grundstein für unser Selbstwertgefühl wird – wie auch bei anderen Persönlichkeitsmerkmalen – bereits im Kindesalter gelegt. Wächst ein Kind in einer Umgebung auf, in der ihm viel Zeit und Zuneigung, intellektuelle Stimulation und ein angemessenes Wohnumfeld geboten wird, dann fällt es dem Kind im Allgemeinen leichter, sich zu entfalten und mit einem hohen Selbstwertgefühl durch das Leben zu gehen, als wenn es in einer weniger förderlichen Umgebung aufwächst. Hierbei ist das Selbstwertgefühl eines Kindes eng mit dessen Bindungsstil verknüpft, der – wie Sie aus Kapitel vier wissen – mit der Beziehung zu den primären Bezugspersonen zusammenhängt.

Auch das Verhältnis der Eltern zueinander kann die psychische Entwicklung des Kindes beeinflussen: Leben die Elternteile in einer glücklichen Beziehung, dann kann es ihnen leichterfallen, sich dem Kind gegenüber zugewandt zu verhalten. In konfliktstarken Familien erhöht sich dagegen das Risiko, dass elterliche Ressourcen für eine ausgeglichene Erziehung fehlen, was wiederum die Entwicklung eines hohen und stabilen Selbstwertgefühls der Kinder beeinträchtigen kann.

Der Einfluss der elterlichen Lebensumstände auf das Selbstwertgefühl ist jedoch nicht auf die frühe Kindheit beschränkt, wie Ulrich Orth in einer umfangreichen Längsschnittstudie herausfand. Er nutzte für seine Analysen Daten einer großangelegten, bevölkerungsrepräsentativen Studie aus den USA, in der Personen, die zwischen 1957 und 1964 geboren wurden, sowie deren Kinder, die zwischen 1986 und 2012 geboren wurden, wiederholt untersucht wurden. Die gemessenen familiären Lebensumstände umfassten die Qualität der Erziehung und der räumlichen Umgebung sowie die intellektuelle Anregung.

In der Studie zeigte sich, dass die familiären Lebensumstände in den ersten sechs Lebensjahren einen maßgeblichen Einfluss auf das spätere Selbstwertgefühl haben. Auch wenn der Zusammenhang zwischen den frühkindlichen Startbedingungen und dem Selbstwertgefühl bis zum jungen Erwachsenenalter abnahm, so ließ er sich selbst bei den ältesten Studienteilnehmerinnen im Alter von 27 Jahren noch erkennen. Die frühkindlichen Erfahrungen im Elternhaus wirkten sich also anscheinend nicht nur auf das momentane Selbstwertgefühl der Kinder aus, sondern auch dann noch, als aus den Kindern Erwachsene geworden waren, die ihr Elternhaus längst verlassen hatten.

Die Studie verdeutlicht, dass den frühen Erfahrungen und der elterlichen Erziehung eine wichtige Rolle bei der Entwicklung eines Kindes zukommt. Dennoch gilt hier genauso wie bei den anderen Persönlichkeitsmerkmalen: Unser aktuelles Selbstwertgefühl wird besonders durch unsere momentanen Lebensumstände bestimmt und deutlich weniger stark durch frühkindliche Erfahrungen. Wie sich unser momentanes Selbstwertgefühl weiterentwickelt, ist also vor allem von unserer aktuellen subjektiv empfundenen sozialen Integration abhängig und weniger von den lang zurückliegenden elterlichen Erziehungsmethoden.

Wie sich das Selbstwertgefühl in einer besonders veränderungssensiblen Phase des Lebens entwickelt, nämlich der Jugend und dem jungen Erwachsenenalter, untersuchten Ruth Erol und Ulrich Orth. Sie nutzten für ihre Studie bevölkerungsrepräsentative Daten einer US-amerikanischen Stichprobe von 14- bis 30-Jährigen, die über 15 Jahre hinweg wiederholt befragt wurden. Obwohl die Jugend oft von Identitätskonfusion geprägt ist, stieg das Selbstwertgefühl in dieser Phase im Durchschnitt. Dieser positive Trend hielt zwar bis zum 30. Geburtstag an, war aber im jungen Erwachsenenalter deutlich schwächer ausgeprägt als noch im Jugendalter.

Die Ursache für diesen überraschend positiven Verlauf in der doch oft von Selbstzweifeln geplagten Jugend lässt sich laut Erol und Orth auf die sogenannte *Kontrollüberzeugung* zurückführen. Sie beschreibt, ob ein Mensch glaubt, das tun zu können und sein Leben so lenken zu können, wie er es möchte. Beide Konstrukte – das Selbstwertgefühl und die Kontrollüberzeugung – hängen eng miteinander zusammen. Denn vielen Menschen fällt es leichter, zufrieden mit sich und der Welt zu sein, wenn sie ihr Leben selbst in der Hand haben. Im Jugendalter, in dem man sich oftmals vom Elternhaus emanzipiert, wächst die tatsächliche und wahrgenommene Kontrolle über das eigene Leben und damit auch das Selbstwertgefühl.

Ähnliche Entwicklungstrends fand auch die Psychologin Jenny Wagner zusammen mit Kolleginnen in einer Stichprobe mit Abiturientinnen. Sie bestätigten in ihrer Studie auch einen typischen Geschlechterunterschied: Männer haben im Durchschnitt ein höheres Selbstwertgefühl als Frauen, allerdings bleibt dieser Unterschied über die Zeit stabil, er verstärkt oder vermindert sich also nicht mit zunehmendem Alter. Außerdem bildeten junge Erwachsene, die eine romantische Beziehung führten, ein positiveres Selbstwertgefühl aus als Singles.

Wie eine weitere Studie aus Deutschland zeigte, setzt sich der positive Entwicklungstrend bis zu einem Alter von etwa 60 Jahren fort – besonders bei Menschen, die nicht von Arbeitslosigkeit betroffen sind, ein hohes Einkommen haben und zufrieden mit ihrem Beruf, ihrer Beziehung und ihrer Gesundheit sind.

So weit, so wenig verwunderlich: Dass jemand mit interessantem Job und glücklicher Beziehung sich selbst in einem positiveren Licht sieht als jemand, der bei der Job- oder Partnersuche wiederholt zurückgewiesen wird, ist gut nachvollziehbar. Gleichzeitig liefern die Ergebnisse auch einen möglichen Erklärungsansatz dafür, dass das Selbstwertgefühl im höheren Alter wieder leicht sinkt, wenn Abstriche in der Gesundheit und den finanziellen Möglichkeiten keine Seltenheit sind.

In einer weiteren Studie warfen Wagner und Kolleginnen einen genaueren Blick in die Entwicklungsverläufe des Selbstwertgefühls im sehr hohen Alter. Sie untersuchten Daten von Teilnehmerinnen der Berliner Altersstudie, die während der Datenanalyse bereits verstorben waren. Auf diese Weise konnten sie nicht nur das chronologische Alter berücksichtigen, sondern zusätzlich auch die verbleibende Zeit bis zum Tod. Obwohl diese Lebensphase mit erheblichen gesundheitlichen Einschränkungen einherging, war das Selbstwertgefühl erstaunlich stabil. Nichtsdestotrotz sank das Selbstwertgefühl der Teilnehmerinnen zum Ende des Lebens hin. Ein vergleichsweise niedriges Selbstwertgefühl empfanden insbesondere Menschen mit einer niedrigen Kontrollüberzeugung, die sich einsam fühlten und unter mehreren Erkrankungen litten.

Zusammengenommen zeigen diese Ergebnisse, dass die Entwicklung des Selbstwertgefühls nicht einfach als ein Resultat des Alterns aufgefasst werden sollte. Vielmehr sind unterschiedliche Lebensphasen mit spezifischen Veränderungen verbunden, beispielsweise steigender Selbstbestimmtheit oder verschlechterter Gesundheit, die sich wiederum auf das Selbstwertgefühl auswirken. Insofern kann das Selbstwertgefühl auch nur so stabil sein wie seine Einflussfaktoren. Letztlich ist es das Resultat eines komplexen Zusammenspiels zwischen einer Person mit ihrer Umwelt, ihren gesammelten Erfahrungen und Empfindungen in unterschiedlichen Lebensbereichen. Und damit nur begrenzt das Resultat einer stabilen, in die Wiege gelegten Veranlagung für eine mehr oder weniger positive Einstellung gegenüber sich selbst.

Das Selbstwertgefühl in Partnerschaften

Haben Sie ein vergleichsweise geringes Selbstwertgefühl und hoffen auf eine positive Wende hin zu mehr Akzeptanz ihres eigenen, sicherlich nicht fehlerfreien, aber dennoch liebenswerten «Ichs»? Oder haben Sie ein hohes Selbstwertgefühl und fürchten sich vor einer Veränderung dieses Teils Ihrer Persönlichkeit hin zu mehr Selbstzweifeln?

Auch wenn Veränderungen im Selbstwertgefühl (oder anderen Persönlichkeitseigenschaften) von vielen Menschen an positive Erwartungen geknüpft sind, können sie natürlich auch eine zufriedene Selbstsicht zunichtemachen. Aber wodurch verändert es sich denn nun, das Selbstwertgefühl?

In einer Studie zum Zusammenhang zwischen dem Selbstwertgefühl und wichtigen Lebenslaufkonsequenzen kommen Ulrich Orth und Kollegen zunächst einmal zu dem Schluss, dass das Selbstwertgefühl eher als eine Ursache und weniger als eine Konsequenz dessen, was wir erleben, aufgefasst werden sollte. Das Selbstwertgefühl beeinflusst demzufolge sowohl die Entwicklung von Affekt (gemeint ist damit das Ausmaß positiver und negativer Emotionen) und Depressivität als auch die Entwicklung der Zufriedenheit mit der Beziehung, dem Job und der Gesundheit. Es kann sich nur dann dauerhaft auf andere Lebensbereiche auswirken, wenn es zum einen recht stabil ist und zum anderen wenig durch ebendiese Merkmale zurückbeeinflusst wird. Ein Beispiel aus dem Liebesalltag: Orth und Kollegen nehmen an, dass Personen mit hohem Selbstwertgefühl wenig sensibel für Ablehnung sind, während Personen mit niedrigem Selbstwertgefühl mehrdeutige Verhaltensweisen bevorzugt als Ablehnung interpretieren, sich daraufhin möglicherweise abwenden und somit die vertraute Nähe in einer romantischen Beziehung erschweren. Diesen Effekt haben wir schon in anderen Zusammenhängen kennengelernt. In diesem Fall wäre also zuerst eine stabile Persönlichkeitseigenschaft vorhanden (beispielsweise ein geringes Selbstwertgefühl), die über viele Situationen mit der Partnerin hinweg stabil bleibt (zum Beispiel das Gefühl, nicht ausreichend anerkannt und wertgeschätzt zu werden), bestimmte Verhaltensweisen wahrscheinlicher macht, was wiederum eine ausgeglichene, zufriedene Beziehung erschwert.

Oder ein anderes Beispiel: Mehrere Studien haben ergeben, dass Menschen mit höherem Selbstwertgefühl mehr Geld verdienen. Möglicherweise ist das so, weil Menschen, die mehr verdienen, sich bestätigt und anerkannt fühlen und ihr Selbstwertgefühl davon profitiert. Es könnte aber auch daran liegen – und dafür sprechen Ergebnisse der Studie –, dass Menschen mit einem hohen Selbstwertgefühl selbstbewusster und durchsetzungsfähiger auftreten, sich mehr zutrauen, ein höheres Bildungsniveau und einen höheren beruflichen Status anstreben und dadurch einen erfüllenderen, einkommensstärkeren, also schlichtweg besseren Job bekommen.

Das Selbstwertgefühl hat zwar einen starken Einfluss auf den Lebens(ver)lauf, was aber nicht zwingend umgekehrt gilt. Allerdings ist es auch kaum vorstellbar, dass unser Selbstwertgefühl unser Leben bestimmt, ohne dass unser Leben zumindest ein bisschen zurückbestimmt und unsere Persönlichkeit hier und da ein bisschen feilt und schleift.

Und tatsächlich zeigte sich dieses Wechselspiel in einer weiteren Studie, in der die Zusammenhänge zwischen dem Selbstwertgefühl und stressigen Lebensereignissen untersucht wurden. Dazu zählte unter anderem die Trennung von der Partnerin, ein schwerer Unfall, Opfer einer Straftat zu werden, der Tod einer nahestehenden Person oder Arbeitslosigkeit. Menschen, die eine oder mehrere dieser belastenden Erfahrungen machten, hatten eine bedeutend höhere Wahrscheinlichkeit für ein sinkendes Selbstwertgefühl als Personen, die von diesen Lebensereignissen verschont blieben. Und auch wenn das Lebensereignis längst vergangen war, blieben die Spuren im Selbstwertgefühl weiterhin sichtbar.

Zum Glück erlebt man nicht nur Stress im Leben, sondern auch schöne Dinge (die natürlich auch stressig sein können), zum Beispiel die erste romantische Beziehung. Jenny Wagner fand zusammen mit Kollegen heraus, dass viele Menschen in Reaktion auf ihre erste Partnerschaft ein gesteigertes Selbstwertgefühl haben. Man könnte das als Bestätigung für die Soziometer-Theorie interpretieren: Erhalten Menschen die Rückmeldung, von anderen Menschen (die ihnen wichtig sind!) gewertschätzt zu werden, dann schlägt sich das in ihrem Selbstwertgefühl nieder.

Singles profitierten dieser Studie zufolge nicht gleichermaßen von dem Selbstwertgefühl-Boost. Das heißt nicht unbedingt, dass Singles generell weniger Wertschätzung erfahren. Unter Freundinnen, Kolleginnen oder der Familie können sie tagtäglich Wertschätzung vermittelt bekommen, sich per Tinder und Co. auch von – wenn man so will – romantischer Seite Bestätigung sichern. Anscheinend tun sie das aber im Durchschnitt entweder nicht, oder es hat nicht dieselben Konsequenzen für das Selbstwertgefühl.

Die erste romantische Beziehung dürfte bei den meisten von uns bereits einige Zeit zurückliegen. Unsere Persönlichkeit verändert sich, wie unser Selbstwertgefühl, dennoch weiter und das auch aufgrund unserer Erfahrungen in Partnerschaften. Dies zeigten Eva Luciano und Ulrich Orth eindrücklich in einer Studie, in der sie das Zusammenspiel von romantischen Beziehungen und dem Selbstwertgefühl bei jungen Erwachsenen in Deutschland untersuchten. Sie ergab: Das Ausmaß des Selbstwertgefühls ist sowohl Ursache als auch die Folge für bestimmte Beziehungsereignisse. Es kommt also zu einem wechselseitigen Einfluss zwischen Persönlichkeit und Umwelt.

Der Beginn einer romantischen Beziehung führt beispielsweise zu einem deutlichen – und dauerhaften! – Anstieg im Selbstwertgefühl und ist nicht auf die erste Partnerschaft beschränkt. Das erhöhte Selbstwertgefühl hält dauerhaft an, zumindest wenn die Partnerschaft nicht kurzlebig ist, sondern mindestens ein Jahr dauert. Kommt es zu einer Trennung, dann leidet das Selbstwertgefühl darunter, allerdings nur vorübergehend. Unabhängig davon, ob eine Person nach der Trennung eine neue Beziehung anfängt oder nicht, erholt sich das Selbstwertgefühl innerhalb eines Jahres wieder. Wir sehen also, dass das Selbstwertgefühl tatsächlich als Soziometer zu funktionieren scheint und – je nach Beziehungserfahrungen – ansteigt oder abfällt.

Gleichzeitig beeinflusst das Selbstwertgefühl, welche Beziehungsereignisse eine Person zukünftig erwarten. Singles mit einem hohen Selbstwertgefühl haben eine deutlich höhere Chance dafür, in der näheren Zukunft eine neue Partnerschaft zu beginnen, als Singles mit geringem Selbstwertgefühl. Interessant daran: Vor allem die Wahrscheinlichkeit dafür, eine längere Beziehung zu beginnen, ist bei Singles mit hohem Selbstwertgefühl erhöht. Menschen, die eine positive Einstellung gegenüber sich selbst haben, landen also nicht in irgendeiner Beziehung, sondern anscheinend in einer – wenn man das so normativ sagen kann – vielversprechenden, auf Nachhaltigkeit ausgelegten Partnerschaft. Dazu passt auch, dass ein hohes Selbstwertgefühl bei Singles die Chance auf eine besonders positive, streitarme Beziehung erhöht.

Menschen mit einem hohen Selbstwertgefühl, die zurzeit eine Beziehung führen, haben ein deutlich geringeres Risiko für eine Trennung, weil ein hohes Selbstwertgefühl häufig mit einer hohen Beziehungsqualität einhergeht, die wiederum eine Trennung unwahrscheinlicher macht. Menschen mit einem hohen Selbstwertgefühl sind außerdem zufriedener mit ihrer Partnerschaft, sie zeigen ein höheres Commitment gegenüber ihrer Partnerin und lassen sich eher auf sie ein, weihen die Partnerin also beispielsweise in intime Gedanken und Gefühle ein und erleben seltener Streitigkeiten in ihrer Partnerschaft. Gelingt all dies, ist es nur verständlich, dass an der Beziehung festgehalten wird, eine Trennung also unwahrscheinlich ist.

Die Ursachen für den positiven Einfluss des Selbstwertgefühls auf romantische Beziehungen können vielfältig sein. Vielleicht fällt es Menschen mit einem hohen Selbstwertgefühl leichter, die richtige Partnerin zu finden, also einen Menschen, der zu ihnen passt, sie gut ergänzt oder mit dem zumindest ein harmonisches Miteinander leichtfällt. Oder andersherum formuliert: Ein hohes Selbstwertgefühl schützt möglicherweise vor aussichtslosen Beziehungen mit Personen, die sich über kurz oder lang dann doch nicht als das passende Gegenstück entpuppen.

Luciano und Orth führen aber auch weitere mögliche Erklärungsansätze an: So ist es durchaus denkbar, dass ein hohes Selbstwertgefühl – ähnlich wie körperliche Attraktivität – ein Merkmal ist, das viele Menschen an einer potenziellen Partnerin begeistert. Gehört man also zu den Glücklichen mit hohem Selbstwertgefühl, wirkt man auf mehr Menschen attraktiv und hat bei der Partnersuche eine größere Auswahl. Man kann sich also die Person für eine Partnerschaft aussuchen, mit der eine glückliche Beziehung wahrscheinlich ist, und muss nicht aus Mangel an Alternativen mit einer Wackelkandidatin vorliebnehmen.

Ebenso plausibel ist Folgendes: Menschen mit hohem Selbstwertgefühl haben ein harmonischeres Beziehungsverhalten. Stellen Sie sich vor, Sie leben mit einer Person zusammen, die Ihnen durchweg wohlgesonnen ist, Ihnen ihre Liebe zeigt, Ihnen Zeit und Aufmerksamkeit schenkt und über Ihre Eigenarten nachsichtig hinwegsieht. Wahrscheinlich ist eine Beziehung mit einer solchen Person deutlich stabiler, als wenn diese Ihnen kritisch gegenüberstehen und immer wieder in Frage stellen würde, ob Sie sie eigentlich genauso lieben wie sie Sie liebt.

Zugegeben, das Leben ist selten so schwarz-weiß, und doch macht das Beispiel deutlich, dass ein hohes Selbstwertgefühl nicht nur bei der Partnerwahl, sondern auch bei der Gestaltung einer langfristigen und glücklichen Beziehung durchaus von Vorteil sein kann.

Es klang eben schon an: Menschen mit einem hohen Selbstwertgefühl sind nicht nur selbst zufriedener mit ihrer Beziehung, ihre Partnerin ist mit hoher Wahrscheinlichkeit auch zufriedener mit der Beziehung, und zwar unabhängig von ihrem eigenen Selbstwertgefühl. Das lässt sich vor allem auf den sichereren Bindungsstil von Menschen mit einem hohen Selbstwertgefühl zurückführen.

Auch die Geburt eines Kindes hat Einfluss auf das Selbstwertgefühl der Eltern, fand Wiebke Bleidorn zusammen mit Kolleginnen heraus. Sie untersuchten die Verläufe des Selbstwertgefühls von frisch verheirateten, heterosexuellen Paaren aus den Niederlanden, von denen einige ihr erstes Kind bekamen und andere vorerst kinderlos blieben. Bei denjenigen, die während des fünfjährigen Erhebungszeitraums ein Kind bekamen, veränderte sich das Selbstwertgefühl, bei denjenigen, die kein Kind bekamen, blieb das Selbstwertgefühl im Durchschnitt dagegen stabil.

Welchen Einfluss die Geburt eines Kindes auf die Eltern hat, unterscheidet sich maßgeblich zwischen Vätern und Müttern. In den beiden Jahren vor der Geburt des Kindes stieg das Selbstwertgefühl beider Elternteile deutlich an. Anschließend sank das Selbstwertgefühl bei Vätern im Durchschnitt wieder leicht, sodass diese zwei Jahre nach der Geburt ihres Kindes ein ähnliches Level erreichten wie bereits zwei Jahre vor der Geburt. Lediglich in den Jahren um die Geburt herum profitierten sie von einem Selbstwertgefühl-Boost.

Bei Müttern dagegen sank mit der Geburt ihres Kindes das Selbstwertgefühl rapide ab und verminderte sich auch in den folgenden Jahren weiterhin erheblich. Zwei Jahre nach der Geburt waren Mütter im Durchschnitt durch ein weit geringeres Selbstwertgefühl charakterisiert als noch zwei Jahre vor der Geburt ihres Kindes. Mehrere Ursachen sind dafür denkbar: Zum einen wirkt sich ein Kind – sowohl körperlich als auch gesellschaftlich – auf eine Mutter deutlich stärker aus als auf einen Vater. Die körperliche Belastung einer Geburt, die anschließenden Veränderungen des Körpers durch Rückbildung und gegebenenfalls Stillen sowie der Alltag mit einem Kleinkind ist für viele Frauen entscheidend anders als ihr Leben vor der Geburt. Dadurch verändert sich ihr Alltag oftmals stärker als das der dazugehörigen Väter. Dass diese Veränderungen nicht nur positiv sind, wird durch den rapiden Abfall des Selbstwertgefühls deutlich und zeigt ein weiteres Mal, dass Mütter und Väter nicht in gleicher Weise von der Geburt eines Kindes betroffen sind – selbst dann nicht, wenn die körperlichen Auswirkungen der Geburt längst vergangen sind.

Selbstwertgefühl und Depressivität

Sich selbst nicht zu schätzen und großen Selbstzweifeln zu unterliegen, sind nicht nur Merkmale eines geringen Selbstwertgefühls, sondern auch einer depressiven Erkrankung. Tatsächlich sind «Gefühle von Wertlosigkeit» sogar explizit ein Kriterium einer sogenannten *Major Depression.* Zusätzlich ist eine solche psychische Störung allerdings noch durch Merkmale wie regelmäßige depressive Verstimmung, Interessen- und Freudlosigkeit, Schlaf- und Konzentrationsprobleme, Veränderungen bei Gewicht und Appetit charakterisiert. Ein niedriges Selbstwertgefühl allein ist daher keine psychische Störung, aber Menschen mit einem niedrigen Selbstwertgefühl sind weitaus häufiger von depressiven Erkrankungen betroffen als Menschen mit einem hohen Selbstwertgefühl.

Bevor wir uns diesem Zusammenhang näher widmen, gehen wir zunächst einen Schritt zurück: In der Persönlichkeitspsychologie liegt der Fokus auf kontinuierlichen Persönlichkeitsmerkmalen, die Unterschiede in der Allgemeinbevölkerung beschreiben. Insofern «denkt» die Persönlichkeitspsychologie nicht in klinischen Diagnosen, sondern typischerweise in mehr oder weniger stark ausgeprägten Merkmalen, beispielsweise der Depressivität.

Wie bei allen Persönlichkeitsmerkmalen gilt auch hier: Wir alle haben eine mehr oder weniger starke Ausprägung auf Depressivität, ohne dass damit gesagt werden soll, dass eine hohe Depressivität automatisch eine klinisch bedeutsame psychische Störung bedeutet. Festhalten kann man jedoch: Je niedriger das Selbstwertgefühl, desto höher ist bei vielen Menschen die Depressivität ausgeprägt. Woran liegt das?

Besonders viel wissenschaftliche Bestätigung findet das *Vulnerabilitätsmodell.* Es geht davon aus, dass ein geringes Selbstwertgefühl das Risiko für ein steigendes Depressivitätslevel erhöht. In diesem Modell ist das Selbstwertgefühl also zeitlich vorgelagert und mitverantwortlich für eine erhöhte Depressivität. Bestätigt wurde diese Annahme in einer Studie mit mexikanischstämmigen Kindern zwischen 10 und 12 Jahren, die mit ihrer Familie in Kaliforien lebten. Kinder, die zu Beginn der Studie ein geringes Selbstwertgefühl empfanden, hatten ein höheres Risiko, in den kommenden beiden Jahren in ihrer Depressivität anzusteigen, als Kinder mit einem hohen Selbstwertgefühl. Und zwar unabhängig davon, wie depressiv sie zum Studienbeginn waren.

Es gibt auch alternative Sichtweisen, die davon ausgehen, dass eine erhöhte Depressivität zu einem sinkenden Selbstwertgefühl führt. Allerdings finden diese eher wenig wissenschaftlichen Zuspruch. So nimmt beispielsweise das *Narbenmodell* (*Scar Model*) an: Eine erhöhte Depressivität hinterlässt Narben in der Psyche einer Person, was dazu führt, dass ihr Selbstwertgefühl sinkt oder auf einem niedrigen Level verbleibt, selbst wenn sich das Depressivitätslevel wieder auf einem mittleren, also nicht erhöhten, Niveau befindet. In der eben angeführten Studie bestätigte sich diese Alternativerklärung allerdings nicht. Das Ausmaß an Depressivität im Alter von zehn Jahren hatte keinen nennenswerten Einfluss auf das Selbstwertgefühl zwei Jahre später.

Auch wenn es durchaus einige Studien gibt, die wechselseitige Einflüsse zwischen dem Selbstwertgefühl und der Depressivität nahelegen, so übersteigt der Einfluss des Selbstwertgefühls auf die Depressivität bei weitem den gegenläufigen Effekt. Ein niedriges Selbstwertgefühl ist auch nicht einfach ein Vorläufer einer depressiven Erkrankung, ausgelöst durch beispielsweise schwerwiegende Lebensereignisse, die einen unmittelbaren Einfluss auf das Selbstwertgefühl und einen allmählicheren Einfluss auf die Depressivität haben. Viel mehr macht ein gering ausgeprägtes Selbstwertgefühl Menschen anfällig für eine erhöhte Depressivität.

Das Selbstwertgefühl global gesehen

Viele psychologische Studien basieren auf Daten europäischer oder nordamerikanischer Stichproben, in vielen Fällen vor allem auf Informationen von jungen, gebildeten Menschen einer mittleren sozialen Schicht. Insofern stellt sich die Frage, inwiefern man die Studienergebnisse verallgemeinern kann. Auch die Forschung zum Selbstwertgefühl ist von dieser Frage betroffen. In einer ungewöhnlich großen, interkulturellen Studie konnte nun zumindest bestätigt werden, dass die bekannten Alters- und Geschlechterunterschiede im Selbstwertgefühl nicht auf einzelne Kontinente beschränkt sind.

In einer großangelegten Internetstudie mit fast einer Million Teilnehmenden aus 48 Ländern bestätigte sich für alle Länder, dass Männer im Durchschnitt ein höheres Selbstwertgefühl empfinden als Frauen. Auch der durchschnittliche Anstieg im Selbstwertgefühl über das junge und mittlere Erwachsenenalter hinweg bestätigte sich in allen untersuchten Ländern. Hinter diesen systematischen Unterschieden scheinen also universelle Mechanismen zu stehen. Jedoch gibt es interkulturelle Unterschiede darin, wie stark das Selbstwertgefühl von Männern und Frauen voneinander abweicht. Und diese Unterschiede sind überraschend.

In wohlhabenden Ländern, die sich im Allgemeinen durch eine individualistische Kultur auszeichnen und in denen die Gleichberechtigung zwischen Männern und Frauen vergleichsweise stark ausgeprägt ist, sind die Geschlechterunterschiede im Selbstwertgefühl deutlich stärker ausgeprägt als in anderen Ländern. Je gleichberechtigter es also in einem Land zugeht, desto höher ist das Selbstwertgefühl der Männer im Vergleich zum Selbstwertgefühl der Frauen. Müsste es nicht eigentlich genau andersherum sein? Müssten sich in gleichberechtigten Kulturen die Menschen nicht viel mehr gleichen?

Tatsächlich sind Ergebnisse dieser Art nicht ungewöhnlich: Auch bei anderen Persönlichkeitseigenschaften sind die Unterschiede zwischen Männern und Frauen in gleichberechtigteren Gesellschaften größer. Eine Ursache, die dafür (mit)verantwortlich gemacht wird, sind soziale Vergleichsprozesse. In Kulturen, in denen Männer und Frauen wenig gleichberechtigt sind, vergleichen sich Männer in ihrer Selbsteinschätzung vor allem mit anderen Männern, während sich Frauen vor allem mit anderen Frauen vergleichen. Unterschiede zwischen beiden Geschlechtern werden so zum Teil verdeckt. In Kulturen dagegen, in denen die Gleichberechtigung zwischen Männern und Frauen schon fortgeschrittener ist, vergleichen sich sowohl Männer als auch Frauen mit der gesamten Gesellschaft, also beiden Geschlechtern. Dadurch treten bestehende Geschlechterunterschiede deutlicher zutage.

Ob wir in einer Umgebung leben, in der wir uns wohlfühlen und frei entfalten können, beeinflusst ebenfalls unser Selbstwertgefühl. Als ich beispielsweise vor einigen Jahren zurück nach Berlin kam – wo ich zwar geboren, aber kaum aufgewachsen bin –, habe ich mich sehr schnell in die Stadt verliebt: Es gibt ein unheimlich reiches Angebot an wissenschaftlichen und kulturellen Einrichtungen, zahlreiche Forschungsinstitute und interessante Arbeitsgruppen mit viel Neugier und guten Ideen, täglich vielversprechende Ausstellungen und Theateraufführungen – es ist eigentlich immer was los. Dazu eine bunte Mischung von Menschen aus allen möglichen Ländern, die sich in den unterschiedlichsten Sprachen unterhalten und deshalb an jeder Straßenecke Vielfalt spüren lassen. Man könnte sagen, Berlin ist eine Hochburg der Offenheit für neue Erfahrungen. Kein Wunder also, dass ich mich hier so wohl fühle. Doch schlägt sich ein solches Wohlgefühl auch in unserem Selbstwertgefühl nieder?

Tatsächlich tut es das, wie Wiebke Bleidorn zusammen mit Kollegen in einer Studie feststellte. Zwar wurden dort Daten aus den USA genutzt, diese bestätigten jedoch, dass die Tatsache, ob eine Person zu ihrer Stadt passt, sich positiv auf deren Selbstwertgefühl auswirkt. Die Daten waren die gleichen wie in der zuvor vorgestellten interkulturellen Studie, dieses Mal allerdings beschränkt auf die USA, das Land, für das die meisten Informationen vorlagen. Für jede der berücksichtigten 860 Städte, die sich über alle US-Staaten verteilten, wurde ein Persönlichkeitsprofil erstellt. Dieses bildet die «Persönlichkeit» der Stadt ab beziehungsweise die durchschnittliche Ausprägung auf den fünf grundlegenden Persönlichkeitseigenschaften der teilnehmenden Einwohnerinnen dieser Stadt.

Die Übereinstimmung zwischen der Offenheit einer Person und der durchschnittlichen Offenheit der Stadt, in der sie lebt, hat – so zeigte sich – einen Einfluss auf das Selbstwertgefühl der Person. Oftmals empfinden Menschen, die wenig offen für neue Erfahrungen sind, ein geringeres Selbstwertgefühl. In Städten jedoch, in denen sie mit dieser geringen Offenheit nicht auffielen, weil es vielen Menschen um sie herum ebenso ging, hatten diese Personen ein vergleichsweise stark ausgeprägtes Selbstwertgefühl.

Ein ähnlicher Effekt findet sich für die Verträglichkeit: Zeichnen sich Menschen durch eine hohe Verträglichkeit aus, dann fühlen sie sich in Städten, in denen es besonders freundlich zugeht – weil dort viele andere verträgliche Menschen leben –, wohler. Ihr Selbstwertgefühl ist höher, also ausgeprägter, als in Städten mit vielen mürrischen Personen. Für unverträgliche Personen ist es dagegen egal, ob sie unter nachsichtigen oder ruppigen Mitmenschen leben.

Und schließlich wirkt sich die Passung zwischen einer Person und der Stadt, in der sie lebt, auch in puncto Gewissenhaftigkeit aus. Gehören Sie also zu den pflichtbewussten, zuverlässigen, ordentlichen Menschen dieser Welt, dann sollten Sie bei der Wahl Ihres Wohnortes die Gewissenhaftigkeit der Mitbürgerinnen vor Ort berücksichtigen, denn von einer gewissenhaften Umgebung profitiert auch Ihr Selbstwertgefühl.

Generation Me

Unser Selbstwertgefühl wird nicht nur von unserer räumlichen Umgebung beeinflusst, sondern auch von der Zeit, in der wir leben. Der Zeitgeist prägt, ob es *en vogue* ist, sich selbst so anzuerkennen, wie man ist. Vor allem die Psychologin Jean Twenge von der San Diego State University ist dafür bekannt, sich mit Generationenunterschieden im Selbstwertgefühl auseinanderzusetzen. Von ihr stammt der Term *Generation Me*, der umschreiben soll, dass sich das Selbstwertgefühl über Generationen hinweg erhöht. Dies wird von ihr als Folge einer selbstbezogenen Gesellschaft verstanden und nicht – wie man es ja auch erwarten könnte – als gesunder und reifer Entwicklungsprozess.

Studien zur *Generation Me* beziehen sich vor allem auf Jugendliche und junge Erwachsene in den USA. Sie ergaben zum Teil, dass das allgemeine

Selbstwertgefühl seit den 60er Jahren deutlich angestiegen ist. Gleichzeitig, so die Beobachtung von Twenge und Kolleginnen, ist auch die gesellschaftliche Bedeutung des Selbstwertgefühls gestiegen. Diese wird von Twenge insofern kritisch gesehen, als dass sie von ihr vor allem auf einen unbegründeten Anstieg in der Selbstbezogenheit zurückgeführt wird. Schließlich könne das Selbstwertgefühl entweder steigen, wenn sich die Leistungsfähigkeit erhöhe oder wenn die Erwartungen an die eigene Leistungsfähigkeit gemindert würden.

Studien deuten darauf hin, dass sich die Leistungsfähigkeit nicht merklich erhöht habe, jedoch die wahrgenommene Leistungsfähigkeit, was sich beispielsweise in einer Noteninflation zeige. Insofern, argumentiert Twenge, geht der Anstieg des Selbstwertgefühls auf eine Illusion zurück.

Gleichzeitig bemängeln Twenge und Kolleginnen, das Selbstwertgefühl gelte unter Psychologinnen als sozialer Impfstoff gegen eine Vielzahl gesellschaftlich unerwünschter Ereignisse, darunter Drogenkonsum, Kindesmisshandlung, Teenager-Schwangerschaften, Arbeitslosigkeit, Kriminalität und ein geringes Bildungsniveau. Um diesen Lebenslaufkonsequenzen entgegenzuwirken, habe die Gesellschaft auf eine Erhöhung des Selbstwertgefühls bei Heranwachsenden gesetzt, was jedoch die Probleme nicht gelöst habe. Natürlich darf hier auch der Vorwurf nicht fehlen, das Internet und insbesondere die sozialen Medien machten uns zu ständigen Selbstdarstellerinnen und verleiteten uns dazu, unsere Wichtigkeit zu überschätzen.

Der Begriff *Generation Me* hält sich beharrlich, dabei zeigen zahlreiche Studien anderer Arbeitsgruppen mittlerweile, dass es in der Summe wenig Belege dafür gibt, dass sich jüngere Generationen besser leiden können, als es ältere Generationen tun. Vielmehr scheint diese Vermutung ein weiteres Beispiel für die These zu sein, früher sei doch eigentlich alles besser gewesen. Diese Annahme findet sich jedoch bekanntlich in jeder Generation.

Eigentlich schade, dass sich das Selbstwertgefühl nicht tatsächlich flächendeckend erhöht hat. Schließlich würde das bedeuten, dass Menschen nachsichtiger mit sich werden, sich selbst respektierten und sich ihres eigenen Wertes bewusst wären. Und wie wir gesehen haben, wäre anzunehmen, dass das zusätzlich weitere erwünschte Folgen nach sich ziehen könnte, wie beispielsweise stabile und harmonische romantische Beziehungen oder den Rückgang psychischer Störungen.

Persönlichkeitstest*
Wie sehr schätzen Sie sich selbst wert?
Nachstehend finden Sie eine Reihe von Aussagen, die auf Sie zutreffen könnten. Bitte geben Sie für jede der folgenden Aussagen an, inwieweit Sie zustimmen.

	trifft gar nicht zu					trifft voll und ganz zu
Alles in allem bin ich mit mir selbst zufrieden.	1	2	3	4	5	6
Hin und wieder denke ich, dass ich zu gar nichts tauge.	6	5	4	3	2	1
Ich besitze eine Reihe guter Eigenschaften.	1	2	3	4	5	6
Ich besitze die gleichen Fähigkeiten wie die meisten anderen Menschen auch.	1	2	3	4	5	6
Ich fürchte, es gibt nicht viel, worauf ich stolz sein kann.	6	5	4	3	2	1
Ich fühle mich von Zeit zu Zeit richtig nutzlos.	6	5	4	3	2	1
Ich halte mich für einen wertvollen Menschen, jedenfalls bin ich nicht weniger wertvoll als andere auch.	1	2	3	4	5	6
Ich wünschte, ich könnte vor mir selbst mehr Achtung haben.	6	5	4	3	2	1
Alles in allem neige ich dazu, mich für eine Versagerin zu halten.	6	5	4	3	2	1
Ich habe eine positive Einstellung zu mir selbst gefunden.	1	2	3	4	5	6

* Dieser Persönlichkeitstest basiert auf dem populären Fragebogen zur Messung des Selbstwertgefühls von Rosenberg. Nähere Informationen zum englischsprachigen Original-Fragebogen: Morris Rosenberg (1965). *Society and the adolescent self-image.* Princeton, NJ: Princeton University Press. Informationen zu dieser deutschen Übersetzung des Fragebogens: Dieter Ferring & Sigrun-Heide Filipp (1996). Messung des Selbstwertgefühls: Befunde zu Reliabilität, Validität und Stabilität der Rosenberg-Skala. Diagnostica, Vol. 42, S. 284–292. Informationen zur Auswertung: Marcus Roth, Oliver Decker, Philipp Yorck Herzberg & Elmar Brähler (2008). *Dimensionality and norms of the Rosenberg Self-Esteem Scale in a German general population sample. European Journal of Psychological Assessment,* Vol. 24, S. 190–197.

AUSWERTUNG
Nachdem Sie in jeder Zeile eine Zahl angekreuzt haben, addieren Sie diese zehn Zahlen. Ist die Summe kleiner als 25, dann spricht dies für ein unterdurchschnittlich ausgeprägtes Selbstwertgefühl. Ist die Summe 25 oder größer, aber kleiner oder gleich 34, dann spricht dies für ein durchschnittlich ausgeprägtes Selbstwertgefühl. Ist die Summe größer als 34, dann spricht dies für ein überdurchschnittlich ausgeprägtes Selbstwertgefühl.

Das subjektive Wohlbefinden

Im letzten Kapitel haben wir uns mit der Frage beschäftigt, wer sich wohl in seiner Haut fühlt und warum es einigen Menschen leichter als anderen fällt, sich selbst zu akzeptieren. Nun wollen wir uns anschauen, welche individuellen Unterschiede es im subjektiven Wohlbefinden gibt, das sich auf das Leben im Allgemeinen (oder auf einzelne Lebensbereiche) und nicht ausschließlich auf die eigene Person bezieht.

Das subjektive Wohlbefinden beinhaltet zwei Aspekte: das *kognitive Wohlbefinden* und das *affektive Wohlbefinden*. Vereinfacht gesprochen beschreiben sie die Sicht von Kopf und Bauchgefühl, denn die sind bekanntlich ja nicht immer einer Meinung. Die *kognitive*, also kopflastige Komponente charakterisiert die Zufriedenheit eines Menschen mit seinem Leben im Allgemeinen oder die Zufriedenheit mit einzelnen Bereichen des Lebens, beispielsweise der Partnerschaft, dem Job oder der Wohnung. Dieses kognitive Wohlbefinden ist häufig das Resultat eines Abwägungsprozesses unterschiedlicher Aspekte des Lebens, die von uns mehr oder weniger unbewusst gewichtet und zusammengefasst werden.

Das affektive Wohlbefinden ist die emotionale Komponente des Wohlbefindens und beschreibt, wie häufig und wie intensiv wir Emotionen erleben. Dazu zählen positive Gefühle, also wie fröhlich unbekümmert, dankbar oder stolz jemand ist, aber auch negative Gefühle, also wie traurig, ängstlich oder ärgerlich jemand ist. Menschen mit einem stark ausgeprägten positiven Affekt sind häufiger fröhlich, werden schneller fröhlich, und ihre Fröhlichkeit hält meist länger an. Gleichzeitig lässt sich von dem positiven Affekt einer Person kaum auf das Ausmaß ihres negativen Affekts schließen. Das heißt: Es gibt Menschen, die man als Frohnatur bezeichnen kann, die einen stark ausgeprägten positiven und gleichzeitig einen gering ausgeprägten negativen Affekt empfinden. Ebenso gibt es jedoch auch Menschen, die generell emotional sind, also sowohl viele positive als auch viele negative Emotionen erleben. Und es gibt solche, die generell wenig emotional sind, also weder viele positive noch viele negative Emotionen erleben und so weiter.

Die drei Komponenten der subjektiven Wohlbefindens – das kognitive Wohlbefinden, der positive Affekt und der negative Affekt – beschreiben also auf unterschiedliche Art und Weise, wie gut es einem Menschen geht. Und trotz dieser Gemeinsamkeit können diese drei Komponenten innerhalb einer Person sehr unterschiedlich ausgeprägt sein.

Nun kann man sich berechtigterweise fragen, ob das subjektive Wohlbefinden eine Persönlichkeitseigenschaft ist. Oder ob sie nicht vielmehr eine direkte Reaktion auf die Umwelt sei. Schließlich spiegelt sie wider, wie wohl sich ein Mensch in seinem Leben fühlt, was ja maßgeblich von dem Leben, das man lebt, abhängen sollte. Und tatsächlich gibt es innerhalb der Psychologie keinen Konsens darüber, ob das Wohlbefinden als Persönlichkeitseigenschaft gelten sollte oder nicht.

Es spricht in jedem Fall einiges dafür, dass es sich hierbei um einen Teil unserer Persönlichkeit handelt: Das subjektive Wohlbefinden einer Person ist relativ stabil über die Zeit, denn aus glücklichen Kindern werden oft (aber natürlich nicht immer!) glückliche Erwachsene. Darüber hinaus ist das Wohlbefinden über viele unterschiedliche Situationen hinweg stabil. Neige ich also selten zu negativen Emotionen, dann beschränkt sich das meist nicht nur auf einen Lebensbereich, sondern auf sehr viele unterschiedliche. Das Wohlbefinden unterscheidet sich auch deutlich zwischen Personen, eignet sich also dafür, individuelle Unterschiede zu beschreiben. Und obwohl es – wie alle Persönlichkeitsmerkmale – maßgeblich von der Umwelt beeinflusst wird, lässt sich gleichzeitig ein beträchtlicher Anteil individueller Unterschiede im Wohlbefinden auf genetische Unterschiede zwischen Menschen zurückführen.

Welche Auswirkungen hat ein hohes subjektives Wohlbefinden?

Ein besonders hohes subjektives Wohlbefinden findet sich häufig bei Menschen mit einem hohen Selbstwertgefühl. Kann ich mich selbst gut leiden, dann sehe ich häufig auch mein Leben in einem positiven Licht. Auch Menschen, die das Gefühl haben, ihr Leben selbst in der Hand zu haben – also Menschen mit einer hohen Kontrollüberzeugung –, fühlen sich im Allgemeinen wohler (auf eine Ausnahme werden wir später noch zu sprechen kommen). Extravertierte Menschen, die gesellig und durchsetzungsstark sind, haben meist einen stark ausgeprägten positiven Affekt. Introvertierte Menschen dagegen neigen seltener zu überschwänglichen Gefühlen. Neurotizistische, also emotional instabile Menschen zeichnen sich häufig durch negativen Affekt aus, während emotional stabile Menschen selbst unter Belastung die Ruhe bewahren und keine starken negativen Gefühle empfinden.

Ein hohes Wohlbefinden ist schon als reiner Selbstzweck wünschenswert: Je glücklicher, desto besser. Gleichzeitig geht ein hohes Wohlbefinden mit zahlreichen weiteren wünschenswerten Merkmalen und Verhaltensweisen einher. So zeigen Studien, dass das Immunsystem bei glücklichen Menschen funktionsfähiger ist als bei weniger glücklichen Menschen. Und insbesondere das Risiko für Herz-Kreislauf-Erkrankungen ist bei glücklichen Menschen deutlich geringer. Der Zusammenhang zwischen dem Wohlergehen der Psyche und des Körpers geht unter anderem darauf zurück, dass sich glückliche Menschen häufig gesundheitsbewusster verhalten. Sich oft zu ärgern, wenig auf das Schöne zu fokussieren und die Work-Life-Balance aus den Augen zu verlieren, hinterlässt nicht nur Spuren in unserem subjektiven Wohlbefinden, sondern macht uns auch körperlich zu schaffen. Und so kommt es, dass glückliche Menschen sogar länger leben.

Das zumindest beobachteten Ernest Abel und Michael Kruger von der Wayne State University bei professionellen Baseball-Spielern. Jedes Jahr zu Saisonbeginn wurden diese im Baseball-Register zusammen mit verschiedenen Statistiken aufgelistet. Eingefügt war jeweils ein Foto der Spieler, auf dem diese mehr oder weniger Freude ausstrahlten. Da die Fotos bereits vor langer Zeit gemacht worden waren, war ein Großteil der Spieler zum Zeitpunkt der Studie bereits verstorben. Besonders früh starben diejenigen, die auf den früheren Fotos ein ernstes Gesicht machten, nämlich im Durchschnitt schon mit 73 Jahren. Diejenigen, die zumindest ein kleines Lächeln auf den Lippen hatten, wurden dagegen im Durchschnitt zwei Jahre älter. Und die besonders fröhlich dreinschauenden Spieler wurden im Durchschnitt sogar 80 Jahre alt.

Glückliche Menschen verhalten sich außerdem uneigennütziger, spenden beispielsweise mehr Geld oder auch Blut. Und sie sind sozial integrierter, mögen eine Vielzahl anderer Menschen und werden ebenfalls von mehr anderen Menschen gemocht als weniger glückliche Menschen. Dieser Zusammenhang wirkt selbstverstärkend, legt eine Studie von Patrick Seder und Shigehiro Oishi von der University of Virginia nahe: Sie untersuchten die Facebook-Profilfotos von Studierenden, und wie nicht anders zu erwarten, waren diejenigen mit einem fröhlichen Gesichtsausdruck generell zufriedener mit ihrem Leben als Studierende mit einem ernsteren Profilbild. Überraschend war, dass die lächelnden Studierenden im Laufe ihres Studiums sogar immer zufriedener wurden, sich der Effekt des anfänglichen Wohlbefindens über die Studienzeit also sogar noch verstärkte. Das lässt sich mit erfolgreicheren sozialen Beziehungen erklären, denn fröhlichen Menschen fällt es leichter, neue Freundschaften zu knüpfen, sie sehen ihre Freundinnen in einem positiveren Licht (vielleicht, weil sie so beliebt sind, dass sie sich die passendsten Freundinnen aussuchen können), und sie empfinden eine tiefere soziale Verbundenheit. All das verstärkt wiederum das Wohlbefinden.

Gleichzeitig befinden sich unglückliche Menschen in einem Teufelskreis: Ihnen fällt es schwerer, neue Freundschaften aufzubauen – und selbst wenn es ihnen gelingt, sind diese weniger zufriedenstellend als bei lebenslustigen Menschen. Dies wirkt sich bis weit über die Studienzeit hinaus auf das Leben aus, zeigten LeeAnne Harker und Dacher Keltner von der University of California in Berkeley. Sie nutzen Jahrbuchfotos von Studentinnen einer privaten Universität in den USA und befragten die Frauen anschließend über viele Jahre hinweg. Die lächelnden Studentinnen waren nicht nur fröhlicher und kontaktfreudiger, sie wirkten auch attraktiver und sympathischer auf andere – und zwar noch Jahrzehnte später. Ernstere Frauen blieben mit höherer Wahrscheinlichkeit Single, und wenn sie in Beziehungen lebten, dann waren diese häufiger konfliktbeladen.

Es lässt sich also festhalten, dass zumindest in gesundheitlichen und sozialen Bereichen gilt: Je mehr Wohlbefinden, desto besser. Es vereinfacht die Partnersuche, die Zufriedenheit mit einer Beziehung, die Stabilität einer Partnerschaft und fördert darüber hinaus prosoziales – also uneigennütziges, hilfsbereites – Verhalten wie beispielsweise Freiwilligenarbeit.

Allerdings mag es auch Lebensbereiche geben, in denen ein geringeres subjektives Wohlbefinden von Vorteil ist. Das meint zumindest Shigerio Oishi und zitiert den berühmten französischen Autor Gustave Flaubert, der gesagt habe, dass es zu den drei Voraussetzungen für Fröhlichkeit gehöre, dumm, egoistisch und gesund zu sein, wobei ohne Dummheit alles vergeblich sei. Auch wenn sich Oishi diesem Zitat inhaltlich sicher nicht voll anschließen würde, argumentiert er dennoch, dass ein mittleres Zufriedenheitslevel in einigen Lebensbereichen ausreichend sei und sich ein hohes Wohlbefinden sogar negativ auswirken könne.

Während in sozialen Beziehungen nämlich eine gewisse positive Illusion von Vorteil sei, um Konflikte friedlich zu lösen und Streitigkeiten in Vergessenheit geraten zu lassen, sei diese Illusion im beruflichen Kontext weniger wünschenswert. Stattdessen sei dort ein mittleres Wohlbefinden ausreichend, um damit den Antrieb zum Optimieren aufrechtzuerhalten. Nur so würden Risiken im Auge behalten und unproduktive Ziele überdacht werden. Und so käme es, dass vor allem diejenigen ein hohes Einkommen haben, die sich zu den Glücklichen, jedoch nicht zu den extrem Glücklichen zählen. Ähnliche Ergebnisse finden sich für den erreichten Bildungsabschluss: Im Durchschnitt erreichen diejenigen das höchste Bildungsniveau, die zwar zufrieden, aber nicht äußerst zufrieden mit ihrem Leben sind.

Letztlich gilt aber für die Produktivität einer Person: Höheres Wohlbefinden wirkt sich positiver aus als niedriges Wohlbefinden. Geht es Menschen psychisch schlecht, dann haben sie auch ein höheres Risiko, entlassen zu werden und arbeitslos zu sein. Sie sind im Durchschnitt weniger produktiv und auch insgesamt weniger erfolgreich. Und ohnehin ist natürlich fraglich, ob wir es überhaupt als gesellschaftlich sinnvoll erachten, dass Menschen ein möglichst hohes Einkommen erreichen und möglichst stabile Beziehungen führen sollten. Das mag von vielen sicherlich als wünschenswert angesehen werden – die eine oder der andere wird sich dieser Norm aber nicht anschließen wollen, sondern stattdessen beispielsweise ein möglichst hohes Wohlbefinden für erstrebenswert halten.

Über das aktuelle Wohlbefinden hinaus unterscheiden sich Menschen auch darin, welche Zufriedenheit sie zukünftig erwarten. Ist jemand eher optimistisch, dass sich sein Wohlbefinden erhöhen wird, oder wenig hoffnungsvoll, in den nächsten Jahren zufrieden zu sein? Optimismus, Hoffnung, positive Illusionen – oder wie man eine frohe Zukunftserwartung auch immer nennen möchte – könnten dann hilfreich sein, wenn etwas nicht oder kaum veränderbar ist und daher vor allem emotional bewältigt werden muss. Eine pessimistische Zukunftserwartung dagegen könnte dabei unterstützen, für spätere Herausforderungen gewappnet zu sein, weil man sich mental bereits auf unterschiedliche Unwägbarkeiten einstellt und daher besser auf diese reagieren kann.

Junge Menschen überschätzen im Durchschnitt ihr zukünftiges Wohlbefinden, beobachtete der Psychogerontologe Frieder Lang zusammen mit Kollegen. Dieser optimistische Blick in die Zukunft ist im mittleren Erwachsenenalter meist verschwunden. Stattdessen haben Menschen in der Lebensmitte eher ein negativeres, aber realistisches Bild von ihrem späteren

Wohlbefinden. Im höheren Alter verstärkt sich die pessimistische Sichtweise, was dazu führt, dass ältere Menschen ihr tatsächliches zukünftiges Wohlbefinden deutlich unterschätzen.

Diese wenig hoffnungsfrohe Perspektive scheint sich allerdings auszuzahlen: Unterschätzen Menschen ihre zukünftige Lebenszufriedenheit, geht dies mit gesundheitlichen Vorteilen einher, nämlich einem geringeren Risiko für eine schwere Erkrankung und einen frühzeitigen Tod. Eine Ursache dafür könnte sein, dass pessimistische Menschen mehr Vorkehrungen gegen gesundheitliche Einschränkungen treffen und so quasi den Pessimismus gegen ein gesünderes und längeres Leben eintauschen.

Auch Menschen mit einem niedrigeren Bildungsniveau, einer guten Gesundheit und einem hohen Einkommen neigen dazu, unrealistisch pessimistisch in die Zukunft zu schauen. Und obwohl sich Menschen über die Zeit immer wieder in ihren Vorausahnungen täuschen, so behalten sie oftmals dennoch ihre optimistische (beziehungsweise pessimistische) Zukunftsperspektive bei. Es scheint sich hier also weniger um eine erlernte Fähigkeit als um eine mehr oder weniger stark ausgeprägte Tendenz zum Pessimismus als Selbstschutz zu handeln.

Regionale Unterschiede im Wohlbefinden

Das subjektive Wohlbefinden umschreibt also nicht nur, wie zufrieden ein Mensch mit seinem Leben ist, sondern lässt auch vielfältige Rückschlüsse auf andere Aspekte des Lebens zu. Ein hohes Wohlbefinden kann also ein Maßstab für eine lebenswerte und funktionsfähige Gesellschaft sein. Länderübergreifende Vergleiche zeigen, dass das durchschnittliche Wohlbefinden einer Bevölkerung von den Ernährungs- und Gesundheitsbedingungen sowie der Korruption im Land abhängt. Gleichzeitig gibt es aber auch kulturelle Unterschiede darin, wie stark positive Emotionen geäußert werden, unabhängig von den Lebensbedingungen: So ist zum Beispiel das Wohlbefinden in lateinamerikanischen Ländern höher als in Ostasien, unabhängig von materiellen Unterschieden in den Ländern.

Das durchschnittliche Wohlbefinden der Bevölkerung als wichtigen Indikator zur Beschreibung eines Landes zu nutzen, gewann in den letzten beiden Jahrzehnten zunehmend an Bedeutung. Ähnlich zum Bruttoinlandsprodukt als einem ökonomischen Anhaltspunkt für die Leistungsfähigkeit einer Nation, kann ein länderspezifischer Wohlbefindenswert das soziale Kapital des Landes darstellen. Ist die Lebensqualität sehr hoch, dann wäre ein solcher Wohlbefindensindex ebenfalls hoch und könnte ökonomische Anhaltspunkte sinnvoll ergänzen. Somit könnten, zumindest indirekt, auch Merkmale wie eine saubere Umwelt oder die gesundheitliche Verfasstheit einer Bevölkerung berücksichtigt werden, die sich im subjektiven Wohlbefinden, aber nicht unbedingt in ökonomischen Merkmalen niederschlägt.

Mittlerweile gibt es eine Vielzahl an Studien, die Einflussfaktoren des länderspezifischen Wohlbefindens aufgedeckt haben. Einen umfassenden Überblick dazu gibt Ed Diener, der zu den populärsten Wohlbefindensforschern gehört und die Ergänzung des ökonomischen Bruttoinlandsprodukts um psychologische Faktoren maßgeblich vorantreibt.

Menschen sind in denjenigen Ländern besonders glücklich und zufrieden, in denen ihre grundlegenden Bedürfnisse gestillt werden. In Ländern also, die vergleichsweise wohlhabend sind und in denen Rechtsstaatlichkeit herrscht. Auch die Wahrung der Menschenrechte und der politischen Freiheiten beeinflussen maßgeblich, ob sich der Großteil einer Bevölkerung wohlfühlt. Ebenso spielen eine hohe Qualität der öffentlichen Verwaltungseinrichtungen, ein modernes Steuerwesen und damit verbundene sozialpolitische Unterstützungen wie Zahlungen an Rentnerinnen, Arbeitslose und Kranke eine wichtige Rolle. Solche gesellschaftlichen Unterstützungen helfen nämlich nicht nur den direkt Betroffenen, sondern auch denjenigen, die zurzeit nicht auf Rente, Arbeitslosengeld oder dergleichen angewiesen sind.

Nun könnte jedes dieser gesellschaftlichen Merkmale einzeln erhoben, gewichtet und zwischen Ländern verglichen werden, um das soziale Kapital eines Landes zu ermitteln. Effizienter mag es dagegen sein, wenn man sich lediglich auf das Wohlbefinden der Menschen beschränkt, weil darin all diese Aspekte bereits berücksichtigt sind. Allerdings verliert ein solch reduzierter Vergleich natürlich die Möglichkeit, die genauen Ursachen für ein höheres oder niedrigeres Wohlbefindenslevel zu ermitteln. Dies ist jedoch die Grundlage für Entscheidungsträgerinnen, um mit politischen Maßnahmen zur Erhöhung des Wohlbefindens beizutragen – was ein Kernanliegen sein sollte: Eine hohe Zufriedenheit wird von den meisten Menschen mehr geschätzt als ein hohes Einkommen, eine gute Gesundheit oder eine glückliche Beziehung.

So ist es zum Beispiel wichtig zu wissen, dass Umweltschutz nicht nur eine Notwendigkeit für die nächsten Generationen ist, sondern dass Menschen, die in grüner Umgebung und in Regionen mit geringerer Luftverschmutzung leben, bedeutend glücklicher sind als Menschen, die nicht von einer gesunden Umwelt profitieren. Gleichzeitig ist aber das Haus im Grünen verbunden mit dem Job in der Großstadt keine hilfreiche Antwort auf diese Beobachtung, da die Unzufriedenheit, die lange Fahrtwege mit sich bringen, die Freude über den grünen Wohnort sofort wieder zunichtemachen kann.

Auch der Grad der Selbstbestimmtheit ist für das Wohlergehen von Menschen zentral. In Ländern, in denen die Menschen größeren Einfluss darauf haben, wie sie ihre Zeit verbringen, ist das Wohlbefinden im Durchschnitt deutlich höher ausgeprägt. Ebenso spielen das Ausmaß wahrgenommener sozialer Unterstützung und das Vertrauen in Mitmenschen eine wichtige Rolle: je größer die Unterstützung, desto höher das Wohlbefinden. Und zwar über den Einfluss des materiellen Wohlstandes und der Religiosität eines Landes hinaus.

Ob Religiosität glücklich macht, ist dagegen eine Frage der Perspektive: In Ländern, in denen viele religiöse Menschen leben, ist ein hohes Wohlbefinden meist weniger verbreitet als in Ländern, in denen vergleichsweise wenig religiöse Menschen leben. Andererseits haben mehrere Studien gezeigt, dass religiöse Menschen glücklicher sind als nicht religiöse. Zum Beispiel führt

Ed Diener an, dass unter den regelmäßigen Kirchenbesucherinnen etwa die Hälfte sehr glücklich ist, während es von denen, die nie zur Kirche gehen, nur etwa ein Viertel ist.

Religion und Kirche scheinen vor allem für das Wohlergehen von Menschen wichtig zu sein, die sich in schwierigen Lebenssituationen befinden oder in Ländern leben, in denen es schwerer fällt, ein hohes Wohlbefinden zu entwickeln. Tatsächlich lässt sich beobachten, dass in Regionen, die von gesellschaftlichen Herausforderungen besonders stark betroffen sind, die Religiosität stärker ausgeprägt ist und diese negative Auswirkungen der Lebensbedingungen dort abmildern kann. Der Glaube bietet in solchen Situationen soziale und spirituelle Unterstützung, Lebenssinn und auch ein soziales Netzwerk mit Gleichgesinnten – und zwar weitgehend unabhängig davon, welcher Religion jemand angehört. In Regionen mit guten Lebensbedingungen spielt die Religiosität dagegen kaum eine Rolle für das Wohlbefinden.

Im Zusammenhang mit länderübergreifenden Wohlbefindensstudien wird auch das steigende Ausmaß der Globalisierung deutlich. Das subjektive Wohlbefinden scheint besonders dann hoch zu sein, wenn eine Person das Gefühl hat, sie sei ihren Mitmenschen in Bezug auf ihre Rechte und Pflichten, ihr Einkommen und ihren allgemeinen Lebensstandard gleichwertig. Damit ist nicht nur der Vergleich zum persönlichen Idealzustand ausschlaggebend, sondern auch ein sozialer Vergleich, also der mit anderen Personen.

Die Globalisierung führt dazu, dass sich Menschen nicht mehr allein mit ihrer Nachbarin vergleichen, sondern stattdessen mit den anderen Menschen dieser Welt. Oder genauer: mit den Menschen in den wohlhabendsten Ländern.

Persönlichkeitstest*
Wie zufrieden sind Sie mit Ihrem Leben?
Nachstehend finden Sie eine Reihe von Aussagen, die auf Sie zutreffen könnten. Bitte geben Sie für jede der folgenden Aussagen an, inwieweit Sie zustimmen.

	stimme überhaupt nicht zu	stimme nicht zu	stimme eher nicht zu	weder-noch	stimme eher zu	stimme zu	stimme sehr zu
In den meisten Bereichen entspricht mein Leben meinen Idealvorstellungen.	1	2	3	4	5	6	7
Meine Lebensbedingungen sind ausgezeichnet.	1	2	3	4	5	6	7
Ich bin mit meinem Leben zufrieden.	1	2	3	4	5	6	7
Bisher habe ich die wesentlichen Dinge erreicht, die ich mir für mein Leben wünsche.	1	2	3	4	5	6	7
Wenn ich mein Leben noch einmal leben könnte, würde ich kaum etwas ändern.	1	2	3	4	5	6	7

AUSWERTUNG

Nachdem Sie in jeder Zeile eine Zahl angekreuzt haben, addieren Sie diese fünf Zahlen. Ist die Summe kleiner als 19, dann spricht dies für eine unterdurchschnittlich ausgeprägte Lebenszufriedenheit. Ist die Summe größer oder gleich 19, aber kleiner oder gleich 31, dann spricht dies für eine durchschnittlich ausgeprägte Lebenszufriedenheit. Ist die Summe größer als 31, dann spricht dies für eine überdurchschnittlich ausgeprägte Lebenszufriedenheit.

* Dieser Persönlichkeitstest basiert auf der *Satisfaction with Life Scale*. Nähere Informationen zum Fragebogen: Ed Diener, Robert A. Emmons, Randy J. Larsen & Sharon Griffin (1985). *The satisfaction with life scale. Journal of Personality Assessment*, Vol. 49, S. 71–75. Heide Glaesmer, Gesine Grande, Elmar Braehler & Marcus Roth (2011). *The German version of the satisfaction with life scale (SWLS): Psychometric properties, validity, and population-based norms. European Journal of Psychological Assessment*, Vol. 27, S. 127–132.

Die Entwicklung des subjektiven Wohlbefindens

In Anbetracht der Höhen und Tiefen eines Lebens ist es erstaunlich, dass sich das Wohlbefinden über die Lebensspanne im Durchschnitt nur wenig verändert. Das junge Erwachsenenalter – eine typische Phase der Familiengründung – oder ein von Krankheit geprägtes hohes Alter ändert wenig am durchschnittlichen Wohlbefinden einer Altersgruppe. Menschen gelingt es selbst unter widrigen Umständen, ein vergleichsweise hohes Wohlbefinden zu behalten, was in der Wissenschaft zum «Paradox des Wohlbefindens» erklärt wurde.

Es ändert sich natürlich etwas an unserem Wohlbefinden, nur eben weniger als vielleicht vermutet. Für die Kindheit und Jugend ist das noch weitgehend unerforscht, was überrascht, zählt diese Lebensphase doch zu einer der wichtigsten und in vielen Bereichen auch besonders gut erforschten. Was wir allerdings wissen: Die meisten Heranwachsenden sind relativ zufrieden mit ihrem Leben, und das Wohlbefinden in dieser Lebensphase wird von ähnlichen Faktoren beeinflusst wie im Erwachsenenalter. Also beispielsweise von weiteren Persönlichkeitsmerkmalen, den Lebensbedingungen und der sozialen Einbettung eines Menschen.

Im Erwachsenenalter folgt die durchschnittliche Lebenszufriedenheit einer wellenförmigen Entwicklung: Im jungen Erwachsenenalter sinkt die Zufriedenheit im Durchschnitt leicht ab, ein normativer Glücksboost in der typischen Phase der Familiengründung bleibt also vorerst aus.

In Richtung Wolke sieben geht es erst wieder im mittleren Erwachsenenalter ab etwa 40 bis 50 Jahren, wenn die eigenen Kinder oft schon größer sind. Um den Zeitpunkt des Renteneintritts herum beginnt eine weitere Lebensphase, die im Durchschnitt von einer sinkenden Lebenszufriedenheit geprägt ist, ein Trend, der bis zum Ende des Lebens anhält.

Auch die emotionalen Komponenten des Wohlbefindens zeigen Veränderungen über die Lebensspanne: In einer Studie an einer großen, bevölkerungsrepräsentativen Stichprobe aus Deutschland fand die Leipziger Entwicklungspsychologin Ute Kunzmann zusammen mit Kollegen heraus, dass die Fröhlichkeit mit steigendem Alter immer geringer ausgeprägt ist. Während Teens und Twens also einen weitverbreiteten Hang zur Fröhlichkeit haben, ist dies bei den über 80-Jährigen eher selten. Was natürlich nicht heißen soll, es gebe keine überglücklichen Hochaltrigen – sie sind nur seltener als überglückliche 20-Jährige.

Die Traurigkeit entwickelt sich ebenfalls in Richtung Schwermut, allerdings erst im hohen Alter. Bis zum 70. Geburtstag hält sie sich im Durchschnitt noch weitgehend zurück, danach steigt sie jedoch an. Lediglich in Bezug auf den Ärger – ein weiteres Merkmal negativen Affekts – profitieren Ältere im Vergleich zu Jüngeren. Zwischen einem Alter von 30 bis 40 Jahren erlebt das Ärger-Gefühl seinen Höhepunkt und sinkt danach rapide ab. Zusammengefasst ist eine durchschnittliche 20-Jährige also häufig fröhlich und häufig ärgerlich und gleichzeitig selten traurig, während die durchschnittliche Hochaltrige seltener Fröhlichkeit und Ärger, gleichzeitig aber häufiger Traurigkeit empfindet.

Dies passt zu der Annahme, dass das Leben eines jungen Menschen noch aufregend ist und voller Chancen und überwindbarer Herausforderungen steckt, für die sich dieser junge Mensch auch emotional wappnet. Er ist auf Optimierung ausgerichtet, was viel Energie kostet, die man aus einer stark ausgeprägten Fröhlichkeit ziehen kann. Dazu gehört auch der Wille, Veränderungen herbeizuführen, der wiederum durch einen stark ausgeprägten Ärger gefüttert werden kann. Im mittleren Erwachsenenalter steht dann die Beibehaltung im Vordergrund: Die Partnerschaft erhalten, die Kinder beim Heranwachsen begleiten und sich im Beruf unentbehrlich machen. Später, im hohen Alter, dominiert die Verarbeitung von Verlust, zum Beispiel durch berufliche Veränderungen wie den Renteneintritt, gesundheitliche und soziale Verluste wie die Bewältigung von Krankheiten oder den Tod nahestehender Personen.

In einer weiteren Studie warf Kunzmann einen näheren Blick auf emotionale Veränderungen im hohen Alter. Sie nutzte Informationen von Berlinerinnen zwischen 70 und 103 Jahren, die wiederholt über zahlreiche Aspekte ihres Lebens, darunter auch ihr Wohlbefinden, Auskunft gaben. Eine zentrale Rolle beim Wohlbefinden spielen die soziale Einbindung und die Qualität sozialer Beziehungen. Das ist auch im hohen Alter der Fall, in dem das affektive Wohlbefinden stark von tatsächlicher und gefühlter Einsamkeit bedroht ist. Und tatsächlich zeigen Kunzmanns Analysen: Viele ältere Menschen fühlen sich zunehmend weniger sozial integriert, was eine maßgebliche Ursache für das Absinken ihrer Fröhlichkeit ist. Gelingt es älteren Menschen, trotz gesundheitlicher Einschränkungen und begrenzter Mobilität ihre sozialen Beziehungen in gleicher Weise weiterzuführen, dann bleibt auch ihre Fröhlichkeit auf einem «jungen Niveau».

Man sieht: Die Einschränkungen des hohen Alters wirken aufeinander und bedingen gemeinsam das affektive Wohlbefinden eines Menschen. Ist ein Mensch fit genug, um sozialen Aktivitäten nachzugehen und einen Freundeskreis aufrechtzuerhalten, dann wird dieser Mensch in seinem Wohlbefinden davon profitieren. Ist er es nicht, sollte meiner Meinung nach die Gesellschaft dafür Sorge tragen, dass dieser Mensch dennoch sozial eingebunden bleibt, um ihm so ein hohes Wohlbefinden zu ermöglichen.

Das bis hinein ins hohe Alter relativ robuste Wohlbefinden wirft bei einigen Kolleginnen große Fragen auf. Hochaltrigen stehen, so die Annahme, immer weniger Ressourcen zur Verfügung, um ihr Leben zu meistern. Krankheiten häufen sich, die Beweglichkeit ist eingeschränkt, was wiederum die soziale Eingebundenheit belastet, und dann setzen oftmals auch noch kognitive Abbauprozesse ein. Betrachtet man das hohe Alter ausschließlich aus dieser Perspektive, dann ist es schon verwunderlich, dass das Wohlbefinden trotzdem weitgehend stabil bleibt.

Wie lässt sich das erklären? Nun, der Erfahrungsschatz ist nie so groß wie im hohen Alter. Zwar mögen Ressourcen wegbrechen, dafür tritt lebenslang zusammengetragenes Wissen über die Welt und sich selbst, die eigenen Vorlieben und lang gepflegte und perfektionierte Gewohnheiten an ihren Platz und kann dem Wohlbefinden unter die Arme greifen. Je nachdem, welche Perspektive man einnimmt – ob man den Fokus auf den Verlust oder auf die Erfahrung legt –, mag es mehr oder weniger plausibel erscheinen, dass Menschen im hohen Alter emotional immer kompetenter werden. Zumindest ist das eine verbreitete Annahme: Die sogenannte *Affektkomplexität* im höheren Alter ist ausgeprägter als in früheren Lebensabschnitten.

Affektkomplexität heißt, dass ein Mensch zeitgleich widersprüchliche Gemütszustände empfinden kann, also gleichzeitig angenehme und unangenehme Gefühle erlebt. Ältere Menschen sind aus ihrer Erfahrung heraus möglicherweise eher in der Lage, mit dieser Widersprüchlichkeit umzugehen, sie richtig einzuordnen und zuzulassen. Gleichzeitig sind Ältere im Vergleich zu Jüngeren häufig besonders stark darauf konzentriert, angenehme soziale Beziehungen zu pflegen. Wie ich im Kapitel zur Persönlichkeit im Alter beschrieben habe, konzentrieren sich viele ältere Menschen darauf, positive Gefühle zu empfinden, Zeit mit Menschen zu verbringen, die ihnen guttun – und sie achten generell auf ihr eigenes Wohlbefinden.

Der durchschnittliche junge Mensch dagegen will vor allem Informationen sammeln, viele Menschen kennenlernen und Erfahrungen machen, ohne dabei sein eigenes Wohlbefinden in den Mittelpunkt zu stellen.

Tatsächlich zeigte die Berliner Psychologin Annette Brose zusammen mit Kolleginnen, dass ältere Menschen kein vielschichtigeres Gefühlsleben haben als jüngere Menschen. Im Gegenteil. Da sich viele ältere Menschen (wenn auch natürlich nicht alle) auf ihre positiven Gefühle konzentrieren und negativen Gefühlen eine geringe Rolle zukommen lassen, erleben ältere Menschen eher wenig in sich widersprüchliche Gefühlszustände. Zumindest deutlich weniger als junge Menschen, die negative Gefühle eher zulassen und dadurch alle erdenklichen Gefühlskombinationen (inklusive großem Gefühlsdurcheinander) erleben.

Mit der Lebenserfahrung, so scheint es, gelingt es älteren Menschen besser, ihren Blick auf die Sonnenseite des Lebens zu richten und die Schattenseiten häufiger zu ignorieren. Das mag man zu vereinfachend finden, auf mich wirkt es kompetent. Denn so gelingt es vielen Menschen, ihr Wohlbefinden aufrechtzuerhalten, selbst wenn das Leben seine Schatten wirft.

Persönlichkeitstest*
Wie viele positive und negative Gefühle empfinden Sie?
Nachstehend finden Sie eine Reihe von Wörtern, die verschiedene Stimmungen und Gefühle bezeichnen. Bitte geben Sie für jedes der folgenden Wörter an, wie stark Sie das betreffende Gefühl in der letzten Woche empfunden haben.

	gar nicht				äußerst
aktiv	1	2	3	4	5
interessiert	1	2	3	4	5
freudig erregt	1	2	3	4	5
stark	1	2	3	4	5
angeregt	1	2	3	4	5
stolz	1	2	3	4	5
begeistert	1	2	3	4	5
wach	1	2	3	4	5
entschlossen	1	2	3	4	5
aufmerksam	1	2	3	4	5
bekümmert	1	2	3	4	5
verärgert	1	2	3	4	5
schuldig	1	2	3	4	5
erschrocken	1	2	3	4	5
feindselig	1	2	3	4	5
gereizt	1	2	3	4	5
beschämt	1	2	3	4	5
nervös	1	2	3	4	5
durcheinander	1	2	3	4	5
ängstlich	1	2	3	4	5

AUSWERTUNG

Nachdem Sie in jeder Zeile eine Zahl angekreuzt haben, addieren Sie die ersten zehn Zeilen, deren Summe Ihnen Informationen über das Ausmaß Ihrer positiven Gefühle gibt. Ist die Summe kleiner als 24, dann spricht dies für einen unterdurchschnittlich ausgeprägten positiven Affekt. Ist die Summe größer oder gleich 24, aber kleiner oder gleich 37, dann spricht dies für einen durchschnittlich ausgeprägten positiven Affekt. Ist die Summe größer als 37, dann spricht dies für einen überdurchschnittlich ausgeprägten positiven Affekt.
Die Summe der letzten zehn Zeilen gibt Ihnen Informationen über Ihre negativen Gefühle. Ist die Summe kleiner als 12, dann spricht dies für einen unterdurchschnittlich ausgeprägten negativen Affekt. Ist die Summe größer oder gleich 12, aber kleiner

oder gleich 24, dann spricht dies für einen durchschnittlich ausgeprägten negativen Affekt. Ist die Summe größer als 24, dann spricht dies für einen überdurchschnittlich ausgeprägten negativen Affekt.

Wohlbefinden in den letzten Lebensjahren

Allen psychologischen Tricks zum Trotz sinkt das Wohlbefinden in den letzten Lebensjahren meist sehr stark. Drei bis fünf Jahre vor dem Tod, das legen Analysen von Denis Gerstorf von der Humboldt-Universität zu Berlin und Kolleginnen nahe, sind die Belastungen und die fehlenden Ressourcen so ausgeprägt, dass es den meisten Menschen nicht gelingt, sich dennoch ein ausgewogenes Wohlbefinden zu erhalten.

Uns allen graut es vermutlich vor dieser letzten Lebensphase, die tatsächlich schwerer ist als alle Lebensphasen zuvor und selten nur einen Moment, sondern zumindest einige Jahre anhält. Umso mehr sollte es ein Herzensanliegen von jeder Einzelnen von uns und der Gesellschaft im Allgemeinen sein, Menschen in diesen letzten Lebensjahren dabei zu unterstützen, die Balance aus Sonnen- und Schattenseiten zu erhalten. Und tatsächlich wissen wir mittlerweile, dass es mehrere, zum Teil beeinflussbare, Faktoren gibt, die das deutliche Absinken des Wohlbefindens vor dem Tod bedingen.

Einer dieser Faktoren ist die Kontrollüberzeugung, von der bereits wiederholt die Rede war. Sie beschreibt, ob Personen das Gefühl haben, ihr Leben kontrollieren zu können, also mit ihrem Verhalten das beeinflussen zu können, was sich in ihrem Leben zuträgt. Natürlich können wir nie alles beeinflussen, und natürlich ist nicht alles, das uns wiederfährt, Zufall – dazwischen gibt es viele Abstufungen. Menschen, die mehr Kontrolle über ihr Leben verspüren, sind oftmals zufriedener und glücklicher. Doch auch sie erleben ein deutliches Absinken ihres Wohlbefindens vor ihrem Tod. Allerdings sind sie oftmals bis ins hohe Alter hinein glücklicher mit ihrem Leben als Menschen, die meinen, ihr Leben weniger unter Kontrolle zu haben. Der Abwärtstrend im Wohlbefinden setzt bei ihnen allerdings im Allgemeinen

* Dieser Persönlichkeitstest basiert auf dem *Positive and Negative Affect Schedule* (PANAS). Nähere Informationen zum englischsprachigen Original-Fragebogen: David Watson, Lee Anna Clark & Auke Tellegan (1988). *Development and validation of brief measures of positive and negative affect: The PANAS scales. Journal of Personality and Social Psychology*, Vol. 54, S. 1063–1070. Nähere Informationen zur deutschen Übersetzung des Fragebogens: Blanka Breyer & Matthias Bluemke: Deutsche Version der Positive and Negative Affect Schedule PANAS (GESIS Panel). Zusammenstellung sozialwissenschaftlicher Items und Skalen.

später ein, und er ist auch weniger stark ausgeprägt als bei Menschen mit geringerer Kontrollüberzeugung.

Insofern ist es für ältere Menschen in mehrfacher Hinsicht wichtig, in zentralen Lebensbereichen die Kontrolle zu behalten. In einigen Bereichen kann sicherlich eine Umbewertung sinnvoll sein. Nämlich dahingehend, was von einem Menschen als zentral angesehen wird und welches Ausmaß an Kontrolle er sich zum Ziel setzt. An anderen Stellen ist es aber schlichtweg unabdingbar, älteren Menschen allen Einschränkungen zum Trotz jene Kontrolle zu ermöglichen, die für ihr Wohlbefinden so zentral ist. Das mag in der Theorie unstrittig sein, die Tücke wird dann – wie so oft – im praktischen Detail stecken. Denn Entscheidungsspielraum setzt häufig mehr gesellschaftliche Ressourcen voraus als vorgegebene Routinen. Schließlich benötigt es natürlich mehr Zeit und Geduld (und damit Personal und Geld), um beispielsweise pflegebedürftigen Menschen die Möglichkeit zu geben, individuelle Entscheidungen zu treffen und bestimmten Tätigkeiten selbst nachzugehen. Das kann Unterstützung bei alltäglichen Wegen oder dem Erledigen von Aufgaben bedeuten, die allein nicht mehr möglich, in Begleitung aber machbar sind, oder sich einfach auf die Wahl der Mahlzeit oder den Zeitpunkt des Schlafengehens beziehen.

Ähnlich wie die Kontrollüberzeugung wirkt sich auch die *soziale Orientierung* auf das Absinken des Wohlbefindens in den letzten Lebensjahren aus. Menschen, die sozial aktiv sind und bis hinein ins hohe Alter soziale Lebensziele verfolgen, empfinden ein höheres Wohlbefinden als diejenigen, die sich im fortgeschrittenen Alter zurückziehen und ihre Aufmerksamkeit auf andere Lebensziele legen. Ist eine Person also noch viel unterwegs, besucht sie kulturelle Veranstaltungen oder Sportkurse, engagiert sie sich in Organisationen oder Bürgerinitiativen, ist sie also viel unter Menschen und nimmt am gesellschaftlichen Leben teil, dann tut sie damit auch ihrem Wohlbefinden etwas Gutes. Natürlich kann man sich fragen, wer zu all solchen Aktivitäten überhaupt noch in der Lage sei, wenige Jahre vor dem Tod, schließlich kostet das alles Kraft. Aber selbst unter Berücksichtigung des

Gesundheitszustandes bleibt dieser Befund erhalten. Das heißt: Von zwei gleich gesunden Personen wird diejenige eine positivere Entwicklung des Wohlbefindens haben, die am gesellschaftlichen Leben teilnimmt.

Gleichzeitig bedeutet das wiederum für diejenigen unter uns, die sich noch nicht zu den Hochaltrigen zählen: Je besser wir ältere Menschen gesellschaftlich integrieren, desto bereichernder ist das sowohl für uns (beziehungsweise die Gesellschaft) als auch für die älteren Menschen. Letztere profitieren von einem hohen Wohlbefinden, auch in den Jahren vor dem Tod, und wir profitieren davon, dass diese Menschen ihre Fähigkeiten und ihr Wissen weiterhin in die Gesellschaft einbringen. Auch dies ist wahrlich kein Selbstläufer, sondern benötigt Strukturen, in denen dieses Miteinander ermöglicht und unterstützt wird.

Für besondere Aufmerksamkeit sorgte das Ergebnis einer weiteren Studie von Gerstorf und Kollegen, in der sie zeigen, dass es nicht nur die persönlichen Merkmale einer Person sind, die ihr Wohlbefinden beeinflussen, sondern auch der *Ort*, in dem sie lebt. Für diese Studie wurde das Wohlbefinden von Menschen aus über vierhundert Landkreisen Deutschlands untersucht und miteinander verglichen. Lebte eine Person in den Jahren vor ihrem Tod in einer Region, der es wirtschaftlich gutging und in der es wenig Arbeitslosigkeit gab, dann war sie zufriedener mit ihrem Leben als andere in weniger wohlhabenden Regionen. Interessant ist, dass von einer wirtschaftsstarken Umgebung der Großteil der Menschen dort profitiert. In Regionen jedoch, in denen es eine hohe Arbeitslosigkeit gibt und in denen der Zugang zur Gesundheitsversorgung erschwert ist, leiden besonders Menschen mit einem niedrigen Bildungsniveau unter diesen Bedingungen.

Die gesellschaftlichen Lebensbedingungen wirken sich also maßgeblich auf das Wohlbefinden von Menschen aus. Sind die Lebensbedingungen gut, dann profitiert die Infrastruktur und damit auch die Versorgung der älteren Menschen vor Ort. Sind die Lebensbedingungen weniger gut, dann leiden vor allem diejenigen darunter, die durch ihren sozio-ökonomischen Hintergrund ohnehin schon benachteiligt sind. An diesem Befund wird auch wieder deutlich, warum eine Erfassung des unterschiedlichen regionalen Wohlbefindens einer Region oder eines Landes wichtige Informationen liefern kann: Denn wo wir leben und sterben, macht einen Unterschied für unser Wohlbefinden. Und wenn wir diese Unterschiede aufdecken und verstehen, dann ist der erste Schritt zu einer Verbesserung der Lebensbedingungen bereits getan (auch wenn noch viele weitere Schritte dafür folgen müssen).

Zum Glück bleibt die Zeit und auch die gesellschaftliche Weiterentwicklung nicht stehen. Denn früher war natürlich nicht alles besser, sondern einiges schlechter. Das gilt zum Beispiel für das Wohlbefinden: In einem Vergleich älterer Menschen, die Anfang der 90er Jahre beziehungsweise 20 Jahre später lebten, zeigte sich, dass es der später geborenen Generation im hohen Alter deutlich besserging als der früher geborenen. Über zwei Dekaden hinweg wirkte sich der Einfluss eines höheren Bildungsniveaus, besserer ärztlicher Versorgung und damit einhergehend auch einer besseren mentalen und körperlichen Leistungsfähigkeit auf breite Bevölkerungsteile aus.

Es sind jedoch auch gesellschaftliche Veränderungen eingetreten, die sich nachteilig auf das Wohlbefinden auswirken, zum Beispiel sind chronische Erkrankungen heutzutage weiter verbreitet, ebenso wie Mehrfacherkrankungen. Nichtsdestotrotz können viele Krankheiten besser behandelt werden und erlauben eine deutlich bessere Funktionalität, als das noch wenige Jahrzehnte zuvor der Fall war. Und so empfinden ältere Menschen heutzutage dennoch deutlich mehr positive Gefühle und deutlich weniger negative Gefühle als die Generation vor ihnen.

Auf den Abwärtstrend im Wohlbefinden wirken sich diese Verbesserungen jedoch leider nicht aus. Das heißt: Zwar führen die heutigen Lebensbedingungen zu einem höheren Wohlbefinden, die letzten Lebensjahre werden dadurch aber nicht erträglicher oder einfacher zu bewältigen. Stattdessen sinkt auch noch heutzutage einige Jahre vor dem Tod das Wohlbefinden deutlich ab. Die letzten Lebensjahre haben bisher also noch nicht von den gesellschaftlichen und gesundheitlichen Weiterentwicklungen profitieren können.

Einschneidende Lebensereignisse

So viel erst einmal dazu, woraus sich das Wohlbefinden zusammensetzt und wie es sich über die Lebensspanne hinweg verändert. Die große Frage ist ja eigentlich, wodurch sich das Wohlbefinden verändert, und vor allem: wodurch es sich verbessert. Um jegliche Hoffnungen bereits von Beginn an in Richtung Realität zu leiten, sei bereits vorweggenommen, dass es deutlich einfacher (und häufiger) ist, das Wohlbefinden zu verringern, als es dauerhaft zu erhöhen. Wo wir bereits beim zweiten Problem wären, nämlich der Dauerhaftigkeit. Aber der Reihe nach:

Eine Studie, der man schon Kultstatus unterstellen kann, stammt aus dem Jahr 1978 und hat nicht nur damals viel Aufsehen erregt. Auch heute noch wird in fast allen Studien zum Zusammenhang zwischen Wohlbefinden und einschneidenden Lebensereignissen auf sie Bezug genommen. Viele hundert Mal wurde sie mittlerweile als Beleg dafür zitiert, dass sich das Wohlbefinden durch Umwelteinflüsse nicht verändere. Allerdings fälschlicherweise, wie wir noch sehen werden.

Philip Brickman von der Northwestern University untersuchte in den 70er Jahren zusammen mit Kollegen, ob sich das Wohlbefinden zwischen Menschen unterscheidet, die man intuitiv zu den glücklichsten oder den niedergeschlagensten Menschen zählen würde, weil sie entweder eines der schönsten oder eines der schlimmsten Schicksale erlebt hatten: Sie verglichen das Wohlbefinden von Lottogewinnerinnen und querschnittsgelähmten Unfallopfern. Die Frage, der sie nachgehen wollten, war, ob Wohlbefinden relativ sei. Denn wäre Wohlbefinden relativ, dann würde das bedeuten, dass wir mehr oder weniger glücklich sind, je nachdem, mit wem oder womit wir uns vergleichen. Wer oder was das ist, bestimmt unser *individueller Standard*, der von unseren Erfahrungen und unserem sozialen Umfeld geprägt ist.

Ein Beispiel: Erlebt eine mittelalte, mittelgesunde, mittelglückliche Person einen schweren Autounfall, der sie anschließend mit einer Querschnittslähmung ans Bett fesselt, dann würde sie – dieser Argumentation folgend – zuerst einen drastischen Einbruch ihres Wohlbefindens erleben, da ein starker Kontrast zwischen ihren vorherigen und den aktuellen Lebensbedingungen besteht. Anschließend jedoch würde sie sich zunehmend an die neue Situation gewöhnen und sich damit ihr individueller Standard ändern. Die nun schwerbehinderte Person würde sich also an neuen Maßstäben messen, wodurch selbst kleine Freuden des Alltags ihr Wohlbefinden wieder steigen lassen könnten.

Bei einem Lottogewinn müsste es genauso sein, bloß eben andersherum: Die mittelglückliche Durchschnittsperson wird kurzfristig von der gewonnenen Million profitieren, sich aber zeitnah an die neuen Lebensbedingungen gewöhnen und so wieder zu ihrem ursprünglichen, durchschnittlichen Wohlbefindenslevel zurückkehren, auch wenn sich ihr Leben durch den plötzlichen Reichtum langfristig deutlich verbessert.

Nun zurück zur eigentlichen Studie: 29 querschnittsgelähmte Menschen und 22 Lotteriegewinnerinnen wurden zu ihrem Wohlbefinden befragt. Wie zu erwarten, waren die Lotteriegewinnerinnen deutlich glücklicher als die Unfallopfer. Was jedoch überraschte, war, dass selbst die schwerverletzten Befragten ein vergleichsweise hohes Wohlbefinden hatten: Auf einer Skala von null (überhaupt nicht) bis fünf (sehr) empfanden die Unfallopfer ein Wohlbefinden von drei und die Lottogewinnerinnen ein Wohlbefinden von vier.

Die große Überraschung über den nur kleinen Unterschied zwischen beiden Gruppen (der dennoch wesentlich ist) hat dazu geführt, dass über viele Jahre hinweg die Erinnerung bestehen blieb, in dieser Studie habe man deutlich gesehen, dass selbst die besten und schlimmsten Lebensereignisse wenig am Wohlbefinden ändern. Das ist natürlich voreilig. Vor allem, wenn man sich die geringe Zahl der Befragten vor Augen führt. Und den Mangel an Informationen darüber, wie es um das Wohlbefinden der Teilnehmerinnen *vor* den einschneidenden Ereignissen bestellt war. Letzteres ist notwendig, um sicherzustellen, dass die Unterschiede im Wohlbefinden nach dem Ereignis nicht schon bereits vor dem Lottogewinn beziehungsweise Unfall vorlagen. So spielt beispielsweise nicht jeder Mensch Lotto, sondern vielleicht eher Menschen, die ein besonders niedriges oder ein besonders hohes Wohlbefinden haben. Da natürlich nur diejenigen im Lotto gewinnen können, die auch Lotto spielen, müsste man das Wohlbefinden *nach* dem Lottogewinn immer in Bezug zum Wohlbefinden *vor* dem Lottogewinn setzen, um einschätzen zu können, wie stark sich das Wohlbefinden durch das Ereignis geändert hat.

Genauso ist es mit einem tragischen Unfall: Menschen, die ein besonders niedriges oder ein besonders hohes Wohlbefinden haben, befinden sich vielleicht eher in riskanten Situationen, etwa weil sie Extremsportlerinnen sind oder auf Partys gern mal einen über den Durst trinken und anschließend mit dem Auto nach Hause fahren. Insofern könnten auch hier die Unterschiede im Wohlbefinden bereits vor dem Ereignis bei denjenigen zu beobachten gewesen sein, die ein höheres Risiko hatten, in einen tragischen Unfall verwickelt zu werden. Das soll natürlich nicht heißen, dass Menschen, denen viel Gutes oder Schlechtes widerfährt, immer selbst dafür verantwortlich sind. Es soll lediglich problematisieren, dass wir von Veränderungen im Wohlbefinden nur dann sprechen können, wenn wir wiederholt Informationen zum Wohlbefinden einer Person erhoben haben.

Halten wir zunächst dennoch fest: Wir überschätzen das Ausmaß und die Dauerhaftigkeit des Einflusses eines einschneidenden Lebensereignisses möglicherweise. Das könnte definitiv eine gute Nachricht sein für diejenigen, die in ihrem Leben schwerwiegende Katastrophen meistern müssen. Mag es für uns auch noch so schwer vorstellbar sein: Menschen gewöhnen sich offenbar selbst an die widrigsten Umstände und können auch nach großem Unglück Glücksgefühle empfinden. Gleichzeitig setzt das unserem Optimierungsdrang natürlich unüberwindbare Hürden: Unabhängig davon, wie groß der Lottogewinn, wie wunderbar die Lieblingsliebste, wie identitätsstiftend der Job ist, unser Wohlbefinden behält auf lange Sicht sein ursprüngliches Level bei.

Kurzzeitig würde der Kontrast zum bisherigen (mehr oder weniger glücklicheren) Leben zwar auf unser Wohlbefinden einwirken, langfristig würde aber die Gewöhnung ihren Teil dazu beitragen, dass wir uns wieder auf einem ähnlichen Wohlbefindenslevel einpendeln. Solche Annahmen, zusammen mit der Beobachtung, dass das Wohlbefinden einen erheblichen genetisch bestimmten Anteil hat, veranlassten David Lykken und Auke Tellegen von der University of Minnesota 20 Jahre später zu der Aussage, es sei ebenso aussichtslos, zu versuchen, glücklicher zu werden, wie zu versuchen, größer zu sein.

Die Idee, dass sich unser Wohlbefinden nur vorübergehend ändert, hatte seitdem lange Konjunktur und mündete unter anderem in der *Set-Point-Theorie*.

Die *Set-Point-Theorie* hat ihren theoretischen Ursprung in physiologischen Homöostase-Modellen, die für unterschiedliche physiologische Prozesse einen individuellen Sollwert annehmen, beispielsweise den Blutdruck oder die Körpertemperatur. Kommt es vorübergehend zu Abweichungen von diesem Sollwert, dann strebt der Körper nach einer Wiederherstellung des Gleichgewichtszustands und pendelt sich mittelfristig wieder auf das individuelle Ursprungs-Niveau, das heißt den persönlichen Sollwert, ein. Auch wird sie mit sensorischen Gewöhnungsprozessen verglichen: So wie sich beispielsweise unsere Nase an die meisten Gerüche unserer Umgebung oder unsere Augen an die Lichtverhältnisse gewöhnen, so gewöhnen sich auch unsere Gefühle an die momentanen Lebensbedingungen.

In einer strengen Auslegung dieser Theorie haben Menschen von Geburt an ein genetisch festgelegtes Wohlbefindens-Level, um das ihr tägliches Wohlbefinden schwankt. An deprimierenden Tagen, an denen alles schiefzugehen scheint, man erst den Kaffee verschüttet, dann den Bus verpasst, zu spät zu einem wichtigen Termin kommt und dann auch noch ein Date kurzfristig absagt, wäre das Wohlbefinden etwas niedriger. An Sonnentagen, in denen alles wie von selbst läuft und sich die guten Nachrichten nur so häufen, wäre das Wohlbefinden etwas höher. Und so würde das Wohlbefinden mal etwas niedriger, mal etwas höher, aber immer in etwa dem ursprünglich vorgegebenen Wohlbefindens-Level entsprechen.

Dass sich diese sogenannten *Wohlbefindens-Zustände* – also das etwas unterschiedlich ausgeprägte Wohlbefinden in der einen oder anderen Situation – um das für eine Person typische Wohlbefindens-Level verteilen, ist in der wissenschaftlichen Psychologie mittlerweile ausgemachte Sache. Einig ist man sich allerdings nicht darüber, was passiert, wenn ein einschneidendes Lebensereignis eintritt. Stellen wir uns eine Hochzeit vor: Sie lernt ihn kennen, gemeinsamen leuchtet das Leben in rosaroten Farben, und das Wohlbefinden feiert eine Dauerparty. Anhängerinnen der *Set-Point-Theorie* nehmen an, dass sich die frisch Getrauten zwar auf einer Welle der Euphorie bewegen, sich daran aber bald gewöhnen werden und auf ihr ursprüngliches Wohlbefindens-Level zurückfallen.

Oder nehmen wir ein schwerwiegendes, negatives Lebensereignis: den Tod der Partnerin. Das Wohlbefinden eines Menschen ist in Reaktion darauf in den allermeisten Fällen vorerst an einem extremen Tiefpunkt. Aber wird der Mensch wieder glücklich? Und wenn ja, wird er so glücklich wie zuvor, als er noch in einer – vielleicht besonders glücklichen – Partnerschaft lebte? Und wenn dem so ist, wie lange wird es dauern, bis er sich von diesem einschneidenden Verlust erholt?

Aus der Perspektive der *Set-Point-Theorie* würde man erwarten, dass ein Mensch selbst nach einem solchen Verlust im Allgemeinen ebenso glücklich werden kann wie zuvor, und zwar innerhalb eines überschaubaren Zeitraums. Auch wenn das oftmals nicht näher spezifiziert wird, sollte eine solche Anpassung in zwei Jahren zu erwarten sein, um noch von einer vorübergehenden Abweichung sprechen zu können.

Das *dynamische Equilibrium-Modell* von Bruce Headey und Alexander

Wearing schwächt diese strikte Version der *Set-Point-Theorie* etwas ab. Es geht stattdessen davon aus, dass jeder Mensch sowohl eine individuell typische Tendenz hat, bestimmte Lebensereignisse zu erleben, als auch eine individuell typische Tendenz, ein bestimmtes Wohlbefindens-Level zu erreichen. Beides lässt sich ihrer Meinung nach aus anderen, stabilen Persönlichkeitsmerkmalen vorhersagen. Sofern einem Menschen weiterhin die für ihn typischen Lebensereignisse widerfahren, wird sich auch sein durchschnittliches Wohlbefindens-Level nicht ändern. Tritt aber ein untypisches Ereignis auf, dann kann sich auch das Wohlbefindens-Level verändern, und zwar nicht nur vorübergehend, sondern langfristig.

Ihr Modell können Headey und Wearing auch mit Studienergebnissen unterfüttern. So nutzten sie Informationen einer australischen Stichprobe, in der die Teilnehmerinnen alle zwei Jahre insgesamt viermal Auskunft über ihr Wohlbefinden gaben. Und tatsächlich zeigte sich dort, dass nicht nur das Wohlbefinden über die Zeit relativ stabil ist – wer zu Beginn der Studie zu den Glücklicheren zählte, war dies zum Ende der Studie hin meist ebenfalls –, sondern auch die Lebensereignisse. Das heißt: Menschen, die positive Dinge erleben, haben eine höhere Wahrscheinlichkeit, auch in naher Zukunft weitere positive Ereignisse zu erleben. Und ebenso werden Menschen, die ein negatives Ereignis erleben, zukünftig auch überzufällig oft vom Pech verfolgt.

Goldmarie und Pechmarie?

Ich weiß nicht, wie plausibel Ihnen das erscheint, aber als ich zum ersten Mal von diesem Modell und diesem Ergebnis las, war ich sehr überrascht. Wie kann es sein, dass äußere Lebensereignisse derart miteinander in Verbindung stehen? Dass einige Menschen immer wieder vom Glück überhäuft werden und andere immer wieder im Regen stehen? Und doch fällt Ihnen vielleicht ebenso wie mir im Rückblick auf das eigene Leben auf, dass sich tatsächlich oftmals längere Phasen großen Glücks und anschließend ebenso längere Phasen schwerer Rückschläge aneinanderreihten.

Zum einen mag das daran liegen, dass viele Lebensereignisse zusammenhängen: Ein schönes erstes Date mit einer anschließenden glücklichen Beziehung, die zu einer neuen, gemütlichen gemeinsamen Wohnung, vielleicht einer Heirat und der Geburt eines Kindes führt. Oder: Arbeitslosigkeit, anschließender Frust der erfolglosen Jobsuche, knapper werdendes Geld und ein neuer Tagesablauf, der mehr Zeit mit der Partnerin mit sich bringt und damit vielleicht Konflikte provoziert, die sonst unter den Tisch gefallen wären, nun aber an Bedeutung gewinnen, sodass es zu Streit kommt, vielleicht sogar zur Trennung. Läuft es erst einmal in die richtige (oder falsche) Richtung, dann knüpfen sich daran viele weitere Chancen (oder Herausforderungen), die wiederum weitere Lebenslaufkonsequenzen nach sich ziehen.

Je nachdem, welche Lebensereignisse ein Mensch erlebt, reagiert natürlich auch sein Wohlbefinden darauf. Das bestätigen Headey und Wearing in ihrer Studie: Menschen, die positive Ereignisse erleben, werden zufriedener und erleben mehr positive Gefühle (sie werden also glücklicher), an ihren negativen Gefühlen ändert sich jedoch nichts. Menschen, die negative Ereignisse erleben, werden dagegen weniger zufrieden und erleben mehr negative Gefühle (sie werden beispielsweise trauriger und deprimierter).

Die Analysen von Headey und Wearing legen nahe: Nur wenn ein Mensch deutlich mehr (oder weniger) positive (oder negative) Ereignisse erlebt, als er es typischerweise tut, wird sich auch sein Wohlbefinden verändern – und damit sein *Set-Point*, also sein typisches Wohlbefindens-Level. Dabei mag es durchaus Lebensphasen geben, die für mehr oder weniger Lebensereignisse prädestiniert sind. Zum Beispiel ergab die Studie, dass junge Erwachsene im Allgemeinen mehr sowohl positive als auch negative Ereignisse erlebten als ältere Erwachsene. Der *Set-Point* von Menschen in bestimmten Lebensphasen kann sich dadurch also in die eine oder andere Richtung ändern.

Dass sich die Anzahl von positiven und negativen Lebensereignissen über die Zeit ändert, passt zu einem weiteren Befund von Headey und Kollegen: Je mehr Zeit vergeht, desto mehr ändern Menschen ihr Wohlbefinden. Das widerspricht der *Set-Point-Theorie*. Nach ihr würden wir erwarten, dass sich Menschen zwar vorübergehend verändern, mittelfristig aber wieder zurück zu ihrem Ausgangsniveau zurückkehren. Die Studie von Headey und Kollegen ergab jedoch: Über einen Zeitraum von etwa 15 Jahren hinweg änderte sich das Wohlbefinden von fast 40 Prozent der Befragten. Damit sind Zweifel an einem stabilen individuellen Wohlbefinden sicher angebracht.

Wie Sie sehen, herrschte lange Zeit die Annahme, dass sich das Wohlbefinden – wenn überhaupt – nur vorübergehend ändere und sich damit unabhängig von einschneidenden Lebensereignissen weder wesentlich verschlechtere noch verbessere. Mittlerweile lassen wissenschaftliche Studien an dieser strikten Annahme erhebliche Zweifel aufkommen: Zum Teil ist es durchaus möglich, dass sich das Wohlbefinden dauerhaft verändert.

Wir wir im Folgenden sehen werden, wird das Wohlbefinden durch einzelne Lebensereignisse vermindert, jedoch selten erhöht, und wenn doch, dann meist nicht dauerhaft. Irritierenderweise scheint das einzige Lebensereignis, das langfristig das Wohlbefinden erhöht, eine Schönheitsoperation zu sein, wie Headey feststellte. Während also Ereignisse wie eine Hochzeit oder die Geburt eines Kindes im Mittel keine dauerhaften Wohlbefindensboosts provozieren können, gelingt dies bei einer zielgerichteten Erhöhung der eigenen Attraktivität sehr wohl. Plausibel ist das insofern, als dass attraktive Menschen tatsächlich in vielen Bereichen erfolgreicher sind, sympathischer gefunden werden, bessere Chancen bei der Partnersuche haben und ihnen eine Vielzahl positiver Eigenschaften unterstellt wird, darunter auch eine höhere Intelligenz. Insofern profitiert ein Mensch nach einer Schönheitsoperation nicht nur von einer geraderen Nase oder anderen oberflächlichen Merkmalen, sondern anscheinend ebenso in anderen Lebensbereichen. Ob dies nun dazu führen sollte, dass wir gesellschaftliche Strukturen und Belohnungsmechanismen hinterfragen oder über einen Besuch bei einer Schönheitschirurgin nachdenken sollten, bleibt – wie so oft – auch hier im Auge der Betrachterin.

Arbeitslosigkeit

Einer der ersten Wissenschaftler, der sich den Veränderungen im Wohlbefinden nicht nur nach, sondern bereits vor Eintreten eines einschneidenden Lebensereignisses widmete, ist der Psychologe Richard Lucas von der Michigan State University. Er machte von großangelegten, bevölkerungsrepräsentativen Längsschnittstudien Gebrauch, die unter anderem Informationen zum Wohlbefinden von Menschen sammelten.

> Die sogenannten *Panelstudien* haben mindestens drei große Vorteile: Erstens, sie erheben Informationen zu einschneidenden Lebensereignissen, die Menschen widerfahren können, beispielsweise ob sie von Arbeitslosigkeit betroffen sind oder gerade in Rente gegangen sind. Zweitens erheben sie ihre Daten unabhängig davon, ob ein Mensch ein einschneidendes Lebensereignis erlebt oder nicht. Die Stichproben setzen sich also nicht aus Personen zusammen, die gerade ein bestimmtes Ereignis erlebt haben oder denen ein Ereignis bevorsteht, wodurch sich ihr Wohlbefinden bereits verändert haben könnte. Denn es ist durchaus wahrscheinlich, dass Menschen kurz bevor sie arbeitslos werden bereits weniger glücklich sind, da sie ihre drohende Arbeitslosigkeit schon vorausahnen. Insofern ist eine Stichprobe mit Menschen, die noch nicht wissen, was ihnen in den nächsten Jahren und Jahrzehnten widerfahren wird, für diese Forschungsfrage besonders wertvoll. Und schließlich drittens: Die Stichprobe ist so groß (derzeit umfassen viele solcher großangelegten Studien mehrere tausend Probandinnen), dass selbst seltene Ereignisse in einem überschaubaren Zeitraum von so vielen Menschen erlebt werden, dass Entwicklungsverläufe über mehrere hundert Personen hinweg beobachtet und verglichen werden können.

In seinen Studien zum Wohlbefinden vor, während und nach dem Übergang in eine Arbeitslosigkeit kommt Lucas zu dem Ergebnis, dass sich das Wohlbefinden bereits im Jahr vor der Arbeitslosigkeit beträchtlich vermindert. Im Jahr des Übergangs in die Arbeitslosigkeit ist die Lebenszufriedenheit an einem Tiefpunkt. Dieser Abfall ist so drastisch, dass man ohne Übertreibung sagen kann: Der Übergang in eine Arbeitslosigkeit gehört zu den einschneidendsten Ereignissen im Leben eines Menschen.

Glücklicherweise behält die *Set-Point-Theorie* in ihrer Annahme zumindest insofern recht, als dass sich das Wohlbefinden anschließend wieder zurück in Richtung der ursprünglichen Ausprägung entwickelt. Bereits ein Jahr nach dem Übergang in die Arbeitslosigkeit steigt es wieder an. Allerdings bleibt es weiterhin deutlich unter dem vorherigen Niveau – also dem Zustand des Wohlbefindens vor der Arbeitslosigkeit. Der betroffene Mensch erholt sich von diesem niedrigeren Wohlbefindens-Level in den darauffolgenden Jahren also nicht wieder vollständig.

Das Absinken des Wohlbefindens – etwa bei einer Arbeitslosigkeit – ist ein Alarmsignal dafür, dass ein Mensch sich in einer Situation befindet, die persönlich oder gesellschaftlich unerwünscht ist. Auf Produktivität fixierte Menschen könnten daraus schlussfolgern, dass dieser Einbruch des Wohlbefindens auch dazu dienen kann, Menschen eine angemessene Portion Motivation für die Veränderung ihrer Lebenssituation mitzugeben. Tatsächlich argumentierte so mal ein Wirtschaftswissenschaftler, mit dem ich mich zum Thema austauschte: Auf mein Plädoyer, die psychischen Folgen von Arbeitslosigkeit nicht zu unterschätzen, entgegnete er, diese Folgen seien durchaus wünschenswert, schließlich könne es nicht das Ziel sein, Menschen vor einer negativen Reaktion auf die Arbeitslosigkeit zu schützen, sonst machten sie es sich in der Arbeitslosigkeit gemütlich und hätten wenig Ehrgeiz, einen neuen Job zu suchen. (Dieses Gespräch mag dem Stereotyp entsprechen, dass Psychologinnen eher um das Wohl der Menschen und Wirtschaftswissenschaftlerinnen eher um die Produktivität der Gesellschaft besorgt seien, aber aus den vielen Gesprächen mit Menschen unterschiedlicher Fächer zu diesem Thema kann ich nicht bestätigen, dass es sich hierbei um Fächerunterschiede handelt, sondern vermutlich eher um individuelle Unterschiede in Einschätzungen und Werten.)

Ebenso wie die Reaktion auf Arbeitslosigkeit ist auch die Erholung davon notwendig, unabhängig davon, ob eine neue Arbeitsstelle gefunden wird oder nicht. Zum einen schützt dies vor möglichen schwerwiegenden psychischen und körperlichen Folgen eines sehr geringen Wohlbefindens über längere Zeit. Zum anderen erlaubt es dem Wohlbefinden, ausreichend Aufmerksamkeit auf die aktuelle Lebenssituation zu lenken. Wie oben angedeutet, haben Veränderungen im Wohlbefinden auch immer eine Alarmfunktion und geben damit Feedback zu Dingen im Leben, die besonders gut oder schlecht verlaufen. Würden wir dauerhaft auf einem sehr niedrigen Wohlbefindenslevel stehen bleiben, dann würden wir neueren Ereignissen in unserem Leben kaum noch Bedeutung beimessen, da wir emotional darauf nicht mehr reagieren könnten.

Der Befund, dass sich das Wohlbefinden auch viele Jahre nach dem Übergang in die Arbeitslosigkeit nicht erholt, bestärkt die Kritikerinnen der *Set-Point-Theorie*: Es sind durchaus langfristige Veränderungen im Wohlbefinden möglich und verbreitet.

Diesen Befund bestätigte auch Maike Luhmann, Wohlbefindensforscherin an der Ruhr-Universität Bochum, zusammen mit Kollegen in einer Meta-Analyse. Sie fassten Studien aus der Psychologie, Soziologie, Wirtschaftswissenschaft und Medizin zusammen, um Veränderungsprozesse im kognitiven und affektiven Wohlbefinden zu beobachten. Dabei zeigte sich, dass nicht nur die Lebenszufriedenheit, sondern auch die emotionale Komponente des Wohlbefindens durch Arbeitslosigkeit stark beeinträchtigt wird. Während sich die Lebenszufriedenheit jedoch nach dem Ereignis wieder etwas erholt, bleibt das affektive Wohlbefinden dauerhaft auf einem niedrigen Niveau. Die typischen Gewöhnungseffekte waren in diesem Fall also nicht nur unvollständig, sondern blieben gleich ganz aus.

Noch deutlicher wird der Einfluss des Arbeitsplatzverlustes auf das Wohlbefinden, wenn nicht nur einmalige, sondern wiederholte Arbeitslosigkeit betrachtet wird. Das untersuchten Maike Luhmann und Michael Eid. Erlebten Menschen mehr als zwei Phasen der Arbeitslosigkeit, dann erholten sie sich von dieser Erfahrung im Allgemeinen nicht mehr. Und mit steigender Anzahl der Arbeitsplatzverluste verstärkte sich der negative Effekt dieses

Ereignisses auf das Wohlbefinden. Ein Mensch wird durch ein solches Erlebnis sensibilisiert, gewöhnt sich also nicht an diese Erfahrung, sondern wird im Gegenteil umso stärker davon belastet, je häufiger er davon betroffen ist.

Einer der Gründe: Nicht nur psychische Ressourcen, sondern auch finanzielle und soziale Ressourcen werden durch die wiederholte Arbeitslosigkeit gemindert. Dies wirkt sich dann wiederum negativ auf das Wohlbefinden einer Person aus. Studien deuten darauf hin, dass sich in Phasen der Arbeitslosigkeit eheliche und familiäre Probleme verstärken, die sich auch bei einer Wiedereinstellung nicht unbedingt auflösen, sondern langfristig bestehen bleiben können. Kommt es erneut zu Arbeitslosigkeit, ist die Grundlage zur Bewältigung dieses Ereignisses damit nicht selten bereits brüchig.

Nicht jeder Mensch reagiert natürlich auf gleiche Weise auf einschneidende Lebensereignisse. Im Fall der Arbeitslosigkeit zeigte sich in den Analysen von Maike Luhmann und Kollegen, dass Männer, Menschen im höheren Alter und diejenigen, die länger arbeitslos bleiben werden, auf das Ereignis deutlich stärker reagierten als Frauen, Menschen im jüngeren Alter und diejenigen, die nur kurzzeitig arbeitslos bleiben werden. Außerdem hatten diejenigen, die wenig unter der Arbeitslosigkeit litten, eine geringere Wahrscheinlichkeit, in den folgenden Jahren erneut arbeitslos zu werden. Insofern scheint ein den Umständen entsprechend vergleichsweise hohes Wohlbefinden von Vorteil zu sein. Nicht nur für den Menschen selbst, sondern auch für seine spätere Produktivität. Gleichermaßen heißt das, dass Menschen, die besonders stark unter der Arbeitslosigkeit leiden, eine größere Wahrscheinlichkeit haben, sowohl länger arbeitslos zu bleiben, als auch erneut arbeitslos zu werden.

Auch Persönlichkeitseigenschaften beeinflussen, wie wir einschneidende Ereignisse bewältigen. Im Fall der Arbeitslosigkeit gibt es beispielsweise Unterschiede zwischen mehr oder weniger gewissenhaften Personen. Die Gewissenhaftigkeit kennen Sie bereits aus den *Big Five*. Sie ist eine sozial erwünschte Persönlichkeitseigenschaft, die im Falle einer hohen Ausprägung in vielen Lebensbereichen angepasste Verhaltensweisen erleichtert.

Zum Beispiel setzen sich gewissenhafte Menschen ehrgeizigere Ziele, zeigen oftmals bessere Leistungen, sind vielfach erfolgreicher im Beruf, daher auch oftmals wohlhabender, und empfinden ein höheres Wohlbefinden.

Sind diese Menschen jedoch von Arbeitslosigkeit betroffen, wirkt sich das besonders stark auf ihr Wohlbefinden aus, fand der britische Psychologe Christopher Boyce zusammen mit Kollegen heraus. Zwar sank ihr Wohlbefinden ebenso wie jenes der weniger gewissenhaften Personen, aber je länger die Arbeitslosigkeit anhielt, desto schwerwiegender waren die Folgen für ihr Wohlbefinden. Nach drei Jahren Arbeitslosigkeit erholten sich wenig gewissenhafte Personen bereits wieder deutlich, während gewissenhaftere Menschen weiterhin an Lebenszufriedenheit verloren.

Das mag daran liegen, dass der Beruf – und Erfolg im Beruf – für gewissenhafte Menschen einen höheren Stellenwert einnimmt als für weniger gewissenhafte Menschen. Und da sie sich im Allgemeinen voll und ganz in einen Job oder die Jobsuche hineinhängen, können sie die Arbeitslosigkeit auch weniger gut auf mangelndes eigenes Engagement zurückführen, sondern beziehen sie eher auf ihre eigene Person und ihre Fähigkeiten beziehungsweise einen angenommenen Mangel an Fähigkeiten.

Auch die Extraversion beeinflusst, wie gut es einem Menschen gelingt, den Verlust des Jobs zu bewältigen. In einer Studie, die ich zusammen mit Elisabeth Hahn und weiteren Kolleginnen durchführte, zeigte sich, dass extravertierte Menschen deutlich geringere Einbrüche im Wohlbefinden erleben als introvertierte Menschen. Möglicherweise haben extravertierte Menschen ein funktionaleres soziales Netz, das sie in dieser Lebensphase auffängt, und das bei introvertierten Menschen, die sich im Alltag eher zurückziehen, weniger stark ausgeprägt ist. Jedoch ist der schützende Einfluss der Extraversion nur bei vorübergehender Arbeitslosigkeit wirksam. Hält diese über drei oder mehr Jahre hinweg an, dann wirkt sich dies für Extravertierte ebenso stark auf das Wohlbefinden aus wie für Introvertierte.

Arbeitslosigkeit ist nicht nur ein Problem für die direkt betroffene Person, sondern wirkt sich auch auf ihre Partnerin aus, fand Maike Luhmann zusammen mit Kolleginnen heraus. Sie untersuchten, wie sich das Wohlbefinden von Paaren über die Zeit ändert, in der eine Person arbeitslos wurde, und deckten dabei auf, dass auch die Partnerin unter der Arbeitslosigkeit litt. Das erscheint nachvollziehbar, schließlich erleben Paare häufig ein ähnliches Wohlbefinden. Der Grund: Menschen suchen sich eher Partnerinnen, die ihnen ähnlich sind (was nicht für alle Eigenschaften, aber für einige Eigenschaften gilt). Und Paare befinden sich im Allgemeinen in einer ähnlichen Lebenssituation, weil sie sich ihren Alltag und ihre Umgebung teilen. Ein weiterer nachvollziehbarer Grund ist, dass Paare natürlich auch miteinander fühlen und sich von den positiven wie negativen Gefühlen der Partnerin anstecken lassen.

Auch die Partnerin einer arbeitslos werdenden Person erlebt also Einbußen im Wohlbefinden, wenn auch weniger stark als die betroffene Person selbst. Je schlimmer das Ereignis sich jedoch auf die arbeitslos werdende Person auswirkt, desto mehr leidet auch die Partnerin mit. Eine Ursache dafür konnten Luhmann und Kolleginnen ausschließen: Der Jobverlust führt nicht dazu, dass die Partnerin mehr berufliche Sorgen entwickelt und sich gleichermaßen von Arbeitslosigkeit bedroht sieht. Vielmehr scheint sie mit ihrer Partnerin unmittelbar mitzufühlen. Besonders stark wirkte sich die Arbeitslosigkeit auf Partnerinnen aus, wenn diese ebenfalls arbeitslos sind oder wenn Kinder im Haushalt leben. Gerade dann wird die Einkommenssituation möglicherweise besonders empfindlich getroffen, auch wenn die finanziellen Folgen von Arbeitslosigkeit einen eher geringen Einfluss auf das Wohlbefinden haben.

Arbeitslosigkeit ist also mit schwerwiegenden psychischen Folgen verbunden. Zu den erfreulicheren beruflichen Lebensereignissen gehört die Wiedereinstellung, also die Rückkehr in einen Job, und diese wirkt sich glücklicherweise ebenfalls auf das Wohlbefinden aus. Zum Teil können dadurch einige der zuvor eingetretenen Folgen der Arbeitslosigkeit wieder abgefedert werden, allerdings nicht vollständig. Diese unvollständige Erholung von der Arbeitslosigkeit senkt somit langfristig das Wohlbefinden, auch in Phasen, in denen eine Person wieder einen Job hat. Das führt dazu, dass Menschen, die derzeit einen Job haben, aber zuvor mindestens drei Phasen der Arbeitslosigkeit erlebt haben, ebenso unzufrieden mit ihrem Leben sind wie diejenigen, die gerade zum ersten Mal arbeitslos wurden und somit momentan direkt von Arbeitslosigkeit betroffen sind.

Die Partnerinnen der Betroffenen profitieren ebenfalls davon, wenn ein arbeitsloser Mensch wieder zurück ins Berufsleben findet. Doch auch hier hinterlässt die Arbeitslosigkeit Narben, denn auch das Wohlbefinden der Partnerin erholt sich nicht bis auf das Niveau, das sie noch vor der Arbeitslosigkeit empfand. Man sieht daran: Eine Arbeitslosigkeit hinterlässt langfristige Spuren in der Psyche eines Betroffenen und seines engsten sozialen Umfelds. Und wie ich bereits zu Beginn angedeutet habe, zeigt sich an diesem Beispiel deutlich, dass es einfacher zu sein scheint, unglücklicher zu werden, als (anschließend) glücklicher zu werden.

Der Eintritt in die Rente

Im Gegensatz dazu ist der Renteneintritt ein ausgesprochen neutrales Ereignis, für das die *Set-Point-Theorie* passende Annahmen macht. Das affektive Wohlbefinden zeigt sich im Durchschnitt wenig beeindruckt vom neuen Rentner-Dasein, und das kognitive Wohlbefinden – also die Lebenszufriedenheit einer Person – wird nur kurzzeitig, das heißt über etwa zwei Jahre hinweg, etwas gemindert. Es ist gut nachvollziehbar, dass sich der Renteneintritt sehr unterschiedlich auf das Wohlbefinden von Menschen auswirkt, da er nicht per se positiv oder negativ ist. Für einige Menschen ist der Renteneintritt eine Erleichterung, da sie nun von beruflichen Belastungen befreit sind und mehr Zeit haben, um sich ihren Freundinnen und Familien sowie Freizeitbeschäftigungen zu widmen. Andere wiederum vermissen möglicherweise ihre sozialen Kontakte, die ihnen ihr Job täglich zuverlässig bot, ebenso wie wohlstrukturierte Tagesabläufe, die nun neu gestaltet und selbständig mit neuen Beschäftigungen gefüllt werden müssen (beziehungsweise können). Auch das zur Verfügung stehende Geld ist bei vielen Rentnerinnen deutlich geringer als noch während des Berufs. In Deutschland wird dies zum Teil durch die sozialen Sicherungssysteme aufgefangen, in anderen Ländern sind ältere Menschen, die nicht mehr arbeiten können, dagegen regelmäßig von Armut bedroht und auf familiäre Unterstützung angewiesen, was sich freilich negativ auf das Wohlbefinden auswirken kann.

Wie teuer ist Glück?

Eng verknüpft mit beruflichen Lebensereignissen ist das Einkommen. Und die Frage, ob wohlhabende Menschen glücklicher sind als arme. Die *Set-Point-Theorie* würde, wie Sie wissen, keine Unterschiede annehmen, schließlich geht sie davon aus, dass sich Menschen ebenso an Reichtum wie an Armut gewöhnen. Gleichzeitig ruft uns unsere Intuition lautstark zu, dass Geld natürlich einen Unterschied macht – und damit hat sie recht. Aber wie viel kostet es, glücklich zu sein?

Zunächst einmal sind Menschen in wohlhabenden Ländern im Durchschnitt zufriedener als Menschen in ärmeren Ländern. In Anbetracht der Tatsache, dass es in einigen Ländern an einer grundlegenden Versorgung von Nahrungsmitteln und Medikamenten, ausreichend Schutz vor Gewalt und Naturkatastrophen mangelt, während diese in anderen Ländern dem überwiegenden Teil der Bevölkerung zur Verfügung stehen, dürfte dieser Zusammenhang nicht erstaunen. Schauen wir uns dagegen Unterschiede zwischen Menschen innerhalb eines Landes an, dann sind die wohlhabenderen Menschen im Mittel nur geringfügig zufriedener als die weniger wohlhabenden.

Die Zufriedenheit ist aber auch nur ein Aspekt des Wohlbefindens, das auch emotionale Bestandteile enthält. Um zu untersuchen, wie stark diese durch das Einkommen von Menschen beeinflusst sind, nutzte Ed Diener zusammen mit Kolleginnen Informationen von Menschen aus über 130 Ländern, die über alle Kontinente verteilt waren. Auch dort zeigte sich: Je höher das Einkommen der Befragten, desto zufriedener waren diese mit ihrem Leben. Glücklicher im emotionalen Sinne waren sie aber nur relativ wenig, und an ihren negativen Emotionen änderte ein hohes Einkommen kaum etwas. Die ausgeprägtere Zufriedenheit bei wohlhabenden Menschen kam vor allem daher, dass ein höheres Einkommen einen besseren Lebensstandard ermöglichte, der sich positiv auf die Zufriedenheit auswirkte.

Geld scheint also keine Quelle für überschäumende Euphorie oder die Verhinderung von Schwermut zu sein. Aber warum wirkt sich das Einkommen nur auf die rationale Bewertung unseres Lebens, aber nicht auf unsere Gefühlslage aus? Das fragte sich auch der Psychologe und Wirtschafts-Nobelpreisträger Daniel Kahneman und fand zusammen mit Kollegen eine einleuchtende Antwort: Menschen mit einem hohen Einkommen setzen ihre Zeit auf eine Art und Weise ein, die ihrem affektiven Wohlbefinden schadet.

Menschen mit höherem Einkommen arbeiten im Durchschnitt deutlich mehr als Menschen mit geringerem Einkommen, sie verbringen mehr Zeit mit Pendeln (was nachgewiesenermaßen zu den nervtötendsten Beschäftigungen gehört) und weniger Zeit in geselliger, freundschaftlicher Runde. Arbeiten sie gerade einmal nicht, dann gehen sie häufig alltäglichen Pflichten nach, erledigen Einkäufe, versorgen ihre Kinder oder betreiben aktive Freizeitbeschäftigungen wie Sport. Was ihnen fehlt, sind Phasen der passiven Entspannung, des unproduktiven Nichtstuns. Sie verbringen ihre Zeit mit Dingen, die das affektive Wohlbefinden nicht fördern und sogar Stress und Anspannung verstärken.

Ebenso stellte Kahneman fest, dass Menschen den Einfluss einzelner Faktoren auf das Wohlbefinden – wie das Einkommen – überschätzen. Das führt dazu, dass es uns so vorkommen mag, als würden wir bedeutend glücklicher werden, wenn wir mehr Geld hätten, oder deutlich unglücklicher, wenn wir weniger Geld hätten. Tatsächlich wird dabei aber das Risiko für schlechte Stimmung oftmals überschätzt, denn erfreulicherweise (und vielleicht auch überraschenderweise) sind die meisten Menschen einen Großteil der Zeit eher glücklich als unglücklich, egal ob sie etwas mehr oder etwas weniger Geld verdienen.

Damit sollen bestehende Unterschiede zwischen mehr oder weniger wohlhabenden Menschen nicht negiert werden. Kahneman und Kollegen zeigten, dass Menschen, die über 90 000 Dollar im Jahr verdienten, sich fast doppelt so häufig «sehr glücklich» fühlen wie Menschen, denen weniger als 20 000 Dollar pro Jahr zur Verfügung stand. Gleichzeitig erleben aber Menschen mit einem hohen Haushaltseinkommen aus den oben genannten Gründen mehr Ärger und Anspannung als Menschen mit geringerem Einkommen, was man passenderweise als die Kehrseite der Medaille ansehen kann.

Wenn wir uns fragen, wie teuer Glück ist, dann natürlich mit dem Hintergedanken, wie viel Geld uns wohl noch fehlt, um glücklich zu sein. Wenn nun wohlhabendere Menschen ein etwas höheres Wohlbefinden empfinden als weniger wohlhabende, dann könnte das natürlich daran liegen, dass sie mehr Geld haben. Es könnte aber auch umgekehrt sein: nämlich, dass glückliche Menschen mehr Geld verdienen, weil sie beispielsweise besonders gut vernetzt sind oder sich nach Rückschlägen schnell wieder aufraffen und weitermachen können. Dann würde mehr Geld rein gar nichts an unserem Wohlbefinden ändern. Oder aber sowohl das Geld und das Wohlbefinden könnten durch weitere Faktoren beeinflusst werden. Nehmen wir an, attraktive Menschen würden mehr Geld verdienen und wären außerdem glücklicher. Auch in diesem Fall würde sich mit einem höheren Einkommen nicht das Wohlbefinden ändern, schließlich ist dieses (zumindest in diesem angenommenen Beispiel) lediglich von der Attraktivität beeinflusst.

In einer längsschnittlichen Studie konnte Ed Diener zusammen mit Kollegen des Weiteren zeigen, dass Menschen, die über die Zeit mehr verdienten, zeitgleich auch ein steigendes Wohlbefinden erlebten. Die Wirkung geht hier also in beide Richtungen: Ein hohes Einkommen macht einen darauffolgenden Anstieg im Wohlbefinden wahrscheinlicher. Und ein hohes Wohlbefinden macht einen Einkommensanstieg wahrscheinlicher. Das erhöhte Wohlbefinden übrigens blieb – allen *Set-Point-Theorie*-Annahmen zum Trotz – sogar dauerhaft bestehen.

Dieses Ergebnis dürfte Richard Easterlin, der Wissenschaftler hinter dem nicht nur in Fachkreisen berühmten *Easterlin-Paradox*, verwundern. Seinen

Analysen zufolge ändert sich das durchschnittliche Wohlbefinden in einem Land nicht, wenn sich das Einkommen innerhalb dieses Landes erhöht. Als Ursache dafür nimmt er an, dass sich mit steigendem Einkommen innerhalb eines Landes auch die sozialen Vergleichsprozesse verändern: Selbst dann, wenn ärmere Menschen mit der Zeit mehr Geld zur Verfügung hätten, würde ihr Wohlbefinden nicht profitieren, wenn zeitgleich auch anderen Menschen mehr Geld zur Verfügung stände und somit ihre Erwartung gesteigert wäre.

In der Studie von Ed Diener stellte sich das Gegenteil heraus: Menschen sind umso glücklicher, je reicher das Land ist, in dem sie leben. Eine wohlhabende Person ist in einem reichen Land also glücklicher als in einem ärmeren Land, obwohl man aus Easterlins Sicht aufgrund sozialer Vergleichsprozesse das Gegenteil annehmen würde. Und ebenso wirkt es sich für ärmere Menschen vorteilhafter aus, in einem reichen Land zu leben anstatt in einem ärmeren. Als Erklärung führen Diener und Kollegen an, dass auch wenig wohlhabende Menschen (so hofft man!) von einer besseren Infrastruktur profitieren, beispielsweise in Bezug auf die Gesundheitsversorgung, das Bildungswesen und soziale Auffangnetze.

Man könnte aus diesen Studien schlussfolgern, mehr Geld würde zu mehr Wohlbefinden führen, sodass unendlich viel Geld ein unendlich wohliges Befinden auslösen sollte. Für die Lebenszufriedenheit mag das stimmen, für das affektive Wohlbefinden aber nicht, wie wir gesehen haben.

Daniel Kahneman und Angus Deaton fanden heraus, dass um die 75 000 Dollar Jahreseinkommen keine emotionalen Vorteile mehr zu beobachten sind. Unendlich viel Geld ist das längst nicht, und so kommen die Wissenschaftler dann auch zu dem Schluss, dass viel Geld nicht unbedingt ein besonders hohes Wohlbefinden bedingt, sondern stattdessen nur wenig Geld zu einem niedrigen Wohlbefinden führt. Wir sehen also auch hier wieder, dass es einfacher ist, unglücklicher als glücklicher zu werden: Unser Wohlbefinden ist durch niedriges Einkommen gefährdet, baut sich durch hohes Einkommen aber nicht besonders stark auf.

Auch wenn Menschen in reichen Ländern am glücklichsten sind, egal ob sie mehr oder weniger verdienen, lebt es sich dennoch besonders gut, wenn es in einem Land wenig Einkommensunterschiede gibt. Steigen sie indes, dann werden Mitmenschen als weniger fair und vertrauenswürdig wahrgenommen, was sich negativ auf das Wohlbefinden auswirkt, ergaben Untersuchungen von Shigehiro Oishi und Kolleginnen. Eine Gesellschaft, die das Wohlbefinden ihrer Bürgerinnen erhöhen möchte, profitiert also davon, wenn sie das Einkommensgefälle zwischen Menschen nicht auseinanderdriften lässt. Dafür braucht es nicht einmal insgesamt viel Geld, sondern einfach eine gleichmäßigere Verteilung auf die Menschen.

Und manchmal – ja, das gibt es auch – ist weniger Geld sogar von Vorteil: Christopher Boyce fand zusammen mit Kollegen heraus, dass Menschen viel stärker auf Einkommenseinbußen reagieren als auf Einkommensgewinne, nämlich etwa doppelt so stark. Unser Einkommen muss also doppelt so viel steigen wie sinken, um ähnlich starke Veränderungen im Wohlbefinden auszulösen. Oder andersherum: Wir müssen nur halb so viel Geld weniger verdienen, um einen vorherigen Wohlbefindensanstieg wieder zunichte zu machen. Veränderungen im Einkommen sind also eine riskante Angelegenheit, weil langfristig mehr zu verlieren als zu gewinnen ist. Ein stabiles Einkommen auf einem etwas niedrigeren Niveau würde sich dementsprechend für unser Wohlbefinden auszahlen.

Hochzeit und Scheidung

Genug des Geldes! Wenn wir darüber nachdenken, was uns wirklich glücklich macht, dann denken wir vermutlich zuerst an unsere Liebsten: Wie trostlos wäre das Leben ohne sie! Andererseits: Wir teilen nicht nur die glücklichsten, sondern oft auch die emotional belastendsten Momente in Partnerschaften und Familien, insofern sind Freundin und Familie nicht unbedingt ein Garant für ein hohes Wohlbefinden.

Zu den wenigen Lebensereignissen, die uns glücklich machen, gehört die Heirat. Bereits kurz vor der Heirat startet die Lebenszufriedenheit einen Aufwärtstrend und erreicht im Jahr des Hochzeitsfestes ihren Höhepunkt.

Allerdings benötigt man quasi eine Lupe, um diesen minimalen Glücksboost zu entdecken. Genauer: Die (positive) Veränderung, die mit einer Hochzeit einhergeht, entspricht etwa einem Fünftel der (negativen) Veränderung, die eine Phase der Arbeitslosigkeit mit sich bringt. Und damit nicht genug: Schon im ersten Jahr nach der Hochzeit sinkt das Wohlbefinden bereits wieder, ebenso wie in den folgenden Ehejahren, sodass nach etwa fünf Jahren sogar das ursprüngliche Wohlbefindenslevel von vor der Hochzeit unterschritten wird.

Nichtdestotrotz sind verheiratete Menschen glücklicher als unverheiratete. Das liegt daran, dass es vor allem die Glücklichen unter uns sind, die heiraten. Möglicherweise gehen zufriedene Menschen aufgeschlossener und freundlicher auf andere zu, finden somit leichter eine Partnerin und können die Auserwählte auch für sich begeistern. Insofern verringert sich das Wohlbefinden durch eine Hochzeit langfristig zwar eher, als dass es uns dauerhaft glücklich macht, aber Menschen, die sich auf das langfristige Zweierbündnis einlassen, können diese Verringerung durch ihre generelle Frohnatur meist abpuffern.

Unter den Heiratenden profitieren einige mehr und andere weniger von der Eheschließung, stellte Richard Lucas zusammen mit Kollegen fest. Menschen, die vor der Hochzeit zu den eher Unzufriedenen gehörten und dennoch eine Partnerin fürs Leben fanden, erlebten durch die Hochzeit einen bedeutend größeren Wohlbefindensschub als Menschen, die ohnehin schon zu den Glücklichsten gezählt hatten und bei denen die Hochzeit vergleichsweise wenig änderte.

Einen Abwärtstrend im Wohlbefinden erleben aber sowohl die ursprünglich Glücklichen wie die ursprünglich Unglücklichen. Fraglich ist daher, ob es sich bei einer Hochzeit tatsächlich um ein positives Lebensereignis handelt. Schließlich macht es zumindest langfristig eher unglücklicher statt glücklicher. Das ist besonders deshalb erstaunlich, weil in den Analysen von Lucas und Kollegen nur das Wohlbefinden derjenigen betrachtet wurde, deren Ehe dauerhaft Bestand hatte. Bedenken wir mit, dass etwa ein Drittel der Ehen geschieden wird, dann dürfte das Wohlbefinden nach der Hochzeit im Durchschnitt einen noch deprimierenderen Verlauf nehmen.

Die bisherigen Studien konzentrierten sich vor allem auf den Zusammenhang zwischen einer Heirat und der Lebenszufriedenheit. Ähnliche Ergebnisse gibt es für den Verlauf der Beziehungszufriedenheit, die ebenfalls nach der Hochzeit deutlich abnimmt. Einzig unser affektives Wohlbefinden reagiert nicht negativ – also mit zunehmend mehr Ärger oder weniger Fröhlichkeit – auf eine Hochzeit, allerdings fehlt hierbei auch ein anfänglicher «Hochzeitsboost». Unser Gefühlsleben gibt sich also gänzlich unbeeindruckt von unserem Beziehungsstatus.

Wie wir sehen, geht eine Hochzeit nur mit einem vorübergehenden kleinen Wohlbefindensschub einher. Aber was ist mit wiederholten Hochzeiten? Man könnte meinen, diese brächten wieder frischen Wind ins Liebesleben, und die serielle Monogamie würde uns zumindest rund um die Hochzeiten immer wieder kleine Glücksmomente verschaffen. Gleichzeitig mahnt unsere Intuition, dass der Weg zum Glück doch wohl kaum in wiederholtem Heiraten und im Sich-scheiden-Lassen bestehen kann. Oder doch?

Maike Luhmann und Michael Eid gingen dieser Frage nach. In ihren Studien zeigte sich: Der Heiratseffekt nutzt sich nicht ab. Diejenigen, die mehr als ein Mal heirateten, waren bei ihrer zweiten Hochzeit genauso zufrieden wie auch schon bei ihrer ersten Hochzeit. Aber: Die besonders Glücklichen heiraten meist nur ein Mal. Das höchste Wohlbefinden empfinden im Durchschnitt also diejenigen, die zwar heiraten, aber nur ein Mal. Diejenigen, die mehrfach heiraten, berichten zwar im Allgemeinen ein geringeres Wohlbefinden, reagieren auf die erste Hochzeit jedoch genauso positiv wie auf die zweite und (gegebenenfalls) weitere Hochzeiten.

Wiederholtes Heiraten setzt – zumindest in Deutschland – jeweils eine Scheidung vor der nächsten Hochzeit voraus. Und wie Sie das bereits von den anderen Einflussfaktoren des Wohlbefindens kennen, ist auch hier der negative Trend im Wohlbefinden für die Trennung größer, als es der positive Trend war, den man durch die Hochzeit erlebte. Die Lebenszufriedenheit erreicht in diesem Fall bereits ein Jahr vor der Scheidung ihren Tiefpunkt, da in vielen Fällen das Paar zu diesem Zeitpunkt bereits getrennt ist. Aber auch schon in den fünf Jahren vor der Scheidung senkt sich das Wohlbefinden leicht, vermutlich in Vorausahnung der zukünftigen Scheidung, die ja selten spontan eintritt.

Eine Scheidung gehört zu den stressreichsten Lebensereignissen des Erwachsenenalters. Das wussten auch schon die Psychiater Thomas Holmes und Richard Rahe: Ihren Untersuchungen zufolge ist die Trennung von der Lebenspartnerin noch einschneidender als ein Gefängnisaufenthalt. (Interessanterweise gehört übrigens auch die Eheschließung zu den Top Ten der stressreichsten Lebensereignisse.) Dass uns eine Scheidung so schwer trifft – beziehungsweise so viel Stress mit sich bringt –, liegt nicht nur daran, dass die Trennung von einer Person, mit der man meist viele Lebensjahre verbracht hat, sehr schmerzvoll ist. Darüber hinaus hat sie für viele von uns auch einen Verlust unseres sozialen Netzwerks sowie finanzielle Schwierigkeiten zur Folge. Oftmals werden ja nicht nur Bankkonten, sondern auch der Freundeskreis aufgeteilt, was zusätzlich an unserem Wohlbefinden nagt.

Mehrfache Hochzeiten mögen das Wohlbefinden nicht übermäßig in Jubellaune versetzen, aber mehrfache Scheidungen wirken sich tatsächlich unterschiedlich aus. Hierbei scheint es einen gewissen Anpassungsprozess zu geben, der dazu führt, dass die erste Scheidung deutlich stärker auf das Wohlbefinden einwirkt, als es weitere Scheidungen tun. Und Sie haben es vermutlich bereits geahnt: So wie es vor allem die Glücklichen sind, die heiraten, so sind es vor allem die Unglücklichen, die sich später scheiden lassen, und die besonders Unglücklichen, die sich später wiederholt scheiden lassen werden. Es gibt also bereits vor der ersten Hochzeit überzufällige Zusammenhänge zu der Wahrscheinlichkeit zu heiraten, sich anschließend scheiden zu lassen und dies wiederholt zu erleben.

Noch schwerwiegender als eine Scheidung wirkt sich eine Verwitwung auf das Wohlbefinden aus. Auch hier sinkt das Wohlbefinden bereits deutlich vor dem schmerzlichen Verlust, da sich der Tod der Partnerin oftmals durch lange schwere Krankheit ankündigt. Die psychischen Folgen haben ein vergleichbares Ausmaß wie eine Phase der Arbeitslosigkeit. Zwar gelingt es vielen Menschen, sich von diesem schwerwiegenden Lebensereignis zu erholen, aber das kostet viel Zeit. Erst etwa sieben Jahre nach dem Tod der Partnerin erreichen die Verwitweten ein Wohlbefindenslevel, das fast ebenso hoch ausgeprägt ist wie zu einer Zeit, als die verstorbene Person noch gesund war (wobei auch dann der Anpassungsprozess noch nicht vollständig abgeschlossen ist).

Das heißt, dass der Verlust der Partnerin über mehr als zehn Jahre hinweg das Wohlbefinden deutlich beeinträchtigt. Verfechterinnen der *Set-Point-Theorie* mögen argumentieren, dass sich an diesem besonders einschneidenden Ereignis gut zeigt, wie sich Menschen selbst an extreme Erlebnisse anpassen können, indem sie wieder zu ihrem ursprünglichen Wohlbefinden zurückkehren. Ein Gegenargument könnte lauten, dass dieser Anpassungsprozess so lange dauert, dass wohl kaum von einem lediglich vorübergehenden Lebenseinschnitt gesprochen werden kann, sondern dieser einen wesentlichen Anteil der Lebenszeit beeinträchtigt.

Besonders stark wirkt sich der Verlust der Partnerin übrigens auf Menschen aus, die sonst zu den Zufriedensten gehören. Vielleicht ist das Potenzial für einen tiefen Fall bei glücklichen Menschen besonders hoch. Oder vielleicht haben insbesondere diese Menschen in einer sehr glücklichen Beziehung gelebt, die von Harmonie und gegenseitiger emotionaler Bereicherung geprägt war.

Auch ältere Menschen sind besonders stark von dem Verlust ihrer Partnerin betroffen. Zwar ist dieses schwerwiegende Lebensereignis unter Hochaltrigen verbreiteter und trifft Menschen daher nicht so unvorbereitet wie jüngere Menschen, was die Bewältigung erleichtern kann, aber andererseits ist gerade das höhere Alter, wie wir bereits erfahren haben, eine Lebensphase, in der ein Mensch auf soziale Unterstützung angewiesen ist und von Einsamkeit bedroht ist. Eine Partnerin kann dann eine besonders zentrale Bedeutung im Leben der Menschen haben, sodass sich deren Verlust umso stärker auf ihr Leben und damit auch ihr Wohlbefinden auswirkt.

Eine verbreitete, auf Freud zurückgehende Annahme ist, dass einschneidende Lebensereignisse wie der Tod einer nahestehenden Person emotional bewältigt werden, indem negative Gefühle zugelassen, also bewusst erlebt werden. Würden diese stattdessen verdrängt, wirke sich das negativ auf die langfristige Bewältigung des Ereignisses aus. Das Problem würde in diesem Fall nämlich, so die Annahme, lediglich ins Unterbewusstsein verschoben werden und könnte dort psychosomatische Symptome auslösen. Dies wiederum könne mit einer verlängerten Trauer mit möglichen langfristigen emotionalen Problemen oder mit der Entstehung zeitlich verzögerter psychischer oder körperlicher Symptome einhergehen.

> *Psychosomatische Symptome*: körperliche Krankheitssymptome, die auf psychische Belastungen zurückgeführt werden.

Tatsächlich stellte aber der US-amerikanische Psychologe George Bonanno zusammen mit Kollegen fest, dass Menschen, die nach dem Tod ihrer Partnerin zwar Anzeichen emotionaler Belastung zeigten, gleichzeitig aber negative Gefühle verdrängten, besser mit dem Verlust zurechtkamen als Menschen, die diese zuließen.

Auch wenn das vermutlich unserer Intuition widerspricht: Werden belastende Gedanken unterdrückt oder wird bewusst Ablenkung gesucht – das heißt auch, angst- oder erinnerungsauslösende Situationen zu meiden –, dann wirkt sich das den Untersuchungen zufolge eher positiv auf die Verwitweten aus. Und zwar nicht nur kurz nach dem Tod ihrer Partnerin, sondern auch noch Jahre später.

Familie

Zurück zu einem erfreulichen familiären Lebensereignis, das sicherlich ebenso zu den einschneidendsten Erfahrungen im Leben eines Menschen gehört: die Geburt eines Kindes. Wie zu erwarten, löst das glückliche Gefühle bei den Eltern aus, die zwar nicht plötzlich in einer viel größeren Zahl erlebt werden, aber zumindest langfristig die Stimmung leicht heben. Die Zufriedenheit mit dem Leben und der Partnerschaft, also kognitive Komponenten des subjektiven Wohlbefindens, entwickeln sich dagegen überraschend negativ, und zwar ebenfalls dauerhaft. Das gilt gleichermaßen für Mütter wie für Väter und in besonderem Maße für junge Eltern. Damit wird deutlich, dass die Geburt eines Kindes zum einen sinnstiftend ist und mit affektivem Wohlbefinden einhergeht. Gleichzeitig ist sie aber auch ein Stressfaktor für die Partnerschaft, der anschließend anscheinend oftmals weniger Aufmerksamkeit zukommt, als sie benötigt.

Bisher haben wir den Fokus darauf gelegt, wie sich das Wohlbefinden eines Menschen verändert, wenn dieser ein einschneidendes Ereignis erlebt, beispielsweise arbeitslos wird, heiratet oder ein Kind bekommt. Nicht außer Acht lassen darf man aber, dass auch das Nicht-Eintreten eines Ereignisses einen Menschen beeinflussen kann. Denken Sie beispielsweise an Ereignisse, die typischerweise zu einem bestimmten Zeitpunkt oder in einem bestimmten Alter gesellschaftlich erwartet werden. Oder an Ereignisse, die sich ein Mensch ausdrücklich wünscht, die aber dennoch ausbleiben.

Eines dieser sogenannten *Non-Events* ist der unerfüllte Kinderwunsch. Über den Einfluss dieses Nicht-Ereignisses gibt es bisher nur wenig wissenschaftlich fundierte Informationen. Das Gleiche gilt für das Zusammenspiel mehrerer Ereignisse. Aus der Forschung über Stress wissen wir, dass eine Vielzahl von einschneidenden Lebensereignissen – egal ob positiv oder negativ – das Stressniveau erhöht. Gleichzeitig gibt es Ereignisse, die sehr häufig kurz hintereinander auftreten, wie eine Hochzeit und die Geburt eines Kindes, und deshalb kaum unabhängig voneinander untersucht werden können.

Vielleicht fragen Sie sich mittlerweile, wie man denn überhaupt noch glücklich werden kann in einer Familie. Schließlich gehen nicht nur eine Scheidung oder eine Verwitwung, sondern auch die schönen Erlebnisse in einer Familie langfristig mit negativen Veränderungen im Wohlbefinden einher. Es ist schon erstaunlich, dass dennoch die meisten Menschen die meiste Zeit glücklich sind. Woher kommt das?

Zum einen sind wir selbst beziehungsweise unsere Persönlichkeit dafür verantwortlich. Zum anderen auch die Persönlichkeit unserer Liebsten. Das liegt daran, dass unsere Persönlichkeit unser Alltagsverhalten bestimmt und damit nicht nur wir unsere Partnerin beeinflussen, sondern diese natürlich auch uns. Besonders zufrieden mit ihrer Beziehung sind, laut der eingangs schon einmal angesprochenen Studie von Portia Dyrenforth und Kolleginnen, Menschen, die sich selbst als verträglich, extravertiert, gewissenhaft und emotional stabil beschreiben. Das eigene Wohlbefinden ist im Durchschnitt zusätzlich dann erhöht, wenn sich auch die Partnerin durch diese Merkmale auszeichnet.

Kaum einen Einfluss auf die Qualität einer Beziehung hat dagegen, wie ähnlich sich die Partnerinnen sind. Wenn Sie also zu den optimierungswütigen Singles gehören, dann suchen Sie sich bevorzugt verträgliche, gewissenhafte und emotional stabile Partnerinnen. Denn zumindest in Deutschland, Großbritannien und Australien sind romantische Beziehungen zu diesen Personen am vielversprechendsten.

Dass die Zufriedenheit innerhalb einer Beziehung auch immer das Resultat gemeinsamer Erlebnisse ist, wiesen Jessica Wortman und Richard Lucas nach. Mehrere hundert Paare wurden in den Jahren vor und nach ihrer Trennung zu ihrem Wohlbefinden befragt, und dabei zeigte sich: Läuft es im Leben der einen Partnerin gut, dann profitiert davon zeitgleich auch die andere Partnerin in ihrem Wohlbefinden. Fühlt sich jedoch eine Partnerin belastet, dann wirkt sich das – wie wir am Beispiel der Arbeitslosigkeit gesehen haben – auch auf das Wohlbefinden der anderen Partnerin aus.

Aufgebrochen wird diese gemeinsame Entwicklung erst im Zuge einer Trennung. Sobald sich der Alltag der ehemaligen Partnerinnen auseinanderentwickelt, wirkt sich das auch auf ihr jeweiliges Wohlbefinden aus, das sich fortan individuell weiterentwickelt. Damit möchte ich natürlich keinesfalls andeuten, dass man sich von einer Partnerin, die mit dem Wohlbefinden hadert, trennen sollte, um nicht mit ihr in einen Unglücks-Strudel gezogen zu werden. Sondern vielmehr darstellen, dass es nicht nur der Partnerin, sondern auch einem selbst direkt nützt, wenn es gelingt, das Wohlbefinden der Liebsten zu erhöhen oder zumindest Unterstützung aufzufahren, damit dieses nicht sinkt.

Auch hier kündigt sich eine nahende Trennung übrigens dadurch an, dass sich das Wohlbefinden der Partnerinnen unterschiedlich entwickelt. Vielleicht weil sie im Alltag schon weniger eint, als es im Leben glücklicher Paare typischerweise der Fall ist. Oder weil sie weniger mitfühlen, wenn es der Partnerin gerade besonders gut oder besonders schlecht geht.

Nachhaltige Veränderungen des Wohlbefindens

Wir haben mittlerweile gesehen, dass sich das Wohlbefinden, entgegen der Annahmen der *Set-Point-Theorie*, langfristig verändern kann und dies auch häufig tut. Insbesondere in Reaktion auf einschneidende Ereignisse wie eine Phase der Arbeitslosigkeit und den Tod der Partnerin mindert sich das Wohlbefinden beträchtlich und kehrt, wenn überhaupt, erst nach Jahren auf das ursprüngliche Wohlbefindensniveau zurück. Insofern muss die ursprüngliche Annahme, dass sich das Wohlbefinden immer wieder auf sein Ausgangsniveau zurückentwickelt, revidiert werden. Das gilt auch für die Querschnittsgelähmten, von denen Brickman und Kollegen berichteten, sie seien trotz ihrer eingeschränkten Lebenssituation überraschend glücklich.

Schwere Erkrankungen

Besonders ausführlich hat sich Richard Lucas mit der Frage beschäftigt, wie sich eine schwere, dauerhafte Erkrankung auf das Wohlbefinden von Menschen auswirkt. Keines der bisher behandelten Lebensereignisse hat solch desaströse Folgen für das Wohlbefinden wie eine Erkrankung, die zu einem Schwerbehindertenstatus und oftmals auch zu Arbeitsunfähigkeit führt. Lucas zeigte, dass sich eine anhaltende schwere Erkrankung dauerhaft auf das Wohlbefinden auswirkt, selbst viele Jahre nach dem Erkrankungsbeginn. Die Größe der Stichprobe und die untersuchte Zeitspanne waren in seiner

Studie um ein Vielfaches aussagekräftiger als in der klassischen Studie zu Unterschieden zwischen Lottogewinnerinnen und Unfallopfern. Insofern kann mitnichten davon ausgegangen werden, dass Querschnittsgelähmte sich innerhalb eines überschaubaren Zeitraumes an ihre neue Lebenssituation gewöhnen und anschließend ebenso glücklich sein werden wie zu Zeiten, in denen sie gesund waren.

Gleichzeitig ist es ebenso wichtig anzuerkennen, dass es einigen Menschen besser als anderen gelingt, sich an schwerwiegende Lebenseinschnitte anzupassen. Das gilt auch für den Fall einer dauerhaft stark eingeschränkten Gesundheit. Zum Beispiel zeigten Christopher Boyce und Alex Wood, dass sich das Wohlbefinden von verträglichen Menschen deutlich besser von einer schweren Erkrankung erholt als von wenig verträglichen Menschen. Während das Wohlbefinden von den unverträglichen Erkrankten kontinuierlich sank, stieg bei verträglichen Betroffenen das Wohlbefinden vier Jahre nach dem Krankheitsbeginn wieder an.

Die Ursachen für die bessere Anpassung von verträglichen Menschen können vielfältig sein: Studien legen nahe, dass sich verträgliche Menschen eher an ärztliche Ratschläge halten und daraus vielleicht nicht nur körperliche, sondern auch psychische Vorteile entstehen. Sie sind meist auch besser sozial integriert, sodass es ihnen vermutlich leichterfällt, soziale Unterstützung zu erhalten. Verträgliche Menschen nutzen außerdem adäquatere Bewältigungsstrategien, die sich auch bei einer schweren Erkrankung auszahlen könnten. Unverträgliche Menschen provozieren durch ihr Verhalten wenig Unterstützung, obwohl gerade sie – wie wir gesehen haben – besonders stark darauf angewiesen sind.

Nicht nur unsere Verträglichkeit unterstützt unser Wohlbefinden, auch unsere selbstgesetzten Ziele, beobachtete Bruce Headey. Sogenannte *non-zero sum goals*, bei denen der Gewinn des einen gleichzeitig mit dem Gewinn eines anderen einhergehen kann – Sie kennen das aus *Win-win*-Situationen –, wirken sich positiv auf das Wohlbefinden aus. Dazu zählen Ziele im Bereich der Partnerschaft oder gegenüber Kindern, in Freundschaften oder auch soziales oder politisches Engagement, das gemeinnützig ist. Dagegen wirken sich *zero sum goals*, bei denen der Gewinn des einen für den anderen einen Verlust bedeutet (*Win-lose*), negativ auf das Wohlbefinden aus. Dazu werden beispielsweise Ziele wie Erfolg im Beruf oder das Erreichen eines hohen materiellen Lebensstandards gezählt.

Die Wirkrichtung ist hier, wie so oft, unklar und vermutlich wechselseitig: Glückliche Menschen bevorzugen soziale Ziele, was unser Wohlbefinden steigern kann. Ebenso haben wir bereits zuvor gesehen, dass Karriereziele vor allem dann erreicht werden, wenn Menschen die rosarote Brille absetzen und keinen positiven Illusionen unterliegen, also ein mittleres statt hohes Wohlbefinden empfinden. Und wir haben auch bereits festgestellt, dass die Investition in Karriereziele das Risiko für emotionale Belastungen erhöht, unser Wohlbefinden dadurch also gefährdet ist.

Das heißt: Für unser Wohlbefinden zahlen sich kooperative Ziele im Gegensatz zu konkurrierenden Zielen aus. Headey argumentiert, dass bei Zielsetzungen, die auf Konkurrenz ausgelegt sind, immer neue Ziele hinzukommen, sobald ein Etappenziel erreicht ist (denn die Konkurrenz schläft ja nicht). Kooperative Ziele dagegen sind in sich selbst emotional belohnend und beinhalten oftmals gemeinsame Zeit mit nahestehenden Personen, die dem Wohlbefinden guttun.

Psychologisches Wohlbefinden

Auf den vorhergehenden Seiten haben wir einen rationalen Teil und einen affektiven, gefühligen Teil des Wohlbefindens betrachtet. Das sei aber eine ungerechtfertigte Reduktion dessen, was unser Wohlbefinden in Gänze ausmache, meint Carol Ryff von der University of Wisconsin-Madison. Sie findet, damit sei nur der hedonistische, also auf Vergnügen und Lust bezogene Teil des Wohlfühlens beschrieben, es fehle aber der eudämonistische Teil, der sich auf Aspekte der Sinnerfüllung oder der Ausschöpfung des wahren Potenzials bezieht.

Wie das in der klassischen Wohlbefindensforschung vergessen werden konnte? Nun, lange Zeit beschäftigte sich die Psychologie vor allem mit psychischem Leid und kaum mit den positiven Seiten der Psyche. Dabei sollten wir in der Tat nicht nur beantworten können, warum es manchen Menschen schlechtgeht und wie diese sich wieder erholen können. Sondern ebenso, was Menschen auszeichnet, denen es gutgeht und die im positiven Sinne funktionieren, also sozial angepasst sind und Herausforderungen des Lebens gut bewältigen können. Als die Positive Psychologie auf den Plan trat und mit Zufriedenheiten und positivem und negativem Gefühl hantierte, statt sich lediglich mit der Abwesenheit von psychischem Leid auseinanderzusetzen, wurde weit weniger Aufmerksamkeit auf die Frage gelegt, ob damit wirklich die vollständige «Wohlfühlwelt» berücksichtigt war. Oder ob nicht doch etwas fehlte.

Zu dem deutlich umfangreicheren Verständnis von psychologischem Wohlbefinden, das Ryff annimmt, gehören sechs Bestandteile, die bei einigen Menschen höher und bei anderen weniger hoch ausgeprägt und dabei mehr oder weniger unabhängig voneinander sind. Eine Person mit einem stark ausgeprägten Wohlbefinden müsste dementsprechend auf allen sechs Bestandteilen eine hohe Ausprägung haben, anstatt lediglich zufrieden, glücklich und wenig traurig zu sein.

Die sechs Bestandteile des psychologischen Wohlbefindens

Das *psychologische Wohlbefinden* setzt sich nach Carol Ryff aus folgenden Bestandteilen zusammen: Selbstakzeptanz, positive Beziehungen zu anderen, Autonomie, Bewältigung der Umwelt, Lebensinhalt und persönliches Wachstum.

Der erste Bestandteil ist die *Selbstakzeptanz*. Im Prinzip kennen Sie diese schon unter dem Begriff «Selbstwertgefühl» aus dem vorangegangenen Kapitel. Sie gilt als zentrales Element psychischer Gesundheit, als Aspekt der Selbstverwirklichung und persönlichen Reife. Damit geht einher, dass man sich selbst so akzeptiert, wie man ist: mit all seinen positiven und negativen

Eigenschaften, und man gleichzeitig wohlwollend auf das eigene Leben zurückblickt. Menschen mit einer geringen Selbstakzeptanz dagegen sind unzufrieden mit sich und enttäuscht von ihrem Leben und würden, wäre das möglich, ihre Persönlichkeit oder ihr ganzes Leben gegen ein anderes eintauschen.

Der zweite Bestandteil ist die *positive Beziehung zu anderen.* Nur – so die Annahme – wenn es uns gelingt, enge, vertraute Beziehungen zu anderen Menschen einzugehen, können wir tatsächlich ein hohes Wohlbefinden erreichen. An diesem zweiten Bestandteil wird bereits die Schwierigkeit bei dieser komplexeren Betrachtung des Wohlbefindens deutlich: Denn ist es nicht auch denkbar, dass jemand ein hohes Wohlbefinden erreicht, der zurückgezogen lebt oder sich zumindest vor allem auf sich selbst verlässt, anstatt sich anderen gegenüber zu öffnen? Ist es gerechtfertigt, eine Bewertung vorzunehmen, was gut für einen Menschen ist, unabhängig davon, wie glücklich sich ein Mensch selbst fühlt?

Ryff sieht die Problematik und wägt dennoch zugunsten der Aussage ab, dass Warmherzigkeit und Einfühlungsvermögen eine Voraussetzung dafür sind, enge Bindungen aufzubauen, die wiederum als Indiz für Reife und ein hohes psychologisches Wohlbefinden gelten. Zumindest unter den jungen Erwachsenen Berlins (und das gilt für andere Großstädte sicherlich ähnlich) zählt das Eingehen langfristiger Bindungen nicht unbedingt zu den Top-Kandidaten bei der Erhöhung des Wohlbefindens. Ein Zeichen von Unreife, würde Ryff vermutlich sagen. Oder Zeichen eines Lebensstils, der eben nicht der gleichen Norm entspricht, würde ich sagen.

Eng verbunden ist dieser zweite Bestandteil mit der Verträglichkeit, die Sie bereits aus den *Big Five* kennen. Auch sie erleichtert das Eingehen von zufriedenen Beziehungen, das Verständnis für die Perspektive anderer und damit auch die gegenseitige Rücksichtnahme. Und Menschen mit einem unsicheren Bindungsstil fällt es schwer, sich anderen Menschen gegenüber zu öffnen, diesen zu vertrauen oder Kompromisse mit ihnen einzugehen. Deshalb führen sie meist wenig stabile oder glückliche Beziehungen, erfüllen also dieses Kriterium des psychologischen Wohlbefindens weniger.

Der dritte Bestandteil in Ryffs Auffassung von psychologischem Wohlbefinden ist die *Autonomie*. Sie beschreibt das Ausmaß an Selbstbestimmung und Unabhängigkeit, die eine Person empfindet. Ist ein Mensch in diesem Sinne unabhängig, dann misst er sich lediglich an seinen eigenen Maßstäben und Zielen und nicht an der Wert- oder Geringschätzung anderer. Er emanzipiert sich damit von gesellschaftlichen Normen und ist wenig empfänglich für sozialen Druck. Eine Person mit einer stark ausgeprägten Autonomie, die vor einer schwerwiegenden Lebensentscheidung steht, würde also vor allem in sich hineinhorchen, anstatt andere um Rat zu bitten. Ob das wirklich immer zu den besten (oder glücklichsten) Entscheidungen führt?

Zumindest werden wir im Laufe des Lebens anscheinend immer besser darin, unsere Entscheidungen selbständig nach eigenen Überlegungen statt fremden Beeinflussungen zu treffen. Im jungen Erwachsenenalter ist dieser Aspekt des Wohlbefindens noch deutlich geringer ausgeprägt als im mittleren Erwachsenenalter. Ein Trend, der von Ryff als Indiz persönlicher Reife angesehen wird, aber sicher auch das Resultat umfangreicherer Lebenserfahrungen ist, die eigenständige Entscheidungen im späteren Leben vereinfachen.

Der vierte der von Ryff vorgeschlagenen Bestandteile des Wohlbefindens ist die *Bewältigung der Umwelt*. Sie beschreibt die Fähigkeit, Situationen aufzusuchen oder Lebensbedingungen so zu gestalten, dass sie zur eigenen Persönlichkeit passen. Ebenso zählt dazu, Potenziale der Umwelt zu erkennen und zu nutzen. Ein bisschen klingt das nach einer Manipulation der Umwelt, um damit persönliche Bedürfnisse zu stillen. Andererseits wird ein hohes Wohlbefinden ja nur demjenigen bescheinigt, der zeitgleich auch positive Beziehungen zu anderen führt. Insofern liegt der Fokus hier auf der prinzipiellen Fähigkeit und dem Gestaltungswillen, weniger auf dem rücksichtslosen Durchsetzen eigener Präferenzen. Die Bewältigung der Umwelt gelingt mit steigendem Alter (und damit auch wachsender Erfahrung) immer besser. Selbst im hohen Alter, wenn einige Ressourcen zur Beeinflussung der Umwelt bereits angeschlagen sein mögen, ist dieser Aspekt des Wohlbefindens im Allgemeinen noch stärker ausgeprägt als im unerfahreneren jungen Erwachsenenalter.

Der fünfte Bestandteil des psychologischen Wohlbefindens bezieht sich auf den *Lebensinhalt* einer Person. Menschen, die hierin eine hohe Ausprägung haben, empfinden ihr Leben als sinnhaft und zielgerichtet. Sie erkennen in ihrem Leben ein zusammenhängendes, sich weiterentwickelndes Narrativ anstatt einer losen, zufällig anmutenden Aneinanderreihung bedeutungsloser Lebensabschnitte. Und sie gestalten ihr Leben selbst mit, verfolgen Ziele, die sich aus ihrer Vergangenheit ergeben und ihre Zukunft prägen. Sie haben also einen roten Faden in ihrem Leben.

Am ehesten passt dieser Aspekt des Wohlbefindens vermutlich zum Identitätsgefühl, von dem Sie in Kapitel vier gelesen haben. Menschen mit einem stark ausgeprägten Identitätsgefühl haben ein kohärentes, also in sich stimmiges, zusammenhängendes Bild von sich selbst und eine klare Vorstellung ihrer Lebensziele, die sie vorausschauend verfolgen. Im Gegensatz zu den anderen Bestandteilen des Wohlbefindens sinkt dieser Aspekt bei vielen Menschen im Laufe des Lebens ab und ist damit im hohen Alter deutlich geringer ausgeprägt als noch im jüngeren und mittleren Erwachsenenalter.

Der sechste und damit letzte Bestandteil, den Ryff für das Wohlbefinden eines Menschen für relevant hält, ist das *persönliche Wachstum.* Darauf kamen wir bereits im Zusammenhang mit der Weisheit zu sprechen. Ein hohes Wohlbefinden ist laut Ryff dadurch charakterisiert, dass jemand stetig über sich hinauswächst. Im Prinzip geht es hierbei um kontinuierliche Selbstoptimierung oder – in anderer Wertung – ein vollständiges Ausschöpfen des eigenen, wachsenden Potenzials. Hierzu passt eine stark ausgeprägte Offenheit für neue Erfahrungen, da sie das Bedürfnis nach neuen Herausforderungen und Blickwinkeln beschreibt. Das wiederum bedeutet die stetige Ansammlung neuen Wissens und neuen Potenzials, mit Hilfe dessen sich eine Person weiterentwickeln kann.

Persönliches Wachstum meint also vor allem Abschied von Stabilität und das Wagen von Veränderungen. Denn belohnt werden Veränderungen auch mit einem Schritt hin zur Selbsterkenntnis. Ein Stillstand des Selbst, Gefühle von Langeweile und Interessenlosigkeit sich selbst und dem eigenen Leben gegenüber sind dagegen ein Indiz für fehlendes persönliches Wachstum. Ebenso wie die Offenheit für neue Erfahrungen sinkt auch dieser sechste Aspekt des psychologischen Wohlbefindens im Durchschnitt mit dem Alter – ob nun aus mangelndem Interesse dem Leben gegenüber oder aus dem Gefühl heraus, bereits ausreichende Erfahrungen gesammelt zu haben.

Es wird deutlich, dass Carol Ryff ein umfangreicheres Konzept von Wohlbefinden hat, als es bei Ed Diener und Kolleginnen verbreitet ist. Sie widmet sich stärker der Bewältigung überdauernder Herausforderungen des Lebens, anstatt sich auf den hedonistischen Teil des Wohlbefindens zu konzentrieren. Damit will sie das weit über den Moment hinausgehende Gefühl von Freude umschreiben, wenn es einer Person gelingt, ihr tatsächliches Potenzial zu entfalten. Das mag nicht immer glücklich machen, aber es ermöglicht eine tiefere Auseinandersetzung mit der eigenen Person und der Sinnhaftigkeit des Lebens.

Ob diese Auffassung von psychologischem Wohlbefinden lediglich ein persönliches Lebensziel ist, das einer Geisteshaltung oder Normvorstellung entspricht, die nicht von jedem geteilt wird, bleibt eine noch zu beantwortende Frage. Wenn diese Form des Wohlbefindens von einem Großteil der Menschheit nicht geteilt wird, für wenig anregend, vielleicht sogar irrelevant empfunden wird, dann spräche das für eine mangelnde Verallgemeinerbarkeit dieses Konzepts. Feststellen lässt sich in jedem Fall, dass diese umfassendere, zum Teil aber auch gesellschaftlich wertendere Auffassung von Wohlbefinden sich zumindest in der psychologischen Fachliteratur bisher kaum durchsetzen konnte.

Die Kontrollüberzeugung

Ein Persönlichkeitsmerkmal, das in den letzten Kapiteln bereits mehrfach in Erscheinung trat, ist die Kontrollüberzeugung. Sie beschreibt, ob ein Mensch das Gefühl hat, sein Leben selbst in der Hand zu haben und beeinflussen zu können. Ist dies der Fall, spricht man von einer *internalen* (oder: stark ausgeprägten) Kontrollüberzeugung. Von einer *externalen* (oder: gering ausgeprägten) Kontrollüberzeugung spricht man dagegen, wenn eine Person annimmt, die Kontrolle über ihr Leben liege außerhalb ihrer Person. Zum Beispiel, weil sie das Gefühl hat, dass die Dinge, die ihr zustoßen, von einem unabänderlichen Schicksal abhängen. Oder von anderen Personen, der Politik oder Gott. Vielleicht auch vom Zufall.

Internale Kontrollüberzeugung: Überzeugung, dass die Kontrolle über das eigene Leben im eigenen Verhalten liegt.
Externale Kontrollüberzeugung: Überzeugung, dass die Kontrolle über das eigene Leben von Glück oder Unglück, Schicksal, Zufall oder anderen Personen abhängt.

Den meisten von uns ist bewusst, dass es hierbei kein Schwarz und Weiß gibt. Wir haben weder die absolute Macht über alles, was in unserem Leben passiert, noch gibt es eine einzelne andere Ursache, die unser Leben allein beeinflusst. Und doch unterscheiden wir uns darin, ob wir eher darauf vertrauen, dass wir etwas beeinflussen können oder uns eher als Spielball der Gegebenheiten empfinden. Das wiederum hat nicht nur Konsequenzen für unser Denken, sondern auch für unser Verhalten.

Wie viel Kontrolle habe ich über mein Leben?

Nehmen wir ein Beispiel: Wenn Sie das Gefühl haben, dass die Bewertung einer Prüfung, die Ihnen sehr wichtig ist, ausschließlich von Ihrer eigenen Leistungsfähigkeit abhängt, dann werden Sie vermutlich viel Zeit und Mühe dafür aufwenden, sich auf diese Prüfung vorzubereiten. Vielleicht werden

Sie schon Wochen vor der Prüfung einen ausgeklügelten Lernplan erstellen, viele Bücher wälzen, Vorträge dazu auf YouTube sehen, sich mit anderen über das Thema austauschen und am Abend vor der Prüfung eher früh als spät ins Bett gehen, um am nächsten Morgen ausgeschlafen zu sein und damit Ihre volle Leistungsfähigkeit zeigen zu können.

Ganz anders sähe das aus, wenn Sie das Gefühl hätten, das Prüfungsergebnis hinge ausschließlich von der Laune der Prüferin ab. Dass Sie sich also noch so sehr anstrengen können, aber selbst die perfekteste Leistung keine wünschenswerte Folge hätte, wenn die Prüferin schlecht drauf ist oder Sie ohnehin nicht mag und Sie deshalb unabhängig von Ihrer gezeigten Leistung besonders schlecht (oder gut) bewerten wird. In diesem Fall wären Sie wahrscheinlich wenig motiviert, sich ausgiebig auf die Prüfung vorzubereiten. Wozu auch? Schließlich wären Sie ja überzeugt, dass Ihr Verhalten ohnehin kaum etwas ändern würde. Warum also auf andere schöne Dinge verzichten, um einem stupiden Lernplan zu folgen?

Unabhängig davon, ob das Leben nun vor allem von der einen oder der anderen Ursache abhängt, wird eine Person, die sich stets akribisch auf Prüfungen vorbereitet, im Durchschnitt bessere Leistungen zeigen als eine Person, die sich kaum bemüht. Bei einer einzelnen Prüfung mag das mal anders sein, aber über unendlich viele Prüfungen hinweg wird – bei gleichen Leistungsvoraussetzungen – diejenige Person Erfolg haben, die sich besser vorbereitet hat. Und das bestätigt sich in einer Vielzahl von Studien: Menschen, die auf ihren eigenen Einfluss vertrauen, sind erfolgreicher als diejenigen, die darauf nicht vertrauen.

Das ist bereits im Kindesalter der Fall. Kinder mit einer internalen Kontrollüberzeugung erhalten bessere Schulnoten als Kinder ohne. Jugendliche, die das Gefühl haben, die Dinge in ihrem Leben kontrollieren zu können, haben bessere Berufsaussichten und leben gesünder als Jugendliche, die sich ihrem Leben ausgeliefert sehen. Und im hohen Alter bleiben die kognitive Leistungsfähigkeit und die Gesundheit vor allem bei denjenigen erhalten, die eine internale Kontrollüberzeugung haben.

In all diesen Fällen spielt das individuelle Verhalten eine Rolle: Je mehr eine Person in den Beruf oder ihre Gesundheit investiert, desto mehr kann sie in diesen Bereichen auch mit Erfolgen rechnen. So zeigte sich zum Beispiel, dass sich Menschen mit einer internalen Kontrollüberzeugung gesundheitsbewusster verhalten. Sie essen gesünder, treiben regelmäßiger Sport, vermeiden ungesunde Speisen und Getränke, Substanzmissbrauch oder anderes riskantes Verhalten.

Auch erholen sich erkrankte Menschen besser oder haben einen weniger schwerwiegenden Krankheitsverlauf, wenn sie von ihren eigenen Einflussmöglichkeiten überzeugt sind. Zum Beispiel zeigte Shelley Taylor von der University of California in Los Angeles zusammen mit Kolleginnen in mehreren Studien, dass an HIV erkrankte Männer dann einen positiveren Krankheitsverlauf hatten, wenn sie (zumindest leichten) positiven Illusionen unterlagen. Dazu zählte, dass sie ihre eigenen Einflussmöglichkeiten überschätzten und optimistischer in die Zukunft blickten, als es realistischerweise angebracht gewesen wäre. Daraus wurde dann eine sich selbst erfüllende Prophezeiung: Sie passten sich besser an die Erkrankungssituation an, entwickelten zu einem späteren Zeitpunkt Symptome und verstarben sogar etwas später als die weniger Illusionierten.

Neben den Gedanken und dem Verhalten wirkt sich die Kontrollüberzeugung auch auf das Gefühlsleben aus. Menschen mit einer stark ausgeprägten Kontrollüberzeugung sind im Allgemeinen zufriedener mit ihrem Leben. Das ergab eine umfangreiche Meta-Analyse von Kristina DeNeve und Harris Cooper, die sich auf die Suche nach der *happy personality* machten, also den Persönlichkeitseigenschaften, die ein hohes Wohlbefinden versprechen. Die Kontrollüberzeugung schaffte es unter die Top Five der Persönlichkeitseigenschaften mit dem größten Zusammenhang zum subjektiven Wohlbefinden.

Wie Sie bereits wissen, lässt sich das Wohlbefinden in unterschiedliche Komponenten unterteilen, und die Kontrollüberzeugung wirkt sich auf alle diese Komponenten aus. Frieder Lang und Jutta Heckhausen fanden heraus, dass eine internale Kontrollüberzeugung sowohl mit einer höheren Lebenszufriedenheit als auch mit häufigeren positiven Gefühlen sowie selteneren negativen Gefühlen einhergeht. Im hohen Alter änderte die Kontrollüberzeugung dann zwar nichts mehr an negativen Gefühlen, dafür ging sie in dieser Lebensphase mit einer besonders stark ausgeprägten Lebenszufriedenheit einher.

Es gibt mehrere Ursachen für den engen Zusammenhang zwischen einer internalen Kontrollüberzeugung und einem hohen Wohlbefinden: Zum einen können Personen mit stark ausgeprägter Kontrollüberzeugung viele Herausforderungen des Lebens besser bewältigen und damit erfolgreicher durchs Leben gehen als Menschen mit einer geringer ausgeprägten Kontrollüberzeugung. Zum anderen ist es ein zutiefst menschliches Bedürfnis, Kontrolle über das eigene Leben zu haben. Fühlen wir uns anderen Menschen oder Gegebenheiten ausgeliefert, kann das desaströse Folgen für unser Wohlbefinden haben, selbst wenn diese es gut mit uns meinen und die Konsequenzen dieser externalen Kontrolle uns keinen Schaden zufügen.

Was können wir also festhalten? Eine internale Kontrollüberzeugung kann eine hilfreiche Begleiterin durchs Leben sein, selbst wenn wir dabei unsere Einflussmöglichkeiten zum Teil überschätzen. Es ist vielfach belegt, dass Menschen, die überzeugt sind, weitgehende Kontrolle über ihr Leben zu haben, glücklicher und gesünder sind. Frank Infurna von der Arizona State University zeigte zusammen mit Kollegen, dass Menschen mit internaler Kontrollüberzeugung auch sozial besser integriert sind und über einen Zeitraum von 14 Jahren hinweg außerdem eine geringere Wahrscheinlichkeit hatten, schwer zu erkranken oder vorzeitig zu sterben.

Man könnte meinen, eine stark ausgeprägte Kontrollüberzeugung sei ein einziger Segen. Schließlich versorgt sie uns mit Motivation, um unser Leben zu gestalten, und mit Durchhaltevermögen, um bei den zahlreichen Lebensaufgaben durchzuhalten. Allerdings gibt es auch Lebensbereiche, in denen eine illusionäre Kontrollüberzeugung von Nachteil ist, nämlich bei der Bewältigung von einschneidenden, negativen, unkontrollierbaren Ereignissen.

Bewältigung von Herausforderungen

Wir alle werden im Laufe unseres Lebens mit Herausforderungen konfrontiert, einige davon größer, andere kleiner. Und sie alle müssen irgendwie überstanden und bewältigt werden. Studien, in denen individuelle Unterschiede in der Bewältigung dieser Herausforderungen untersucht werden, kommen dabei häufig auf die Kontrollüberzeugung zurück. Denn diese steht in einem engen Zusammenhang mit der Bewältigungsstrategie, mit der ein Mensch auf eine Herausforderung reagiert.

Auf Richard Lazarus' Theorie der Stressbewältigung aufbauend, betonte Susan Folkman von der University of California in Berkeley vor allem die Rolle der Kontrollüberzeugung bei der Bewältigung von Stress. Dieser entsteht dann, wenn mindestens zwei Bedingungen erfüllt sind: Erstens, eine Situation ist von zentraler Bedeutung für eine Person. Und zweitens: Die Bewältigung dieser Situation übersteigt die alltäglichen Ressourcen der Person. Stress ist dann ein Signal dafür, dass eine Situation bedrohlich ist und besondere Aufmerksamkeit benötigt. Ist eine Situation dagegen irrelevant für das Wohlbefinden einer Person oder ist sie leicht zu bewältigen, dann wird das Stressgefühl ausbleiben.

Bevor Stress ausgelöst wird, finden daher zwei Bewertungen statt: Zuerst bewertet eine Person die Bedeutung einer Situation für ihr Wohlergehen. Sie entscheidet beispielsweise, ob diese ihr Schaden zufügen oder einen Verlust für sie bedeuten könnte, ob also eine Bedrohung oder eine Herausforderung vorliegt. In dieser ersten Bewertungsphase wird auch bereits die eigene Kontrollüberzeugung miteinbezogen. Letztlich werden dadurch Emotionen wie Angst und Sorge, aber auch Zuversicht und Spannung ausgelöst. Positive und negative Emotionen schließen sich dabei nicht aus, vielmehr steigt das Ausmaß der Emotionalität mit der Bedeutung der Situation.

Anschließend bewertet eine Person in einer zweiten Phase ihre Handlungsoptionen und Ressourcen zur Bewältigung der Situation. Dazu zählen sowohl körperliche, soziale und emotionale als auch zeitliche und materielle Ressourcen. Eine gesunde Person mit einem großen Freundes- und

Bekanntenkreis, die über ein hohes Bildungsniveau und ein regelmäßiges Einkommen verfügt, kann entsprechend mehr Ressourcen einsetzen als eine gesundheitlich angeschlagene, sozial weniger gut integrierte Person ohne festen Job. Letzterer stehen für die zweite Bewertungsphase also deutlich weniger relevante Ressourcen zur Verfügung.

Problem- und emotionsorientierte Bewältigungsstrategien

Eine Situation, die als bedeutsam empfunden wird und viele Ressourcen erfordert, die aber eventuell nur bedingt vorhanden sind, wird als stressig empfunden. Um mit dieser Stresssituation umzugehen, stehen Menschen im Allgemeinen mehrere Bewältigungsmöglichkeiten zur Verfügung. Sie lassen sich zwei grundlegenden Strategien zuordnen, nämlich einer problem- oder einer emotionsorientierten Bewältigungsstrategie. Beide Strategien können es ermöglichen, die Stresssituation zu bewältigen, den Stress zu reduzieren oder ihn zumindest auszuhalten. Allerdings sind diese je nach Situation mehr oder weniger effizient.

Menschen mit einer internalen Kontrollüberzeugung tendieren zu einer problemorientierten Bewältigungsstrategie. Sie streben also danach, die Ursache des Problems zu lösen. Haben sie zum Beispiel einen Streit mit der Partnerin, würden sie versuchen, einen Kompromiss zu finden, der die eigene und die Position der Partnerin berücksichtigt. Oder sie würden versuchen, die Partnerin umzustimmen. Im oben genannten Beispiel der anstehenden Prüfung könnte eine problemorientierte Bewältigungsstrategie sein, sich einen differenzierten Lernplan zu erstellen und eine engagierte Lerngruppe zu suchen, um sich perfekt auf die Prüfung vorzubereiten. Menschen mit einer internalen Kontrollüberzeugung investieren hierbei meist viel Anstrengung und Ausdauer, selbst wenn diverse Hindernisse den direkten Weg zur Bewältigung der Situation behindern.

Menschen mit einer externalen Kontrollüberzeugung dagegen bevorzugen im Allgemeinen eine emotionsorientierte Bewältigungsstrategie. Dabei verändert eine Person die emotionale Bewertung der Situation, anstatt sich den Ursachen des Problems zu widmen. Bei einem Beziehungsstreit würde sich diese Person eher die schönen Seiten der Partnerin und der Beziehung in Erinnerung rufen, anstatt weiter über den Streit nachzudenken. Oder sie würde akzeptieren, dass Streit auch zu harmonischen Beziehungen dazugehört und ein Teil des sozialen Miteinanders ist. Oder sich sagen, dass die eigene Beziehung zumindest nicht so konfliktträchtig ist wie viele andere Beziehungen. Im Falle der Prüfung würde die Bedeutung der Prüfung relativiert oder das Ziel, eine gute Prüfungsleistung zu erbringen, an Bedeutung verlieren. Es wird also nicht an dem Streit oder der Prüfung selbst, sondern an der persönlichen Bewertung dessen gearbeitet.

Bei Menschen, die eine Stresssituation als Herausforderung ansehen, werden meist weniger negative Emotionen ausgelöst als bei Menschen, welche die gleiche Situation in erster Linie als Bedrohung empfinden. Dadurch fällt es ihnen leichter, sich dem Auslöser problemorientiert zu nähern. Denn sind die Emotionen überwältigend, erfordern sie so viel Aufmerksamkeit, dass eine emotionsorientierte Bewältigung unabdinglich wird, was wiederum die Bewältigung des ursprünglichen Problems erschwert oder behindert (auch, weil die emotionsorientierte Bewältigung bereits viele Ressourcen verbraucht).

In vielen Situationen zahlt es sich langfristig aus, eine problemorientierte Strategie zu verfolgen. Das heißt: Lieber die Ursache eines Konflikts besprechen, als diesen zu ignorieren, und lieber für die Prüfung lernen, als die Bedeutung der Prüfung kleinzumachen. Man sollte sich dabei jedoch eine gewisse Flexibilität bewahren. Keine Lebenszeit reicht aus, um alle Probleme dieser Welt zu bewältigen. Einige müssen wir akzeptieren, ignorieren oder umbewerten, damit wir andere Herausforderungen mit vollem Einsatz angehen können.

Manchmal kann eine Überschätzung unserer Einflussmöglichkeit also von Vorteil sein, weil sie unsere psychischen und anderweitigen Ressourcen bündeln und diese sowohl zielgerichtet als auch ausdauernd einsetzen kann. Manchmal kann eine solche Überschätzung aber auch nach hinten losgehen und die Bewältigung einer Stresssituation sogar erschweren. Ein Beispiel dafür ist der Tod der Partnerin.

Verlust

Der Tod einer nahestehenden Person gehört zu den schlimmsten und einschneidendsten Ereignissen des Lebens. Wie wir bereits gesehen haben, geht der Tod der Partnerin mit einem Einbruch der Lebenszufriedenheit einher. Doch nicht jede Person reagiert auf gleiche Weise auf dieses schwerwiegende Lebensereignis. Obwohl fast alle Menschen unter diesem Verlust stark leiden, erholen sich einige Menschen davon schneller als andere. Dies liegt unter anderem an individuellen Unterschieden in der Kontrollüberzeugung. Denn der schmerzliche Verlust zeichnet sich auch dadurch aus, dass dieser nicht zu verhindern, die Situation also nicht kontrollierbar ist. Und das ist für einige Menschen leichter zu akzeptieren als für andere.

Personen, die eine externale Kontrollüberzeugung haben, werden von einer solch intensiven, unkontrollierbaren Situation wie dem Tod der Partnerin deutlich weniger beeinträchtigt als Personen, die bisher das Gefühl hatten, ihr Leben kontrollieren zu können. Auch bei Ersteren sinkt die Lebenszufriedenheit durch den Tod der Partnerin erheblich, aber weit weniger stark als bei Menschen mit internaler Kontrollüberzeugung. Sie erholen sich auch schneller von dem Verlust. Ihr Wohlbefinden ist also bereits einige Jahre nach dem Tod ihrer Partnerin auf dem Niveau, auf dem es viele Jahre zuvor war, als der Verlust noch nicht absehbar war.

Woran liegt das? Eine externale Kontrollüberzeugung geht in diesem Fall mit realistischeren Erwartungen über die eigenen Einflussmöglichkeiten einher als eine internale Kontrollüberzeugung. Menschen mit einer gering ausgeprägten Kontrollüberzeugung haben sich bereits damit abgefunden, viele Dinge in ihrem Leben nicht beeinflussen zu können. Menschen aber, die bisher ihr Leben weitgehend unter Kontrolle hatten, müssen nun (an)erkennen, dass sie entweder nicht genug getan haben, um den Tod ihrer Partnerin zu verhindern, oder – und das ist weit wahrscheinlicher –

dass die Welt doch unkontrollierbarer ist, als sie es annahmen. Bisher waren sie es gewohnt, mit notfalls viel Mühe und Ausdauer bei den wirklich wichtigen Dingen doch beeinflussen zu können, wie diese verlaufen. Der Tod ihrer Partnerin zeigt ihnen nun besonders nachdrücklich, dass dies nicht der Fall ist und sie in dieser lebenswichtigen Situation hilflos sind.

Obwohl eine externale Kontrollüberzeugung im Allgemeinen also mit einer geringen Zufriedenheit und anderen negativen Konsequenzen einhergeht, ist sie in bestimmten Situationen von Vorteil und erleichtert beispielsweise die Bewältigung von extrem negativen, unkontrollierbaren Ereignissen, die eine hohe persönliche Bedeutung haben. Wie den Tod der Partnerin.

Für eine ideale Anpassung an das Leben muss ein Mensch seine Kontrollüberzeugung flexibel halten. Je nachdem, ob ein positives oder ein negatives Lebensereignis eintritt, sollte dies entweder auf den eigenen Einfluss zurückgeführt werden oder nicht. Das heißt: Tritt ein positives Ereignis ein, dann ist es ratsam, eine hohe Kontrollüberzeugung zu empfinden, sich also selbst als Verursacherin dieses Glücksfalls zu empfinden. Im Idealfall geht man davon aus, dass das positive Ereignis das Resultat von stabilen Merkmalen ist, die über dieses Lebensereignis hinaus einen vorteilhaften Einfluss auf unser weiteres Leben haben. Und man sollte davon ausgehen, dass das positive Lebensereignis nicht nur die Folge einer eng umgrenzten Verhaltensweise ist, sondern die ursächliche Eigenschaft einen breiten Einfluss auf unsere Persönlichkeit hat.

Nehmen wir ein Beispiel: Wenn Sie eine wichtige Prüfung mit Bravour bestehen, dann profitieren Ihr Selbstwertgefühl und Ihr Wohlbefinden davon am ehesten, wenn Sie das Prüfungsergebnis auf sich selbst zurückführen (und nicht auf eine milde Prüferin), wenn Sie davon ausgehen, dass es auf eine stabile Eigenschaft von Ihnen zurückführbar ist, beispielsweise eine dauerhaft hohe Kompetenz (und nicht nur vorübergehendes Glück), und diese einen breiten Einfluss hat, beispielsweise auf eine allgemein hohe Leistungsfähigkeit zurückgeht (und nicht nur die Fähigkeit, in dieser einzelnen Prüfung Glanzleistungen zu zeigen).

Negative Ereignisse und Lebenssituationen sollten für ein möglichst hohes Wohlbefinden dagegen am besten äußeren Einflüssen zugeschrieben werden, die Kontrollüberzeugung sollte also geringer ausgeprägt sein. Und sie sollte auf instabile Merkmale zurückgeführt werden – beispielsweise plötzliches Unglück –, was wenig Aussagekraft für das Auftreten erneuter tragischer Erlebnisse hat. Und schließlich sollte das Erlebte auf eine konkrete Ursache anstatt auf einen allgemeinen Wirkmechanismus zurückgeführt werden, da auch dies verhindern würde, dass in späteren Situationen zwangsläufig Negatives entsteht.

Viele Menschen neigen zu positiven Illusionen, die ihnen vorgaukeln, Positives gehe auf innere, stabile und allgemeine Einflussfaktoren zurück, während Negatives durch äußere, instabile und spezifische Ursachen bedingt ist. Eine solch verzerrte Wahrnehmung und Interpretation des Lebens ist gesund und erleichtert es, die Hoffnung für eine wohlmeinende Zukunft nicht zu verlieren. Menschen ohne diese Illusion, also diejenigen, die einen realistischeren, unverzerrteren Blick auf ihre Umwelt haben, unterliegen dagegen dem Risiko psychischer Belastungen wie zum Beispiel depressiven Erkrankungen. Und das allein durch das Absetzen einer rosaroten Brille, die ganz offensichtlich eine rosarote Schutzbrille ist.

Die Entwicklung von der Kindheit bis ins hohe Alter

Das Ausmaß der Kontrolle, die ein Mensch über sein Leben hat, steigt zu Beginn des Lebens an und fällt zum Ende hin wieder ab. Ein Säugling ist vollkommen auf die Fürsorge seiner Bezugspersonen angewiesen und ohne diese Unterstützung nicht überlebensfähig. Nur mit Unterstützung kann er ernährt, warm gehalten und vor Gefahren beschützt werden. Doch bereits in den ersten Lebensmonaten lernt ein Kind mit großer Begeisterung Kontrolle auf sein Leben auszuüben, wenn auch in sehr begrenztem Rahmen. Das zielgerichtete Greifen nach der Rassel oder später das selbständige Drehen, Robben, Krabbeln und schließlich Laufen öffnet einem Kind immer mehr Lebensbereiche, die es erkunden will.

Doch selbst dann, wenn ein Kind selbständig essen, sich anziehen und auf dem Spielplatz herumtoben kann und damit bereits Kontrolle über einige wichtige Lebensbereiche erringen konnte, wird der Alltag weitgehend von den Eltern oder anderen Bezugspersonen kontrolliert. Es ist von ihnen abhängig, welche Einflussmöglichkeiten dem Kind selbst bleiben – die sich vermutlich auf Dinge wie die Wahl des Spiels, der Kleidung und Nahrung beschränken.

Während des Aufwachsens versuchen die Kinder, sich immer mehr Bereiche zu erobern, die sie selbst bestimmen können. Eltern stehen damit gleichermaßen vor der Aufgabe, diese Kontrolle peu à peu aus der Hand zu geben (was ebenfalls eine Herausforderung ist, wie ich mittlerweile weiß). Der Emanzipationsprozess hat seinen Höhepunkt im Jugendalter, setzt sich aber bis in das junge Erwachsenenalter hinein fort, wenn die Ausbildung beendet, das eigene Geld verdient und spätestens dann meist auch die eigene Wohnung gefunden und mit ihr der unabhängige Alltag gestaltet wird.

Das mittlere Erwachsenenalter ist eine Lebensphase, in der ein Mensch im Vergleich zu den vorhergehenden und nachfolgenden Lebensphasen oftmals die meisten Gestaltungsmöglichkeiten hat. Man sucht sich Partnerin, Wohnort und Job, Lieblingsfreizeitbeschäftigung und Urlaubsziel, Freundeskreis und die Prioritäten des Alltags aus. Im Idealfall. Die Realität ist natürlich meist komplexer: Fast alle Entscheidungen erfordern einen Aushandlungsprozess mit weiteren Personen wie Chefin oder Partnerin, Kindern oder Freundinnen.

Im hohen Alter, so könnte man vermuten, sinkt dann der eigene Einfluss auf das Leben wieder. Nicht unbedingt weil Lebensbereiche, die bisher selbst gestaltet wurden, abhandenkommen, sondern eher, weil unkontrollierbarere Lebensbereiche hinzukommen. Zuallererst die Gesundheit, die man zwar erhalten möchte, bei der sich im hohen Alter dann aber doch immer häufiger die Grenzen der Kontrollierbarkeit auftun: Krankheiten oder körperliche Einschränkungen können im hohen Alter kaum verhindert werden.

Nun haben wir bereits mehrfach gesehen, dass die Überzeugung einer Person und die Realität nicht unbedingt übereinstimmen müssen. Die Überzeugung, Kontrolle über das eigene Leben zu haben, kann sich also durchaus anders entwickeln, als es die tatsächliche Kontrollierbarkeit des Lebens tut. Einer der Ersten, die sich Altersunterschiede in der Kontrollüberzeugung ansahen, war der Soziologe John Mirowsky. Er untersuchte dies in einer Stichprobe von US-Amerikanerinnen zwischen 18 und 90 Jahren, die also das gesamte Erwachsenenalter umfasste.

Im jungen Erwachsenenalter, das heißt im Alter von bis zu 30 Jahren, empfanden die Probandinnen im Allgemeinen die internalste Kontrollüberzeugung. Anschließend sank die durchschnittliche Ausprägung der Kontrollüberzeugung, anfangs noch allmählicher, ab dem typischen Rentenalter immer rapider und erreichte schließlich bei den Hochaltrigen (80 Jahre und älter) ein Minimum. Hier scheint die tatsächliche Einflussmöglichkeit des Lebens also der subjektiv empfundenen Kontrollierbarkeit relativ gut zu entsprechen.

Zwei Ursachen führt Mirowsky für diese Entwicklungsverläufe an. Erstens: Die gesundheitlichen Beeinträchtigungen stiegen mit dem Alter erheblich an, und zwar in einem ähnlichen Ausmaß, wie die Kontrollüberzeugung sank. Auch wenn es sich hierbei lediglich um Momentaufnahmen handelt, also eine einmalige Befragung von unterschiedlich alten Menschen anstatt der gleichen Menschen über ihr gesamtes Leben, so liegt es doch nahe, dass Menschen aufgrund häufiger werdender, nicht kontrollierbarer Erkrankungen eine geringere Kontrolle über ihr Leben empfinden.

Zweitens: Verantwortlich für die starken Altersunterschiede waren Unterschiede im Bildungsniveau der Personen. Wie wir wissen, haben Menschen mit einem höheren Bildungsniveau eine stärker ausgeprägte Kontrollüberzeugung. Gleichzeitig wissen wir, dass sich die Bildungsvoraussetzungen in den letzten Jahrzehnten deutlich verbessert haben. Heutzutage sind – wie die Menschen in vielen Ländern – die US-Amerikanerinnen deutlich besser gebildet als noch in der vorhergehenden Generation. Und so steigt mit dem

Alter nicht nur die Verbreitung gesundheitlicher Beschwerden, sondern es herrscht auch ein niedrigeres Bildungsniveau. Vielleicht ist also gar nicht das Alter und die damit verbundenen Gebrechen, sondern eine geringere Bildung für die Überzeugung ausschlaggebend, weniger Kontrolle über das eigene Leben zu haben?

Der Einfluss von Bildung

Zumindest konnte Mirowsky ausschließen, dass das Bildungsniveau die alleinige Ursache für die Altersunterschiede in der Kontrollüberzeugung ist. Zur Veranschaulichung: Der Unterschied zwischen der durchschnittlichen Kontrollüberzeugung einer über 80-Jährigen und einer unter 50-Jährigen entspricht etwa dem Unterschied, den zehn Schuljahre oder 100 000 Dollar Einkommen ausmachen. Sofern die jüngere Kohorte also nicht eine erheblich bessere Schulbildung genoss oder ein vielfach höheres Einkommen bezog, muss der Unterschied zwischen den Generationen über weitere Einflussfaktoren zusätzlich zu Bildung und Einkommen erklärt werden. Gesundheitliche Einschränkungen sind das jedoch nicht hauptsächlich, die erklären nämlich deutlich weniger Unterschiede in der Kontrollüberzeugung als das Bildungsniveau.

Einen näheren Blick auf den Effekt von Bildung auf die Kontrollüberzeugung warf John Mirowsky zusammen mit Catherine Ross einige Jahre später. Sie zeigten – wieder an einer US-amerikanischen Stichprobe –, dass nicht nur das eigene Bildungsniveau die Kontrollüberzeugung beeinflusst, sondern auch das elterliche Bildungsniveau. Obwohl die in der Ursprungsfamilie verbrachte Zeit bereits viele Jahrzehnte zurücklag, empfanden Personen aus bildungsbürgerlichem Elternhaus eine höhere Kontrolle über ihr Leben als Personen, deren Eltern ein niedrigeres Bildungsniveau hatten. Allerdings: Der Einfluss der eigenen Bildung ist immer noch um ein Sechsfaches größer als der Einfluss der elterlichen Bildung.

Die Bildung der Eltern hat unter anderem deshalb einen solch langfristigen Einfluss auf die Kontrollüberzeugung ihrer Kinder, weil Eltern mit einem hohen (beziehungsweise niedrigen) Bildungsniveau häufig auch Kinder mit einem hohen (beziehungsweise niedrigen) Bildungsniveau haben, sodass der überwiegende Einfluss der elterlichen Bildung auf die Kontrollüberzeugung des Kindes indirekt verläuft.

Nun ist Bildung keine statische Angelegenheit, sondern häuft sich im Laufe des Lebens an, in Bezug auf die formale Bildung vor allem bis hinein ins junge Erwachsenenalter. Da in der vorliegenden Studie auch längsschnittliche Informationen vorlagen, konnte man daraus ableiten, dass eine Person dann umso mehr Kontrolle über ihr Leben empfindet, wenn ihr Bildungsniveau steigt, und zwar unabhängig davon, wie alt sie ist.

Sollten Sie das junge Erwachsenenalter also bereits hinter sich gelassen haben, dann steht auch bei Ihnen einer Erhöhung der Kontrollüberzeugung nichts im Wege, wenn Sie sich zum Beispiel fortbilden.

Auch nach Beendigung der formalen Bildung unterscheiden sich die Entwicklungsverläufe je nach Bildungshintergrund. Personen mit einer College-Ausbildung, die mit einem Studium oder einer Ausbildung vergleichbar ist, erleben nicht nur mehr Kontrolle über ihr Leben, sondern diese steigt bis Mitte 50 weiter an und verringert sich erst anschließend. Bei Personen, die lediglich einen Highschool-Abschluss haben – also einen Abschluss, der mittlere Reife, Fachhochschulreife oder Abitur umfasst –, beginnt dieser Abwärtstrend bereits deutlich früher. Und noch früher bei denjenigen, die gar keinen Schulabschluss haben.

Auf diese Weise vergrößert sich der Unterschied in der wahrgenommenen Kontrolle über das eigene Leben weit über die Schul-, Lehr- und Studienzeit hinaus. Denn auch, wenn in späteren Lebensphasen die schulische Ausbildung abgeschlossen ist, lernen Menschen natürlich weiterhin und profitieren von ihrer Bildung. Es ist nicht verwunderlich, dass ein hohes Bildungsniveau bessere Chancen auf dem Arbeitsmarkt, ein höheres Einkommen und einen einflussreicheren Job bedeutet. All dies wiederum verstärkt die wahrgenommene (und vermutlich auch die tatsächliche) Kontrolle über das eigene Leben.

Zwei Schlussfolgerungen lassen sich aus diesen Befunden ziehen: Zum einen können wir für die Menschen der zukünftigen hochaltrigen Generation (das heißt: uns) eine deutlich stärker ausgeprägte Kontrollüberzeugung erwarten, als dies noch bei unserer Eltern- und Großelterngeneration der Fall war. Selbst wenn das im Einzelfall nicht gelten mag, so hat sich das durchschnittliche Bildungsniveau in den letzten Jahrzehnten doch erheblich verbessert. Und da dies ein maßgeblicher Einflussfaktor für die Kontrollüberzeugung ist, ist zumindest ein Teil der momentanen Altersunterschiede in der Kontrollüberzeugung auf unterschiedliche Bildungsverläufe zurückzuführen.

Zum anderen zeigt sich, dass sich eine gute und breite Bildung für alle Bevölkerungsschichten nicht nur unmittelbar auf die Berufschancen eines Menschen auswirkt, sondern ebenso auf psychische Merkmale. Wie wir zu Beginn des Kapitels gesehen haben, ist die Kontrollüberzeugung ein zentraler Einflussfaktor für das Wohlbefinden einer Person. Insofern ist zwar ein Fünkchen Spekulation vonnöten, aber es gibt doch erhebliche Indizien, die dafür sprechen, dass eine Erhöhung des allgemeinen Bildungsniveaus die durchschnittliche Kontrollüberzeugung und damit schließlich auch das Wohlbefinden einer Bevölkerung erhöhen kann.

Geschlechterunterschiede

Der starke Einfluss des Bildungsniveaus auf die Kontrollüberzeugung kann auch einen Teil der Geschlechterunterschiede erklären, die immer wieder beobachtet werden. Frauen empfinden nämlich eine deutlich geringere Kontrolle über ihr Leben, als das bei Männern typischerweise der Fall ist. Ross und Mirowsky führen dies auf mangelnde Gleichberechtigung zurück: Frauen, insbesondere unserer Eltern- und Großelterngeneration, sind oftmals ökonomisch abhängiger als Männer, haben in einer Welt traditioneller Rollenbilder häufiger durch Kindererziehung unterbrochene Karrieren und gehen auch häufiger unbezahlten Tätigkeiten, beispielsweise im Haushalt, nach.

Zum Glück hat diese strikte Rollenaufteilung in heutiger Zeit bereits ihren Rückzug angetreten. Fürsorgliche Eltern gibt es in männlicher wie weiblicher Version, ebenso wie Personen, die mit vollem Einsatz die Karriereleiter erklimmen. Oder Familienkonstellationen, in denen jeder mal zum Zug kommt, gleichzeitig oder nacheinander. Der Weg hin zu einer vollständigen Gleichberechtigung ist allerdings noch weit, wenn auch nicht mehr so weit wie noch vor einigen Jahrzehnten. Mittlerweile sind etwa die Hälfte der Menschen, die ein Studium erfolgreich abschließen, weiblich, auch wenn diese weibliche Hälfte anschließend weniger verdienen wird als die männliche Hälfte der Studierten.

Auswirkungen modernerer Geschlechterrollen beobachteten Ross und Mirowsky auch bei der Kontrollüberzeugung. Der Unterschied zwischen Männern und Frauen ist hier bei älteren Menschen deutlich stärker ausgeprägt als bei jüngeren. Personen, die über 55 Jahre alt sind, zeigen noch die bekannten Geschlechterunterschiede. Das liegt vor allem daran, dass der Abwärtstrend in Bezug auf die Kontrollüberzeugung bei Frauen früher beginnt und steiler verläuft, als dies bei Männern der Fall ist. In jüngeren Generationen jedoch – bei Personen unter 55 Jahren – sind solche Geschlechterunterschiede nicht mehr deutlich erkennbar.

In den USA ist die Gleichberechtigung also auf dem Vormarsch, wie die vorgestellten Studien zeigen. Für Deutschland sieht das deutlich anders aus, fand ich in einer Studie zusammen mit Kollegen heraus. Hier bleibt der Unterschied in der Kontrollüberzeugung zwischen Männern und Frauen über das gesamte Erwachsenenalter in gleicher Weise erhalten. Auch sonst unterscheiden sich die Entwicklungsverläufe der Kontrollüberzeugung in Deutschland von denen in den USA. Im Durchschnitt steigt bei jungen Erwachsenen hierzulande die internale Kontrollüberzeugung bis in die 30er Jahre leicht an, sinkt dann bis zum Ende des Berufslebens ab und bleibt im Rentenalter auf einem überraschend stabilen Niveau.

Allen gesundheitlichen Unkontrollierbarkeiten des hohen Alters zum Trotz gelingt es betagteren Menschen in Deutschland also deutlich besser,

Kontrolle über ihr Leben zu behalten. Oder zumindest eine solche Kontrolle zu empfinden, die natürlich auch das Ergebnis der oben thematisierten Illusion sein kann.

Warum gibt es diese Unterschiede? Eine Ursache könnte in der Alterssicherung liegen: Zwar sind auch in Deutschland zu viele Menschen von Altersarmut betroffen, aber im Vergleich zu den USA betrifft dies einen deutlich kleineren Teil der Bevölkerung.

Viele Rentnerinnen erleben daher in Deutschland eine Erleichterung von belastender Arbeit und sind gleichzeitig meist finanziell abgesichert. Diese Kombination erlaubt es oftmals, Kontrolle über Lebensbereiche wiederzuerlangen, die vorher vom Job bestimmt waren, zum Beispiel, wie der Alltag gestaltet wird. Diese steigende Kontrollierbarkeit könnte dann aufwiegen, dass die Kontrollierbarkeit in anderen Lebensbereichen, beispielsweise der Gesundheit, als geringer empfunden wird.

Natürlich werden auch in Deutschland ältere Menschen eher krank als jüngere, doch dies wirkt sich kaum auf die Kontrollüberzeugung aus. Wird ein Mensch schwer krank, dann hat das nur im jungen und mittleren Erwachsenenalter einen desaströsen Einfluss auf die Kontrollüberzeugung, im Rentenalter dagegen kaum. Der Einfluss gesundheitlicher Einschränkungen auf die Psyche wird in diesem Fall eher über- als unterschätzt. Was deutlich macht, dass es zum einen vielen Menschen gelingt, sich an verbreitete und erwartbare Veränderungen anzupassen. Und zum anderen, dass das hohe Alter eben nicht nur von einschränkenden Verlusten geprägt ist, sondern die Befindlichkeit im hohen Alter auch von anderen Dingen abhängt.

In Deutschland wirkt sich das Bildungsniveau ebenfalls sehr stark auf die Kontrollüberzeugung aus. Personen mit niedrigerem Bildungsniveau sind davon vor allem während des Berufslebens betroffen. Im Rentenalter jedoch relativiert sich dieser maßgebliche Einfluss. Das ist gut nachvollziehbar, weil die Bewältigung der Herausforderungen des hohen Alters weit weniger stark vom Bildungsniveau abhängt als noch vor Rentenbeginn, als dieses einem noch große Vorteile auf dem Arbeitsmarkt verschaffte.

All dies mag zu den unterschiedlichen Entwicklungsverläufen bei Menschen aus den USA und Deutschland beitragen. Vielleicht gibt es aber zusätzlich noch grundlegendere Unterschiede zwischen beiden Ländern. Schließlich erinnert das Konzept der Kontrollüberzeugung doch schwer an den *American Dream*: Du kannst alles schaffen, du musst es nur wirklich wollen! Von der Tellerwäscherin zur Millionärin, alles kein Problem, solange man sich nur richtig ins Zeug legt. Und wenn man es doch nicht zur Millionärin geschafft hat, dann hat man sich offensichtlich nicht ausreichend darum bemüht, schließlich haben wir unser Schicksal doch selbst in der Hand. Oder?

Eine internale Kontrollüberzeugung ist in den USA tatsächlich deutlich verbreiteter als in anderen Ländern. Etwa zwei Drittel der US-Amerikanerinnen glauben, dass vor allem sie selbst Kontrolle über ihr Leben haben. Unter Japanerinnen ist es nur die Hälfte, in Bangladesch sind es Schätzungen zufolge sogar nur zehn Prozent der Bevölkerung. Und in Deutschland? Da gibt es lediglich halb so viele wie in den USA, die diese *American-Dream*-Mentalität teilen.

Wir sehen also: Die erfolgreiche Bewältigung von Herausforderungen wird häufig durch eine hohe, manchmal aber auch durch eine niedrige Kontrollüberzeugung erleichtert. Daran passt sich die menschliche Psyche an und ändert ihre Überzeugungen (innerhalb individueller und kultureller Grenzen) über die Lebensspanne hinweg. Denn obwohl viel Wahres in der Aussage von Margie Lachman steckt, dass eine internale Kontrollüberzeugung damit einhergeht, gesund und glücklich, wohlhabend und weise zu sein, so folgt das Leben ja selten geraden Bahnen und benötigt daher auch flexible Denk-, Fühl- und Verhaltensgewohnheiten, um je nach Bedarf das Optimum herauszuholen.

Persönlichkeitstest*

Glauben Sie, Kontrolle über Ihr Leben zu haben?

Nachstehend finden Sie eine Reihe von Aussagen, die auf Sie zutreffen könnten. Bitte geben Sie für jede der folgenden Aussagen an, inwieweit Sie zustimmen.

	Sehr falsch	Falsch	Eher falsch	Eher richtig	Richtig	Sehr richtig
Es hängt hauptsächlich von mir und meinen Fähigkeiten ab, ob ich in einer Gruppe eine Führungsposition innehabe oder nicht.	1	2	3	4	5	6
Ob ich mit dem Auto einen Unfall habe oder nicht, hängt vor allem von meinem fahrerischen Können ab.	1	2	3	4	5	6
Wenn ich Pläne schmiede, bin ich sicher, dass das Geplante auch Wirklichkeit wird.	1	2	3	4	5	6
Die Zahl meiner Freunde hängt vor allem von mir und meinem Verhalten ab.	1	2	3	4	5	6
Ich kann ziemlich viel von dem, was in meinem Leben passiert, selbst bestimmen.	1	2	3	4	5	6
Gewöhnlich kann ich meine Interessen selbst vertreten.	1	2	3	4	5	6
Wenn ich bekomme, was ich will, so ist das meistens das Ergebnis harter Arbeit.	1	2	3	4	5	6
Mein Leben wird von meinem Verhalten bestimmt.	1	2	3	4	5	6

AUSWERTUNG

Nachdem Sie in jeder Zeile eine Zahl angekreuzt haben, addieren Sie diese acht Zahlen. Ist die Summe kleiner als 32, dann spricht dies für eine unterdurchschnittlich ausgeprägte Kontrollüberzeugung. Ist die Summe größer oder gleich 32, aber kleiner oder gleich 40, dann spricht dies für eine durchschnittlich ausgeprägte Kontrollüberzeugung. Ist die Summe größer als 40, dann spricht dies für eine überdurchschnittlich ausgeprägte Kontrollüberzeugung.

* Dieser Persönlichkeitstest basiert auf der Internalitäts-Skala des IPC-Fragebogens von Hanna Levenson. Nähere Informationen zum englischsprachigen Original-Fragebogen: Hanna Levenson (1974). Activism and powerful others: Distinctions within the concept of internal-external control. Journal of Personality Assessment, Vol. 38, S. 377–383. Informationen zu dieser deutschen Übersetzung des Fragebogens: Günter Krampen (1979). Differenzierungen des Konstruktes der Kontrollüberzeugung: Deutsche Bearbeitung und Anwendung der IPC-Skalen. Zeitschrift für experimentelle und angewandte Psychologie, Vol. 26, S. 573–595.

Intelligenz

Die wohl umstrittenste und erstaunlicherweise gleichzeitig am besten erforschte Persönlichkeitseigenschaft ist die Intelligenz. Im Gegensatz zu den meisten anderen Persönlichkeitseigenschaften gibt es bei der Intelligenz bekanntermaßen ein Richtig und Falsch, ein Besser und Schlechter (ähnlich wie beim Wohlbefinden), denn es wird die kognitive Leistungsfähigkeit eines Menschen bewertet. Dieser stark wertende Aspekt der Intelligenz sowie die große Bedeutung, die ihr in Leistungsgesellschaften beigemessen wird, sorgt vermutlich dafür, dass viele sich daran stoßen.

Ein weiterer Grund mag sein, dass – so wird zumindest gemunkelt – es zuerst Intelligenztests gegeben habe und erst anschließend Definitionen für das Konstrukt erdacht worden seien. Dabei sollte man sich doch eigentlich zuerst darüber im Klaren sein, was man eigentlich messen möchte, und danach ein entsprechendes Messverfahren entwickeln, anstatt einfach draufloszutesten und anschließend ein Label daraufzukleben. Folgerichtig stellte Edwin Boring daher schon 1923 fest: Intelligenz ist, was ein Intelligenztest misst. Nicht mehr und nicht weniger.

Was ist Intelligenz?

Problematisch ist, dass es nicht nur einen Intelligenztest gibt, sondern viele, und damit streng genommen auch viele «Intelligenzen». David Wechsler schlug beispielsweise als Definition vor, Intelligenz sei die allgemeine Fähigkeit, zielgerichtet zu handeln, vernünftig zu denken und sich erfolgreich mit seiner Umwelt auseinanderzusetzen.

Diese Definition enthält bereits viele interessante Aspekte: das Verhalten, das Denken und vor allem die Beziehung zur Umwelt. Was intelligentes Denken und Handeln konkret bedeutet, kann sich also von Umwelt zu Umwelt, das heißt von Situation zu Situation oder kulturell-historischen Kontexten, unterscheiden. Von diesen wolkig anmutenden Definitionsbestandteilen ist in klassischen Matrizen-Intelligenztests allerdings oftmals nicht mehr viel zu spüren. Und so belässt man es am besten bei der Feststellung, dass Intelligenz das Potenzial beschreibt, ein hohes Bildungsniveau zu erreichen.

Matrizen-Intelligenztest: Sprachfreie Tests, bei denen Objekte auf bestimmte Art und Weise angeordnet werden und fehlende Objekte ergänzt werden sollen.

Die ersten Intelligenztests wurden entwickelt, um über Bildungswege von Kindern zu entscheiden. Der französische Psychologe Alfred Binet konzipierte einen Test zur Messung intellektueller Fähigkeiten von Kindern, um objektive Aussagen darüber zu ermöglichen, ob ein Kind besonderen schulischen Förderbedarf hatte. Dafür erstellte er sogenannte *Staffeltests*, die aus Aufgaben bestanden, die typischerweise von Kindern einer Altersstufe gelöst werden konnten, nicht aber von jüngeren Kindern. Löste ein Kind deutlich weniger Aufgaben, als für sein chronologisches Alter zu erwarten gewesen wäre (war sein Intelligenzalter also deutlich geringer als sein Lebensalter), dann lag besonderer Förderbedarf vor, und das Kind erhielt die Möglichkeit, eine Sonderschule zu besuchen.

Staffeltest: Intelligenztest für Schulkinder, bestehend aus Aufgaben, die typischerweise von Kindern eines bestimmten Alters gelöst werden können. Je mehr Aufgaben gelöst werden können, desto höher ist das Intelligenzalter.

Ihren Dienst taten diese Staffeltests, allerdings war ihre Einsatzmöglichkeit begrenzt, denn sie erlaubten keine aussagekräftigen Vergleiche von Kindern unterschiedlichen Alters. Nehmen wir ein Beispiel: Hat ein Kind im Alter von sechs Jahren ein Intelligenzalter von lediglich vier Jahren, so weicht es deutlich vom alterstypischen Intelligenzniveau ab. Weicht jedoch das Intelligenzalter eines deutlich älteren Kindes um zwei Jahre von seinem Lebensalter ab, dann ist diese Abweichung weit weniger dramatisch. Die Ursache dafür ist, dass die Intelligenz von Menschen einer Altersgruppe mit zunehmendem Alter immer mehr variiert: Sechsjährige Kinder sind sich in ihrer Intelligenz also beispielsweise deutlich ähnlicher als 12-jährige Kinder untereinander. Deshalb können deutliche Abweichungen zwischen Intelligenz- und Lebensalter in der frühen Kindheit alarmierend sein, sich im späten Kindesalter aber in einem völlig normalen Bereich befinden.

Der IQ

Aus dieser Problematik heraus entwickelte William Stern (der als Wilhelm Stern in Berlin geboren wurde) den Intelligenzquotienten. Dieser setzt das Intelligenzalter in Relation zum Lebensalter. Noch heute reden wir häufig vom IQ einer Person und nutzen damit weiterhin Sterns Begrifflichkeit, auch wenn wir uns mittlerweile von dieser Methode der Intelligenzbestimmung verabschiedet haben. Zwar ermöglicht Sterns Relation von Intelligenz- und Lebensalter den Vergleich unterschiedlich alter Kinder, aber sie erlaubt keine aussagekräftigen Vergleiche mit Erwachsenen. Das liegt daran, dass wir zwar immer älter werden, unser Lebensalter also bekanntermaßen kontinuierlich ansteigt, unser Intelligenzalter aber leider nicht. Und da es (zumindest bisher) nicht möglich ist, Aufgaben zu entwickeln, die – um ein Beispiel zu nehmen – von 31-Jährigen typischerweise gelöst werden können, von 30-Jährigen aber nicht, funktioniert die Messung des Intelligenzalters auf diese Art und Weise im Erwachsenenalter nicht mehr.

Und so kommen wir wieder auf David Wechsler zurück, der zwar den Begriff IQ beibehielt, aber die Normierung von Testergebnissen etablierte. Wenn Sie heute einen Intelligenztest machen, dann lösen Sie im Allgemeinen eine Vielzahl unterschiedlicher Aufgaben, und die Anzahl Ihrer korrekt gelösten Fragen wird anschließend mit der Anzahl richtiger Antworten anderer Personen Ihrer Altersgruppe verglichen. Entsprechen Sie haargenau dem Durchschnitt, dann haben Sie einen IQ von 100. Da dies auf kaum jemanden zutrifft, gilt die Konvention, dass ein IQ von 85 bis 115 zum Normbereich zählt. Gut zwei Drittel der Menschen befinden sich in diesem Normbereich, haben also eine durchschnittliche Intelligenz.

Von einer Intelligenzminderung (als einer psychischen Störung) wird gesprochen, wenn eine Person einen IQ von weniger als 70 erreicht und dadurch mehrere Funktionen des täglichen Lebens beeinträchtigt sind, beispielsweise deutliche Lernschwierigkeiten in der Schule auftreten. Das ist bei etwa zwei Prozent der Menschen der Fall. Die intelligentesten zwei Prozent der Bevölkerung – also das «andere» Ende der Intelligenzverteilung – werden als hochbegabt bezeichnet. Ihnen fällt das Lernen meist vergleichsweise leicht, sie können oft auch komplexe neue Aufgaben gut lösen und zeichnen sich dadurch aus, dass sie im Allgemeinen sehr schnell denken und arbeiten.

Zwei Dinge sind in diesem Zusammenhang wichtig zu wissen: Zum einen gibt es keine einheitliche Definition von Intelligenz. Das heißt, dass bei Ihnen (und allen anderen Menschen) unterschiedliche IQs gemessen werden können, wenn Sie unterschiedliche Tests machen. Einige legen beispielsweise ihren Schwerpunkt auf abstrakte mathematische Fähigkeiten, andere beinhalten Wissenstests und wieder andere berücksichtigen auch die Kreativität. Insofern gibt es auch nicht «den IQ» einer Person: Aufgrund eines Tests kann sie vielleicht als hochbegabt gelten, bei einem zweiten Test aber lediglich eine durchschnittliche Intelligenz bescheinigt bekommen.

Abgesehen davon werden sich die IQ-Schätzungen auch dann voneinander unterscheiden, wenn eine Person zweimal hintereinander den gleichen Test oder zwei als gleichwertig geltende Versionen eines Intelligenztests macht. Vielleicht hatte die Person bei der ersten Messung einfach einen besseren Tag oder war ausgeschlafener, konzentrierter oder motivierter, vielleicht wurde sie bei einer Messung abgelenkt, war hungrig oder hat einfach ein paarmal mehr richtig geraten, wenn sie die Antwort nicht sicher wusste. Das heißt: Jeder Intelligenztest misst ungenau, manche mehr, andere weniger. Meist werden Tests insbesondere bei extrem unter- oder extrem überdurchschnittlicher kognitiver Leistungsfähigkeit ungenauer. Das liegt unter anderem daran, dass es nur sehr wenige Menschen gibt, die eine ähnliche Intelligenz haben und zu denen man Vergleiche herstellen kann.

Aussagen wie «Ich habe einen IQ von 142!» sind daher mit großer Vorsicht zu genießen und erst dann informativ, wenn zum einen bekannt ist, um welchen Intelligenztest es sich handelt, und zum anderen Informationen zur Messgenauigkeit dieses Tests vorliegen. Erst damit lässt sich ein Bereich festlegen, der die tatsächliche Intelligenz mit hoher Wahrscheinlichkeit – typischerweise 95 Prozent – überdeckt. Es wird dadurch aber auch die begrenzte Aussagekraft beziehungsweise Ungenauigkeit solcher Intelligenztests deutlich. Nämlich dann, wenn aus einem IQ von 142 ein IQ-Bereich zwischen 130 und 150 wird.

Die Intelligenz eines Menschen ist davon abhängig, wie intelligent die anderen Menschen sind. Wäre ein Großteil der Bevölkerung begriffsstutzig, könnte selbst eine leidlich kluge Person als hochbegabt gelten. Die gleiche Person würde jedoch als durchschnittlich intelligent gelten, wenn alle anderen um sie herum ebenso «leidlich klug» wären.

Außerdem spielt auch der kulturell-historische Kontext eine Rolle. Unterschiede in der gemessenen Intelligenz zwischen Kulturen dürfen also nicht fälschlicherweise mit Unterschieden in der kognitiven Leistungsfähigkeit unterschiedlicher Ethnien gleichgesetzt werden, da die Übertragung eines Tests in andere Sprachen und Kulturen oftmals nur bedingt aussagekräftig ist.

Zusätzlich ist zu bedenken, dass im Allgemeinen solche Personen bei einem Leistungstest Erfolg haben, die der gleichen sozialen Gruppe angehören wie die Testentwicklerinnen. Wird also ein Test in Deutschland entwickelt und anschließend für die Bevölkerung im Kongo übersetzt, werden Personen aus Deutschland im Durchschnitt wahrscheinlich mehr Aufgaben richtig lösen können als Personen aus dem Kongo. Und umgekehrt. Das Gleiche können wir auch erwarten, wenn ein Test ausschließlich von Männern (beziehungsweise von Frauen) erstellt wird. Hier hat dann oftmals das jeweils andere Geschlecht geringere Chancen bei der Testbearbeitung.

Unterschiedliche Auffassungen von Intelligenz

Die Idee, unsere Intelligenz lasse sich in einem einzigen Wert zusammenfassen, stammt von dem britischen Psychologen Charles Spearman. Das, was viele unterschiedliche Intelligenztestaufgaben gemeinsamen haben, meint er, sei die allgemeine Intelligenz, ein gemeinsamer Faktor (der *g-Faktor*). Wie auch beim IQ wird damit die allgemeine kognitive Leistungsfähigkeit ermittelt.

Dadurch allerdings wird verdeckt, so argumentiert Louis Thurstone, dass es unterschiedliche intellektuelle Kompetenzen gäbe, die sich bei Menschen ähnlicher allgemeiner Intelligenz unterscheiden können. Um diese Komplexität zu berücksichtigen, beschrieb er die Intelligenz auf Basis eines Intelligenzprofils, welches das Leistungsniveau in sieben unterschiedlichen Aufgabengruppen abbilden kann. Zu diesen Aufgabengruppen zählten die räumliche Vorstellungskraft und die Wahrnehmungsgeschwindigkeit, das Sprachverständnis und die verbale Flüssigkeit, die numerische und die Merk-Fähigkeit sowie das Erkennen von Regelmäßigkeiten, beispielsweise in Zahlenreihen (Induktion).

Andere Tests nehmen dagegen wieder eine andere Intelligenzstruktur an: Der Berliner Intelligenzstrukturtest zum Beispiel misst unterschiedliche intellektuelle Fähigkeiten unabhängig vom zugrundeliegenden Testmaterial. Da einige Menschen besser mit numerischen Aufgabenstellungen umgehen können, andere dafür mit verbalen und wiederum andere mit figural-bildhaften, gelingen ihnen auch Intelligenztestaufgaben unterschiedlich gut, je nachdem, ob mit Zahlen oder Wörtern oder Bildern umgegangen werden soll. Ein genaueres Bild über die Fähigkeiten einer Person ergibt sich dann, wenn diese jede ihrer intellektuellen Fähigkeiten mit jedem Testmaterial unter Beweis stellen muss. Und so wird im Berliner Intelligenzstrukturtest die Schnelligkeit bei der Lösung einfacher Aufgaben, die Merkfähigkeit, die Kreativität und die Verarbeitungskapazität (dazu zählt zum Beispiel das Finden von Analogien) sowohl mit Zahlen als auch mit Bildern und Wörtern erhoben, um die Stärken und Schwächen einer Person genau herausarbeiten zu können.

Unabhängig davon, ob unsere Intelligenz nun auf einen Wert reduziert oder als Profil in sieben oder zwölf Bereichen zusammengefasst werden sollte, tut sich immer wieder ein Problem auf: Die gemessene Intelligenz ist vom Bildungsniveau einer Person beeinflusst. Wenn wir jedoch mit Hilfe der Intelligenz das Potenzial erfassen wollen, ob eine Person ein hohes Bildungsniveau erreichen kann, dann sollte die Intelligenzmessung möglichst unabhängig vom momentanen Bildungsniveau sein.

Das fand auch Raymond Cattell, der bei der Intelligenz zwei Bestandteile unterschied, nämlich die *fluide* und die *kristalline Intelligenz*. Die fluide Intelligenz bewertet das Potenzial einer Person, also die allgemeine Fähigkeit, zu lernen und sich an neue Situationen anzupassen oder unbekannte Probleme zu lösen. Dazu gehören beispielsweise die Fähigkeit zum räumlichen Denken (etwa das Drehen von Objekten vor dem inneren Auge), die Merkfähigkeit oder die Fähigkeit zum induktiven, also schlussfolgernden Denken.

Die kristalline Intelligenz dagegen beschreibt erworbenes Wissen und die Fähigkeit, dieses bei der Lösung von Problemen anzuwenden. Hierzu zählen zum Beispiel der Wortschatz einer Person und ihre Wortflüssigkeit. Letztere beschreibt, ob ein Mensch eine Vielzahl von Wörtern generieren oder nennen kann, die bestimmte Anforderungen erfüllen (zum Beispiel Wörter nennen, die alle mit der Silbe «Fern-» beginnen).

> *Fluide Intelligenz*: Die bildungsunabhängige Fähigkeit eines Menschen, zu lernen, Zusammenhänge zu begreifen und unterschiedlichste Probleme zu lösen.
>
> *Kristalline Intelligenz*: Beschreibt den Umfang des erlernten Wissens und die Fähigkeit, dieses anzuwenden.

Gelänge es, einen Test zu entwickeln, der ausschließlich die fluide Intelligenz einer Person misst, dann wäre dies ein idealer Indikator zur bildungsunabhängigen Ermittlung des Lern-Potenzials einer Person. Leider gelingt das nie. Jeder Intelligenztest ist zu einem (mindestens kleinen, oftmals größeren) Teil von der kristallinen Intelligenz, also dem Bildungshintergrund, abhängig. So kommt es, dass Tests die fluide Intelligenz von wenig gebildeten Menschen oftmals unterschätzen – weil ein geringes Bildungsniveau die Beantwortung behindert – und die fluide Intelligenz von sehr gut gebildeten Menschen eher überschätzen (weil ein hohes Bildungsniveau einen gewissen Mangel an fluider Intelligenz wettmachen kann).

Wie intelligent eine Person ist, ist offensichtlich von einer Vielzahl von Faktoren abhängig: dem Testverfahren, das angewendet wird, der Intelligenz der anderen Menschen in der Bevölkerung, dem Bildungshintergrund und dem kulturell-historischen Kontext, in dem sich ein Mensch befindet und in dem der Test durchgeführt wird. Darüber hinaus haben wir bereits gesehen, dass Menschen unterschiedlichen Alters sich in ihrer Intelligenz voneinander unterscheiden.

Wie sich Intelligenz entwickelt

Die Intelligenz von Kindern erhöht sich kontinuierlich, was bei Staffeltests für Schullaufbahnentscheidungen genutzt wird, um die kognitive Leistungsfähigkeit von Kindern zu messen und zu vergleichen. Dieser Aufwärtstrend hält leider nur begrenzt an. Im Laufe des Jugend- und jungen Erwachsenenalters stagniert er und kehrt sich sogar in einen Abwärtstrend um. Diese Entwicklung gilt zumindest für unsere fluide Intelligenz, beispielsweise unsere Fähigkeit zum abstrakten Denken, sowie für unser Kurzzeitgedächtnis.

Die kristalline Intelligenz jedoch, die unser Erfahrungswissen beinhaltet, steigt über die gesamte Lebensspanne an, stellte Phillip Ackerman vom Georgia Institute of Technology fest. Wollten wir einen Zeitpunkt maximaler intellektueller Leistungsfähigkeit festlegen, dann läge dieser wohl bei einem Alter in den 30ern. Zu diesem Zeitpunkt sinkt die fluide Intelligenz zwar schon deutlich, aber die kristalline Intelligenz ist schon gut entwickelt. Vor diesem intellektuellen Höhepunkt profitieren wir vor allem von vergleichsweise schnellem Denken und besseren intellektuellen Lernvoraussetzungen. Danach dann meist eher von einer fundierten Bildung und einem breiten Erfahrungsschatz.

Der Abwärtstrend bei der Entwicklung der fluiden Intelligenz ist variabel. Ulman Lindenberger, Entwicklungspsychologe am Max-Planck-Institut für Bildungsforschung in Berlin, geht von einem breiten Bereich möglicher Entwicklungsverläufe aus. Diese gehen zwar alle letztlich mit einer Minderung der Intelligenz einher, aber der Zeitpunkt und das Ausmaß der Abbauprozesse sind individuell sehr unterschiedlich. Der tatsächliche Entwicklungsverlauf ist von der individuellen Begabung einer Person und den förderlichen oder hinderlichen Merkmalen ihrer Umwelt abhängig.

Auch die Lebenswege, die wir einschlagen, haben einen Einfluss auf unsere Intelligenzentwicklung. Sucht jemand in seinem Leben intellektuelle Herausforderungen, hält sich körperlich fit und ist sozial gut integriert, dann wird sich dies positiv auf seine intellektuelle Entwicklung auswirken. Fraglich ist natürlich, wie das gehen soll, gleichzeitig einen Marathon zu laufen, plaudernd mit den Freundinnen bei einem Glas Rotwein zu sitzen und nebenher noch eine komplexe wissenschaftliche Frage zu beantworten. Aber dass jemand, dem dies gelingen sollte, intelligent ist, lässt sich sicherlich nicht in Abrede stellen.

Erkenntnisse aus Schottland

Zu den beeindruckendsten Studien zur Entwicklung der Intelligenz gehören unzweifelhaft die Arbeiten des Psychologen Ian Deary aus dem schottischen Edinburgh. Sie bauen auf weit zurückliegenden (und dadurch besonders wertvollen) Datensätzen zur Intelligenz auf, den *Scottish Mental Surveys*. In diesen wurde am 1. Juni 1932 die Intelligenz aller Kinder in ganz Schottland gemessen, die im Jahr 1921 geboren wurden, also zu diesem Zeitpunkt etwa elf Jahre alt waren. Insgesamt 87 498 Kinder waren das. 15 Jahre später, am 4. Juni 1947, wurde diese Testung wiederholt, nicht an denselben Kindern, sondern wieder an so gut wie allen Elfjährigen Schottlands, dieses Mal insgesamt 70 805 Kinder. Nie zuvor und niemals danach gab es eine solch umfangreiche gleichzeitige Erhebung der Intelligenz ganzer Geburtenjahrgänge.

Das Ziel dieser Erhebung war, die kognitive Leistungsfähigkeit aller Kinder Schottlands zu beschreiben, um unter anderem herauszufinden, welche Faktoren mit einer hohen (oder niedrigen) Intelligenz einhergehen. Man war besorgt, dass Kinder aus größeren Familien, das heißt mit mehreren Geschwistern, einen geringeren IQ haben könnten als Kinder aus kleineren Familien und dass sich dadurch langfristig das Intelligenzniveau Schottlands senken würde. Zumindest Ersteres sollte sich später bestätigen, wobei damit natürlich noch keine der vielen möglichen Ursachen aufgedeckt ist. Vielleicht bekommen intelligente Eltern sowohl weniger Kinder als auch intelligentere Kinder. Oder es könnten Eltern mit mehr Kindern in vielen Lebensbereichen benachteiligt sein und ihren Kindern deshalb nicht die gleichen Bildungschancen ermöglichen wie kleinere Familien.

All das war lange vor Dearys Zeit. Als er in den 90er Jahren zurück an die Universität in Edinburgh kam, nutzte er jedoch diesen Datenschatz und suchte die damals elfjährigen Kinder, die mittlerweile über 70 Jahre alt waren, erneut auf, um ihre Lebenswege zu erfragen und ihre Intelligenz zu messen. Einerseits war das eine sehr aufwendige Suche, andererseits wurde die Sache insofern vereinfacht, als dass lediglich nach Personen gesucht werden musste, die einem der beiden Geburtsjahrgänge angehörten und ihre Kindheit in Schottland verbracht hatten.

So konnten die handschriftlichen Untersuchungsergebnisse, die jahrzehntelang und über die turbulenten Kriegsjahre hinweg in den Räumen einer schottischen Behörde auf ihre Wiederentdeckung gewartet hatten, mit den aktuellen Testergebnissen der Überlebenden verknüpft werden. Dabei zeigten sich bei den erneut Getesteten erstaunlich große Zusammenhänge zu ihrer Intelligenz im Alter von elf Jahren: Personen, die damals zu den Klügsten gehört hatten, gehörten mit hoher Wahrscheinlichkeit auch im Alter zu den Klügsten ihrer Generation. Etwa die Hälfte der Unterschiede in der Intelligenz der Hochbetagten konnte auf deren Intelligenz im Kindesalter zurückgeführt werden, obwohl dazwischen viele Jahrzehnte und ganz unterschiedliche Lebenswege lagen. Auch die oben angesprochenen

Alterungsprozesse zeigten sich, besonders stark bei den Frauen übrigens, während das Alter bei den Männern geringere Spuren hinterließ.

Die Wahrscheinlichkeit, überhaupt bis zu einem Alter von über 70 Jahren zu überleben, ist maßgeblich von der Intelligenz im Kindesalter beeinflusst. Im Vergleich zu Kindern mit einer durchschnittlichen Intelligenz hatten Personen, bei denen im Alter von elf Jahren eine leicht unterdurchschnittliche Intelligenz gemessen wurde, eine etwa 20 Prozent geringere Wahrscheinlichkeit, ihren 76. Geburtstag zu erleben. Bei Personen, die im Kindesalter deutlich unterdurchschnittlich intelligent waren, verminderte sich die Chance, so lang zu leben, sogar um über 30 Prozent.

Je intelligenter ein Mädchen war, das in den 20er oder 30er Jahren des letzten Jahrhunderts in Schottland lebte, desto höher war seine Überlebenschance. Das galt für jedes Lebensalter, nicht nur für das hohe. Auch im jungen und mittleren Erwachsenenalter starben überzufällig viele Frauen, bei denen in der Kindheit ein geringer IQ gemessen wurde. Bei den Jungen war dieser Zusammenhang weniger stringent, was vor allem daran liegt, dass in den Kriegsjahren viele der Jungen starben, die zu den Klügsten ihres Jahrgangs gehört hatten.

Nun fragt man sich natürlich, warum es einigen Menschen gelingt, ein längeres und gesünderes Leben zu führen als andere, und welche Verhaltensweisen es gibt, die einen gesunden Entwicklungsverlauf begünstigen. Eine vollständige Antwort darauf lässt sich aus der schottischen Erhebung bisher nicht ableiten, wohl aber lassen sich einige naheliegende, jedoch falsche Antworten ausschließen. Zum Beispiel zeigte sich, dass Menschen, die im hohen Alter besonders gesund und munter waren, mehr Zeit mit intellektuell stimulierenden Beschäftigungen verbrachten, mehr Kaffee tranken und auch mehr Rotwein.

Würden wir also alle ein gesünderes Leben haben, wenn wir mehr Kaffee und Rotwein tränken? Mitnichten, zeigen die Studien von Deary. Denn Menschen, die im Kindesalter durch eine hohe Intelligenz auffielen, hatten eine höhere Wahrscheinlichkeit, viel Kaffee und Rotwein zu trinken und sich häufig mit intellektuellen Aktivitäten zu beschäftigen, und lebten gleichzeitig auch länger. Bei den Verhaltensweisen handelt es sich also nicht unbedingt um Ursachen für ein langes Leben, sondern lediglich um Begleiterscheinungen einer hohen Intelligenz, die ihrerseits die eigentliche Ursache für ein langes Leben ist. Das liegt wiederum unter anderem daran, dass intelligente Menschen ein höheres Bildungsniveau erreichen, von einem besseren Einkommen und von einer besseren körperlichen Fitness profitieren.

Andere Zeiten, andere Intelligenzwerte

Die Intelligenz entwickelt sich nicht nur im Laufe des Lebens eines Menschen, sondern auch über Generationen hinweg. Der Politikwissenschaftler James Flynn entdeckte, dass sich die Leistung, die Personen in Intelligenztests zeigen, über die Zeit immer weiter erhöht. Würde eine durchschnittlich intelligente Person unserer Zeit einen 100 Jahre alten Intelligenztest machen, dann würde sie aufgrund ihrer Leistung in dem Test als hochbegabt gelten. Oder andersherum: Würde eine Person, die vor 100 Jahren zum intellektuellen Durchschnitt gehörte, einen Intelligenztest von heute machen, dann würde ihre Leistung nahelegen, dass sie eine Intelligenzminderung habe.

Wie kommt es, dass sich die kognitive Leistungsfähigkeit breiter Bevölkerungsschichten über einen vergleichsweise kurzen Zeitraum so fundamental verbessert hat? Mit genetischen Veränderungen oder evolutionspsychologischen Erklärungsansätzen lässt sich diese Verbesserung zumindest nicht erklären, denn dafür ging sie viel zu schnell. Vielmehr werden bessere Lebensbedingungen dafür verantwortlich gemacht, von denen heutzutage insbesondere Schwangere und Kleinkinder profitieren und die zum Beispiel auch zu einem Anstieg der Körpergröße geführt haben. Außerdem haben wir heute ein besseres Testwissen, sind also die für Intelligenztests typischen Aufgaben und den Umgang damit gewöhnt, was es uns leichter macht, sie zu beantworten.

Flynn selbst begründet den nach ihm benannten Effekt als Folge besser ausgebildeter mentaler Werkzeuge. Diese hätten sich durch die gestiegene

Technisierung unserer Gesellschaft entwickelt, die wiederum ein höheres intellektuelles Niveau erfordere als noch vor einigen Jahrzehnten. Unsere Welt ist also komplexer geworden und mit ihr die Aufgaben, die wir zu bewältigen haben. Gleichzeitig ermöglicht uns eine Schulbildung, die heute im Durchschnitt deutlich umfangreicher ist und deutlich mehr Menschen einer Bevölkerung erreicht als vor 100 Jahren, auf diese komplexeren Anforderungen vorbereitet zu sein.

James Flynn hat einen sehr empfehlenswerten TED-Talk zu diesem Thema gehalten: www.ted.com/talks/james_flynn_why_our_iq_levels_are_higher_than_our_grandparents

Schaut man sich an, in welchen Bereichen die Leistungsfähigkeit angestiegen ist, stechen drei besonders hervor: die Fähigkeit zur Klassifikation, die Fähigkeit zur Abstraktion und die Bereitschaft, das Hypothetische ernst zu nehmen. Gemeint ist damit: Heute gelingt es uns deutlich besser, Gemeinsamkeiten zwischen verschiedenen Objekten aufzudecken und Analogien zu verstehen. Wir können uns besser in andere Menschen oder künstliche Situationen hineindenken und so das Hypothetische, also das Angenommene, (noch) nicht Reale, als Grundlage für komplexe Entscheidungen nutzen.

Früher dagegen hätten unsere Vorfahren laut Flynn vor allem einen Blick für das Konkrete gehabt, für die tatsächlichen Gegebenheiten, wie man sie sehen und anfassen kann. Das reicht heute nicht mehr aus, denn vieles, mit dem wir uns tagtäglich beschäftigen, ist abstrakt und hypothetisch, nicht immer sicht- und greifbar. Um sich diesen Gegebenheiten anzupassen, haben Menschen neue Denkgewohnheiten entwickelt und sich damit an die neuen Herausforderungen angepasst.

Mittlerweile scheint dieser Intelligenzanstieg zwar zu stagnieren, die historischen Zuwächse bedürfen aber dennoch weiterhin gewisser Vorsichtsmaßnahmen. Denn selbst wenn die gemessene Intelligenz weniger zunimmt, könnten wir, wenn wir diesen Anstieg nicht berücksichtigten, zu schwerwiegenden Fehlentscheidungen kommen. Eine davon ist die Diagnose von Legasthenie, eine Lese- und Rechtschreibstörung. Diese wird nur dann diagnostiziert, wenn die betroffene Person über eine normale Intelligenz verfügt, ihre Schwierigkeiten also nicht auf eine allgemeine Intelligenzminderung zurückzuführen sind. Wird jedoch ein veralteter Intelligenztest angewendet, dann wird die Intelligenz einer Betroffenen damit überschätzt und so gegebenenfalls fälschlicherweise eine Legasthenie diagnostiziert, obwohl eigentlich eine allgemeine Intelligenzminderung vorliegt.

Eine Überschätzung der Intelligenz kann sogar Leben kosten, argumentiert Flynn. Zum Beispiel werden verurteilte Straftäterinnen in den USA von der Todesstrafe verschont, wenn bei ihnen eine Intelligenzminderung festgestellt wird. Wird jedoch ein veralteter Intelligenztest angewendet und bei einer Täterin eine höhere Intelligenz diagnostiziert, als es auf Basis aktueller Vergleiche mit den Menschen ihrer Generation der Fall wäre, dann könnte eine Intelligenzminderung unentdeckt bleiben, und die Verurteilte würde keine Immunität erhalten. In diesem zugegebenermaßen extremen Szenario entscheidet eine mehr oder weniger akkurate Intelligenzmessung über Leben und Tod.

Um solchen Fehlschlüssen vorzubeugen, müssen Intelligenztests heutzutage spätestens nach acht Jahren neu normiert werden. Das heißt, dass dann eine erneute Testung an einer großen, repräsentativen Stichprobe Aufschluss darüber geben muss, wie die Leistung in einem Intelligenztest in der Bevölkerung verteilt ist. Der Test selbst muss dafür nicht verändert werden, sondern lediglich die Vergleichswerte. Eine solche Aktualisierung erlaubt dann einen aussagekräftigen Vergleich der Leistung einer Person mit der Leistung anderer Personen ihrer Generation.

Eine deutliche Verbesserung des gemessenen IQ lässt sich übrigens nicht nur über Generationen, sondern auch über die Anzahl der Testdurchführungen erreichen. Das hat wieder mit der Steigerung des Testwissens zu tun, die maßgeblich die Wahrscheinlichkeit für die korrekte und schnelle Beantwortung von Intelligenztestaufgaben beeinflusst. Beantwortet eine Person zehn Intelligenztests und wertet diese selbständig aus, erhält so also die Möglichkeit, aus ihren Fehlern zu lernen, dann wird sich ihre Leistung in einem elften Intelligenztest erheblich verbessern. Ihre Intelligenz ist jedoch natürlich nicht mit gleicher Geschwindigkeit gewachsen.

Wird ein Intelligenztest zur Auswahl von Bewerberinnen auf eine Stelle genutzt, was nicht ungewöhnlich wäre, dann könnte ein solches Intelligenztest-Training die Auswahlentscheidung verzerren. Einerseits ist das problematisch, weil die Bewerberinnen unter diesen Umständen nicht mehr unter gleichen Voraussetzungen miteinander verglichen werden. Andererseits kann diese Verzerrung dadurch abgemildert werden, dass es ein Zeichen besonders stark ausgeprägter Ambition und Gewissenhaftigkeit wäre, sich mit zehn Intelligenztests vorbereitet zu haben. So würde man zwar die Intelligenz einer Bewerberin überschätzen, hätte es gleichzeitig aber vermutlich mit einer besonders gewissenhaften Person zu tun. Und da, wie wir bereits wissen, Gewissenhaftigkeit zu den wichtigen Einflussfaktoren für den Berufserfolg zählt, würde man letztlich wohl keine allzu falsche Auswahlentscheidung treffen.

Intelligenz: Ein genetisches Schicksal?

Die Intelligenz ist ein Persönlichkeitsmerkmal mit besonders hoher Erblichkeit. Über die Hälfte der Unterschiede in der Intelligenz zwischen Menschen ist darauf zurückzuführen, dass sich Menschen genetisch voneinander unterscheiden. Das ist im Vergleich zu anderen Persönlichkeitseigenschaften viel und kann eine der Ursachen für die über viele Jahrzehnte hinweg erstaunliche Stabilität der Intelligenz sein.

Wir haben gesehen, dass intelligente Menschen in vielen Lebensbereichen Vorteile haben. Es wäre also auch gesellschaftlich ein Gewinn, die Intelligenz der Bevölkerung zu fördern, zum Beispiel indem Menschen aller sozialen Schichten und unabhängig von Geschlecht oder Herkunft gleiche Chancen auf eine hohe Bildung erhalten. Aber lässt sich Intelligenz trotz ihrer starken genetischen Komponente überhaupt beeinflussen oder verändern?

Tatsächlich steigern gesellschaftliche Veränderungen, die bessere Bildungschancen für alle Menschen ermöglichen, die Erblichkeit der Intelligenz. Elliot Tucker-Drob von der University of Texas in Austin erklärte das zusammen mit Kolleginnen folgendermaßen: Eine hohe Bildung – bei einem freien Zugang – sei eben nicht mehr von der sozialen Schicht (oder anderen irrelevanten Merkmalen) abhängig, sondern von genetisch (mit)bedingten Persönlichkeitseigenschaften wie der kognitiven Leistungsfähigkeit, den akademischen Interessen, der Leistungsmotivation und der Gewissenhaftigkeit.

Stehen einem Menschen, unabhängig von seiner sozialen Schicht, seinem Geschlecht, seiner Herkunft – also von Merkmalen, die nichts mit Intelligenz zu tun haben –, alle Bildungs- und Lebenswege offen, dann würden wir erwarten, dass sich dieser Mensch intellektuelle Herausforderungen in Abhängigkeit von seinem Potenzial sucht. Eine intelligente Person wird sich also in Situationen begeben, die ihre Intelligenz fördert. Eine wenig intelligente Person wird diese Situationen dagegen eher meiden. Die anfänglichen Unterschiede im intellektuellen Potenzial werden sich durch diese unterschiedlich förderlichen Umgebungen damit entsprechend festigen. Auf diese Weise wird sich die Erblichkeit der Intelligenz in einer Gesellschaft mit hoher Chancengerechtigkeit erhöhen.

Nehmen wir ein Beispiel: In einer Gesellschaft ohne soziale Hürden wird sich eine intelligente Frau eher für ein Studium entscheiden als eine weniger intelligente Frau. Sie wird dort vermutlich auch anspruchsvollere Kurse besuchen und sich in intellektuell anregendere Projekte stürzen als Kommilitoninnen, denen es schwererfällt, intellektuelle Herausforderungen zu meistern. Auch in ihrer Freizeit wird sich diese Frau eher mit herausfordernderen Themen beschäftigen und sich vermehrt Freundinnen suchen, die eine ähnliche Denkweise haben. Indem sie sich eine solche intellektuell anregende Umwelt schafft, verstärkt sie wiederum ihre intellektuellen Fähigkeiten. Auf diese Art und Weise können sich ursprünglich kleine genetisch (mit)bedingte Unterschiede in der Intelligenz durch einen entsprechenden stabilen Umwelteinfluss verfestigen oder sogar vergrößern.

Die tatsächliche Intelligenz von Menschen ist stark durch ihre genetische Voraussetzung für eine hohe (beziehungsweise niedrige) Intelligenz beeinflusst, wenn sie in Familien einer hohen sozialen Schicht aufgewachsen sind. Das liegt daran, dass ein hohes Einkommen der Eltern und ein oftmals vielfältigeres Bildungsangebot dem Kind viele Möglichkeiten verschaffen, sich seinem Potenzial entsprechend zu entwickeln. Das Potenzial für eine hohe Intelligenz entfaltet sich nämlich dann, wenn mit dem Kind viel gesprochen und ihm vorgelesen wird, wenn es Zugang zu Büchern, Zeitungen und Computern erhält, inspirierende Ausflüge zu Museen oder mit Freundinnen unternimmt und in seiner Neugier bestärkt wird.

All dies ist natürlich nicht allein in bildungsbürgerlichen Familien zu finden und auch dort kein Selbstläufer. Aber die Wahrscheinlichkeit für solche begünstigenden Entwicklungsbedingungen steigt mit der sozialen Schicht. Wobei einschränkend hinzugefügt werden sollte, dass diese Auswirkungen auf die intellektuelle Stimulation eines Kindes in Europa deutlich geringer ausfällt, als es beispielsweise in den USA der Fall ist.

Die Intelligenz von Menschen, die in einer niedrigeren sozialen Schicht aufwachsen, ist dagegen oftmals von weniger Entfaltungsmöglichkeiten geprägt. Dadurch können sich diese Kinder selbst bei einem hohen intellektuellen Potenzial nicht in gleicher Weise entsprechend ihrer Möglichkeiten entwickeln. Die Konsequenz: Der genetische Einfluss der Intelligenz fällt in dieser Bevölkerungsgruppe geringer aus.

Freie Gestaltungsmöglichkeiten der Umwelt beziehungsweise große Freiheiten bei der Auswahl der Umwelt, in der jemand lebt, führen also zu einer steigenden Bedeutung genetischer Einflussfaktoren. Da mit dem Lebensalter der Gestaltungsspielraum eines Menschen zunimmt und weniger von den Eltern oder anderen Bezugspersonen beeinflusst wird, müsste gleichzeitig mit dem Alter auch der genetische Einfluss auf die Intelligenz ansteigen.

Diese Annahme bestätigen Daniel Briley und Elliot Tucker-Drob in einer Meta-Analyse über viele Zwillingsstudien hinweg, die sich mit dem genetischen Einfluss auf die Intelligenz im Kindes- und Jugendalter beschäftigten. Zwischen einem Alter von sechs Monaten und 18 Jahren wird die Intelligenz eineiiger Zwillinge immer ähnlicher, die Intelligenz zweieiiger Zwillinge jedoch nicht, das heißt, die Erblichkeit der Intelligenz stieg.

Bis zu einem Alter von acht Jahren scheinen dafür vor allem neue genetische Einflussfaktoren die Ursache zu sein, die entweder auf biologische Reifungsprozesse oder Umweltveränderungen zurückzuführen sind, die eine Aktivierung (beziehungsweise Deaktivierung) von Genen auslösen und damit die Intelligenz beeinflussen. Ab einem Alter von acht Jahren spielt dies jedoch kaum mehr eine Rolle. Der genetische Einfluss auf die Intelligenz steigt dann vor allem deshalb, weil Kinder mit unterschiedlicher genetischer Veranlagung für eine hohe (beziehungsweise niedrige) Intelligenz unterschiedliche Umwelten aufsuchen, die sich wiederum mehr (oder weniger) förderlich auf ihre weitere Intelligenzentwicklung auswirken.

Die Entwicklung der Intelligenz ist ein Beispiel dafür, dass Gene und Umwelt miteinander interagieren und nicht in Isolation betrachtet werden können. Denn unsere genetische Veranlagung beeinflusst, mit welchen Umgebungsbedingungen wir konfrontiert sind, die sich wiederum auf unsere Persönlichkeit auswirken und so unsere ursprüngliche Veranlagung stärken können. So lässt sich im Endeffekt nicht mehr wirklich sagen, ob die tatsächliche Intelligenz einer Person auf einer genetischen Veranlagung beruht oder ob sie von ihrer Umwelt entsprechend gefördert wurde. Deutlich wird damit auch, dass sich das intellektuelle Potenzial einer Gesellschaft dann erhöht, wenn allen ihren Mitgliedern gleiche Chancen auf eine freie Entwicklung ihres Potenzials ermöglicht wird.

Macht Schule aus uns intelligentere Menschen?

Gesellschaftliche Veränderungen können die Intelligenz von Menschen durchaus erhöhen. Christian Brinch und Taryn Ann Galloway wiesen in einer Studie nach, dass sich eine Verlängerung der Schulzeit merklich auf die Intelligenz der Bevölkerung auswirkt. Schon vorher war bekannt, dass Menschen, die länger zur Schule gingen, intelligenter sind. Die Richtung dieses Effekts blieb jedoch unklar: Waren es die klügeren Menschen, die es länger in der Schule hielt? Oder machte die Schule aus ihnen klügere Menschen?

Die Studie von Brich und Galloway nutzte die Tatsache, dass in Norwegen zwischen 1955 und 1972 die gemeinsame, verpflichtende Schulbildung von sieben auf neun Jahre verlängert wurde. Diese Verlängerung fand nicht in allen der mehr als 500 Gemeinden des Landes gleichzeitig statt, sondern zeitlich gestaffelt. Bei einem Großteil der norwegischen Männer wurde außerdem im Rahmen der Einberufung in den Militärdienst die Intelligenz gemessen. So konnte man untersuchen, ob Männer, die in Gemeinden mit längerer gemeinsamer Schulbildung aufgewachsen waren, den gleichaltrigen Männern aus Gemeinden mit kürzerer gemeinsamer Schulbildung intellektuell überlegen waren. Und das waren sie.

Dieses Ergebnis ist deshalb besonders aussagekräftig, weil es sich bei der norwegischen Schulreform um eine allgemeine, von außen ausgelöste Veränderung handelte, die Kinder jedes intellektuellen Niveaus betraf. Es zeigt also deutlich, dass gesellschaftliche Maßnahmen in Bezug auf die allgemeine Intelligenz durchaus etwas bewirken können.

Die Intelligenz einer Person steht nicht nur in Wechselwirkung mit der genetischen Veranlagung und der Stimulation durch ihr Umfeld, sondern auch mit weiteren Persönlichkeitseigenschaften. Eine wichtige Rolle kommt hierbei der Offenheit für neue Erfahrungen zu. Matthias Ziegler von der Humboldt-Universität zu Berlin zeigte zusammen mit Kollegen, dass Menschen, die sich für neue Ideen, Verhaltensweisen, Werte und Phantasien begeistern, gleichzeitig oftmals intelligenter sind. Auch sind sie wie geschaffen dafür, sich neuen Herausforderungen zu stellen. Dadurch wird ihre fluide Intelligenz gefördert, die dann wiederum die Lernvoraussetzungen für die Verbesserung der kristallinen Intelligenz bietet.

Diese Zusammenhänge zeigen sich sowohl für junge Erwachsene als auch für ältere Menschen. Ein positiver Kreislauf zur Anhäufung von intellektuellen Fähigkeiten und Wissensinhalten ist also keineswegs auf das erste

Lebensdrittel beschränkt, sondern erstreckt sich über die gesamte Lebensspanne.

Abwechslungsreiche Freizeitbeschäftigungen und das Sammeln neuer Erfahrungen, die tiefgehende Auseinandersetzung mit Literatur und Kunst oder angeregte Diskussionen im Freundeskreis sind daher sowohl ein Zeichen für eine stark ausgeprägte Offenheit für neue Erfahrungen als auch ein Katalysator für eine positive Entwicklung der Intelligenz.

6. Die Persönlichkeit verändern

Im Laufe dieses Buches haben Sie (hoffentlich!) viel über die Persönlichkeit im Allgemeinen und Ihre Persönlichkeit im Besonderen erfahren. Stimmt dieses neue Wissen mit Ihrem Selbstbild überein? Und da Sie nun von der Veränderlichkeit der Persönlichkeit wissen: Regt sich in Ihnen der Wunsch, Ihre Persönlichkeit zu optimieren? Vielleicht um die Chancen auf eine glückliche Beziehung oder eine erfolgreiche Karriere zu erhöhen? Schließlich hat die Persönlichkeit weitreichende Konsequenzen sowohl auf unsere alltäglichen Gedanken, Gefühle und Verhaltensweisen als auch auf die Situationen, die wir aufsuchen, und die Lebenswege, die wir einschlagen. Und gleichzeitig, das haben die Beispiele in den vorangegangenen Kapiteln immer wieder gezeigt, ist die Persönlichkeit nicht in Stein gemeißelt, sondern ändert sich. Selten von jetzt auf gleich und selten von einem Extrem zum anderen, aber eben auch selten gar nicht. Denn die Situationen, die wir erleben, wirken auf uns zurück. Die Menschen, auf die wir treffen, prägen uns ebenso, wie wir unsere Mitmenschen prägen. Und unser Lebensweg eröffnet uns weitere Chancen und Herausforderungen, die uns verschlossen oder von denen wir verschont geblieben wären, hätten wir lange Zeit zuvor einen anderen Weg eingeschlagen.

Die Verbindung zwischen dem großen Einfluss unserer Persönlichkeit und ihrer Veränderlichkeit schreit quasi danach, diese für sich zu nutzen, um die Persönlichkeit im eigenen Sinne zu verändern. Genau dies wollen auch neun von zehn Menschen tun, wie eine Studie von Nathan Hudson und Brent Roberts zeigt. Die Gewissenhaftigkeit wollten sogar 97 Prozent (!) der Probandinnen dieser Studie erhöhen. Zumindest Letzteres lässt sich vielleicht auch damit erklären, dass es sich bei den untersuchten Personen um Studierende handelte.

Wie sich die Persönlichkeit aktiv verändern lässt

Eine Möglichkeit für eine zielgerichtete Persönlichkeitsentwicklung ist, sich Herausforderungen zu stellen, von denen man weiß, dass sie die gewünschte Veränderung zur Folge haben. In Kapitel vier haben Sie gelesen, dass junge Männer, die Zivildienst leisten, durch diese Tätigkeit verträglicher werden als Gleichaltrige, die dies nicht tun. Vermutlich lassen sich diese Veränderungen auch bei einem Freiwilligen Sozialen Jahr finden, und zwar nicht nur bei Männern, sondern auch bei Frauen.

Oder erinnern Sie sich an den Befund, dass Studierende, die einen Teil ihres Studiums im Ausland verbringen, offener für neue Erfahrungen werden? Darüber hinaus gilt das Studium nicht nur als Phase des Lernens, sondern verfolgt idealerweise auch das Ziel der Persönlichkeitsentwicklung. Und tatsächlich geht ein Studium im Durchschnitt mit einer Erhöhung der Verträglichkeit einher.

Drei Voraussetzungen für eine Persönlichkeitsveränderung formulieren Avshalom Caspi und Terrie Moffitt in ihrer *paradoxen Theorie der Persönlichkeitskohärenz*. Zum einen muss die neue Lebenssituation mit dem starken Druck einhergehen, sich zu verhalten, also aktiv zu werden, anstatt passiv zu verharren. Eine neue Situation ist nämlich vor allem dann prägend, wenn man nicht nur beobachtend lernt, sondern direkt am eigenen Leib. In den eben genannten Beispielen ist das jeweils der Fall: Sowohl beim Freiwilligen Sozialen Jahr als auch während eines Auslandsaufenthaltes oder eines Studiums befindet sich eine Person in einer neuen Situation, in der sie im Allgemeinen sofort einen aktiven Part übernimmt, *learning by doing* sozusagen.

Die Abkehr von vorherigen Gewohnheiten ist eine zweite Bedingung, um eine Persönlichkeitsveränderung anzustoßen. Es muss klar sein oder zumindest schnell deutlich werden, dass bisherige Verhaltensmuster in der neuen Lebenssituation nichts mehr taugen. Beispielsweise kann sich eine Person während ihres Freiwilligen Sozialen Jahrs offensichtlich nicht so verhalten wie noch zu Schulzeiten, denn es ändern sich ja nicht nur die Aufgabenstellungen, auch der Tagesablauf und die Personen, mit denen man zu tun hat, unterscheiden sich meist stark.

Und schließlich ist die dritte Bedingung für eine Veränderung der Persönlichkeit nach Meinung von Caspi und Moffitt, dass man in dieser neuen Situation relativ gut weiß, was von einem erwartet wird. Entweder weil die Anforderungen klar kommuniziert werden, oder weil man selbst ein detailliertes Konzept davon hat, was die neue Lebenssituation von einem erfordert. Die Idee dahinter ist, dass wir deshalb verträglicher oder offener für neue Erfahrungen werden, weil wir uns in einer neuen Lebenssituation befinden, die Erwartungen an uns stellt, an die wir uns anpassen. Gelingt uns das, wird uns das verstärkend zurückgemeldet, zum Beispiel über konkretes Feedback von anderen Menschen oder über Erfolgserlebnisse bei der Bewältigung der an uns gestellten Aufgaben.

Stellt sich jemand jedoch Herausforderungen, bei denen nicht klar ist, wie diese am besten bewältigt werden können – welche Denk- und Verhaltensweisen also förderlich wären oder angemessen sind –, dann würden Caspi und Moffitt keine Persönlichkeitsveränderungen erwarten. Im Gegenteil: Sie sagen für diese Fälle eine Verfestigung der bisherigen Persönlichkeit voraus. Das liege daran, dass die Persönlichkeit mit tausendfach erprobten, perfekt verinnerlichten Verhaltensgewohnheiten ausgestattet sei, die vollautomatisiert ablaufen. Befinden wir uns also in mehrdeutigen, an keine klaren Vorgaben geknüpften Situationen, dann spult unsere Persönlichkeit einfach ihr gewohntes Repertoire ab. So kann es passieren, dass sich bei zwei Personen, die die gleiche mehrdeutige Situation erleben, über ihr individuelles, stark voneinander abweichendes Verhalten erst ihre jeweilige tiefverwurzelte Persönlichkeit offenbart.

In der Vorstellung von Caspi und Moffitt leben wir ein Leben, das in erster Linie von den Erwartungen und Erfordernissen geprägt ist, die unsere sozialen Rollen mit sich bringen, und weniger von unserer eigentlichen Persönlichkeit. Noch ist unklar, in welchem Ausmaß sie mit dieser Annahme recht behalten werden. Aber es wird wohl niemand abstreiten, dass sozialer

Druck unser Verhalten bestimmt. Eine Gefahr, die mit einer strikten gesellschaftlichen Norm, wie man sich zu verhalten habe, einhergeht, ist, dass die Vielfalt, die unsere unterschiedlichen Persönlichkeiten bieten, verlorengeht oder zumindest stark reduziert wird.

Auch Franz Neyer und Kolleginnen gehen davon aus, dass sich die Persönlichkeit vor allem in normativen, also verbreiteten und erwartbaren Lebensübergängen verändert. Viele nicht-normative Ereignisse dagegen seien vor allem das Resultat der eigenen Persönlichkeit. Genau darin liegt das Potenzial, die eigene Persönlichkeit an neuen Herausforderungen zu schärfen oder mehr oder weniger sanft zur Veränderung zu drängen.

Nehmen wir an, eine Person sei zu unverträglich, um ein Jahr ihres Lebens für soziales Engagement zu investieren, oder zu verschlossen, um zeitweilig in fremden Kulturen zu leben. Wenn diese Person jedoch ihre (mangelnde) Verträglichkeit oder Offenheit verändern möchte, dann könnte sie sich entsprechenden nicht-normativen Ereignissen stellen (also beispielsweise ein Freies Soziales Jahr absolvieren oder einen Auslandsaufenthalt planen) und so ihrer Persönlichkeitsentwicklung einen Impuls geben.

Nicht immer wird das in starken Veränderungen münden. Auch, weil natürlich jedes soziale Jahr und jeder Auslandsaufenthalt eine individuelle Erfahrung mit vielfältigen möglichen Folgen ist. Mit hoher Wahrscheinlichkeit jedoch wird das Repertoire an Denk-, Fühl- und Verhaltensmustern dadurch erweitert. Auch im späteren Leben kann dann auf einem breiteren Erfahrungsschatz aufgebaut werden, denn die Persönlichkeit ist höchstwahrscheinlich anpassungsfähiger geworden. Gleichzeitig erweitert die Erfahrung den Horizont, insbesondere, wenn sie selbst nicht im Einklang mit der vorherigen Persönlichkeit stand. Denn vielleicht schlummert in vorher übersehenen Lebenswegen ja ein Glück, das man verpasst hätte, wäre man immer nur man selbst geblieben?

Berufliche Veränderung

Berufliche Lebensereignisse wirken sich vor allem auf die Gewissenhaftigkeit und die emotionale Stabilität aus. Diese werden gestärkt, wenn eine Person ihren Schulabschluss macht, ihren ersten Job beginnt und befördert wird, also bei Lebensübergängen, die mit beruflichem Fortschritt verbunden sind. Bei Beginn einer Arbeitslosigkeit und beim Übergang in die Rente sinkt dagegen die durchschnittliche Gewissenhaftigkeit wieder. Aber auch andere Persönlichkeitsmerkmale ändern sich bei beruflichen Übergängen. Zum Beispiel steigt die Offenheit für neue Erfahrungen durch eine Beförderung, sie sinkt jedoch, wenn man arbeitslos wird. Und sie entwickelt sich häufig in Reaktion auf einen Jobwechsel, und zwar in unterschiedliche Richtungen, je nach Job. Ähnlich ist es mit der Extraversion, die in einigen Berufen mehr als in anderen gefordert zu sein scheint.

Für Personen, die ihre Persönlichkeit herausfordern wollen, können dementsprechend Berufe eine Bereicherung sein, die ihrer bisherigen Persönlichkeit zu widersprechen scheinen. Ich selbst bin beispielsweise eine eher schüchterne, zurückhaltende Person und genieße es, Zeit allein ohne großen Trubel zu verbringen und mich lieber mit einzelnen Menschen auf ein Glas Wein zu treffen, als große Partys zu feiern. Gleichzeitig stehe ich in meinem Job viel in der Öffentlichkeit, gebe während des Semesters fast täglich Lehrveranstaltungen, halte Vorträge und tausche mich mit vielen sehr unterschiedlichen Menschen aus. Dadurch bin ich heute längst nicht mehr so introvertiert wie früher, habe mich also an die beruflichen Anforderungen angepasst. Dennoch genieße ich es sehr, zwischendurch auch immer wieder längere Arbeitsphasen für mich zu haben, beispielsweise beim Schreiben eines Artikels oder Buches.

Dass das Berufsleben sehr unterschiedliche Anforderungen an uns stellt, habe ich kürzlich zusammen mit Jaap Denissen und weiteren Kolleginnen in einer Studie untersucht. Wir wollten herausfinden, ob es ein Persönlichkeitsprofil gibt, das generell mit Berufserfolg einhergeht. Die Gewissenhaftigkeit steht beispielsweise im Verdacht, sich auf sehr unterschiedliche Karrieren förderlich auszuwirken. Unsere Studie zeigt jedoch, dass Menschen, die gewissenhafter sind, als es ihr Job erfordert, darin letztlich sogar weniger erfolgreich sind als weniger gewissenhafte Personen.

Ähnlich ist es bei der Verträglichkeit und Offenheit für neue Erfahrungen: Weicht die Ausprägung dieser Persönlichkeitsmerkmale bei einer Jobinhaberin von den Anforderungen des Jobs ab, dann ist diese weniger erfolgreich als Personen mit Ausprägungen, die für den entsprechenden Job als ideal gelten.

Interessant ist an diesen Ergebnissen, dass es eben keine generell ideale Persönlichkeit gibt, sondern sich unterschiedliche Persönlichkeitsausprägungen für unterschiedliche Jobs unterschiedlich auszahlen. Das gilt sogar im wortwörtlichen Sinne: Beispielsweise liegt das Jahreseinkommen einer Person um 3000 bis 4000 Euro höher, wenn ihre Verträglichkeit oder Offenheit für neue Erfahrungen mit den Anforderungen des Jobs zusammenpasst, als wenn sie davon abweicht. Es ist also insofern von Vorteil, wenn sich Menschen voneinander unterscheiden, weil wir damit unterschiedliche gesellschaftliche Nischen ausfüllen können. Nicht jede wird in jedem Job erfolgreich sein, aber es gibt für sehr unterschiedliche Persönlichkeitsprofile jeweils die perfekten Jobs.

Dieses Wissen können wir zum einen dafür nutzen, um unser Leben so zu gestalten, dass es zu unserer Persönlichkeit passt, indem wir eine entsprechende gesellschaftliche Nische aufsuchen oder eine bestehende Nische umgestalten. Gleichzeitig können wir dieses Wissen aber natürlich auch als Herausforderung nutzen, um unsere veränderungssensible Persönlichkeit zu formen und beispielsweise in einer beruflichen Nische, die bisher noch nicht zu unserer Persönlichkeit passt, zu wachsen.

Vom Kunstmuffel zur Theatergängerin: Veränderung durch Beziehungen

Auch in unserem Sozialleben können wir Persönlichkeitsveränderungen provozieren, wenn auch weniger stark als vielleicht vermutet und oftmals auch in eine andere Richtung als ursprünglich gedacht. Wir haben schon gesehen, dass sich die emotionale Stabilität durch das Eingehen einer Partnerschaft erhöht, ebenso durch eine Hochzeit. Während das noch nachvollziehbar sein mag, ist es überraschender, dass sich in Reaktion auf beide Lebensereignisse die Verträglichkeit mindert. Vielleicht ist der Druck nun einfach nicht mehr so groß, sich von der Schokoladenseite zu zeigen, und deshalb wird die Verträglichkeit der Single-Frau in einer Beziehung wieder heruntergefahren? Für diese Annahme spricht, dass sich die Verträglichkeit in Reaktion auf eine Trennung oder Scheidung wieder erhöht. Für die Chance, auf dem Partnermarkt eine gute Figur zu machen, ist das sicherlich von Vorteil. Ebenso vorteilhaft zur Erhöhung der Wahrscheinlichkeit für eine stabile Beziehung ist die oftmals sinkende Offenheit für neue Erfahrungen bei der Hochzeit. Auch dieser Prozess kehrt sich dann allerdings wieder um, wenn die Beziehung zerbricht, die Partnerinnen also wieder getrennte Wege gehen.

Nun wird wohl niemand ernsthaft eine Beziehung beginnen oder beenden, den Berufseinstieg hinauszögern oder den Rentenübergang vorziehen, um damit die eigene Persönlichkeit zu gestalten. Dennoch kann das Wissen über typische Persönlichkeitsveränderungen in Reaktion auf einschneidende Lebensereignisse aufdecken, wann es für uns (neuen) Gestaltungsspielraum gibt. Dazu zählt zum Beispiel der Beruf, den wir wählen, in dem wir aufsteigen oder den wir wechseln. Und auch die Entscheidung für das Eingehen oder Beenden einer Beziehung ist oft eine Entscheidung für einen bestimmten Lebensweg, abhängig von der Persönlichkeit der Partnerin und der Ausgestaltung der Beziehung, von den Zielen, die damit neu entstehen oder an Priorität verlieren. Dementsprechend kann eine romantische Beziehung auch immer ein Anstoß für eine Persönlichkeitsveränderung sein, weil sie unseren Alltag, unser Denken, Fühlen und Verhalten beeinflusst: So kann aus einem Kunstmuffel plötzlich eine begeisterte Theatergängerin werden oder aus der ängstlichen Introvertierten plötzlich eine wagemutige Surferin. Eine Beziehung oder Freundschaft hat also das Potenzial, versteckte oder fast vergessene Persönlichkeitsmerkmale aufleben zu lassen und zu verstärken.

Was uns nicht umbringt, macht uns noch lange nicht stärker

Was dagegen meist nicht gut funktioniert, ist das Wachsen an Schicksalsschlägen. Schon Nietzsche setzte die Binsenweisheit in die Welt: Was uns nicht umbringe, mache uns stärker. Ein Trugschluss, wie sich mittlerweile herausgestellt hat. Denn einschneidende, negative Lebensereignisse haben vor allem eines gemeinsam: Sie senken im Durchschnitt die emotionale Stabilität und fördern die Ängstlichkeit, das häufige Sorgen und Gedankenkreisen, Stimmungsschwankungen und Traurigkeit.

Die Idee hinter der falschen Annahme, negative Ereignisse würden sich positiv auf uns auswirken, ist, dass Menschen mit einem glücklichen, reibungslosen Leben zu oberflächlich seien. Diejenigen, die mit voller Wucht die Schattenseiten des Lebens erfahren haben, würden hingegen zu mehr Tiefgang und Reife neigen. In der psychologischen Fachliteratur wird diese Annahme unter der Begrifflichkeit *posttraumatisches Wachstum* untersucht.

Wir wir im Kapitel zum subjektiven Wohlbefinden gesehen haben, gelingt es Menschen oft, sich selbst von schwerwiegenden und wiederkehrenden negativen Lebensereignissen zu erholen. Es ist erleichternd zu wissen, dass viele Menschen mit ausreichend emotionalem Rüstzeug ausgestattet sind, um Schicksalsschläge bewältigen zu können – auch wenn dieser Prozess viel Zeit braucht. Eine Bewältigung kann zum Beispiel gelingen, indem ein Mensch sein Leben und die Dinge, die ihm mehr oder weniger wichtig sind, umbewertet. Personen, die das Gefühl haben, an einem Schicksalsschlag gewachsen zu sein, berichten, dass sie nun die kleinen Dinge des Alltags schätzen gelernt haben und sich auf die wichtigen Dinge in ihrem Leben konzentrieren können. Sie haben auch das Gefühl, mehr Selbstvertrauen und Zuversicht erlangt zu haben, Herausforderungen meistern zu können, sozial besser integriert zu sein oder spirituelle Unterstützung zu haben.

Tatsächlich gelingt es vielen Menschen, nach einem Schicksalsschlag ein Gefühl von Wachstum zu empfinden oder dem Erlebten einen tieferen

Sinn zu geben. Dies ist oftmals ein Indiz für einen erfolgreichen Bewältigungsprozess. Wir wissen zurzeit jedoch noch zu wenig darüber, wie diese Menschen *vor* dem Trauma dachten und fühlten, wie ihre Persönlichkeit also vor dem Ereignis ausgeprägt war. Was wir jedoch wissen, ist, dass sich die Persönlichkeit im engeren Sinne (die *Big Five*) in Reaktion auf ein einschneidendes Ereignis eher in eine Richtung entwickelt, die nicht mit Persönlichkeitsreifung verbunden ist. Nichtsdestotrotz kann diese Entwicklung angepasst sein, denn die Wahrscheinlichkeit für das Erleben eines negativen Lebensereignisses steigt, wenn eine Person bereits einen Schicksalsschlag erlebt hat. Insofern kann eine höhere Ängstlichkeit auch zu mehr Vorsicht führen und somit auf zukünftige Schicksalsschläge vorbereiten.

Letztendlich bleibt jedoch festzuhalten, dass es einer Person leichterfallen wird, ihre Persönlichkeit an die Lebenssituation und die gesellschaftlichen Erwartungen anzupassen, wenn sie ein glückliches, von wenig Tiefschlägen geprägtes Leben führt. Ihr wird es im Durchschnitt auch leichterfallen, neue herausfordernde, aber bewältigbare Situationen aufzusuchen und ihre Persönlichkeit damit weiterzuentwickeln.

Interventionen zur Persönlichkeitsveränderung

Obwohl es natürlich viel bequemer wäre, wenn man sein altes Leben behalten und dennoch seine Persönlichkeit ein bisschen tunen könnte: Das eigene Leben grundlegend umzukrempeln und einen neuen Lebensweg einzuschlagen, um sich neuen Herausforderungen zu stellen, ist ein umfangreiches Unterfangen, dessen Konsequenzen für die Persönlichkeit nur bedingt abgeschätzt werden können. Deshalb birgt eine Veränderung natürlich auch immer ein Risiko.

Ein weiterer Weg hin zu einer «neuen Persönlichkeit» sind mehr oder weniger gezielte Interventionen, Coachings und Trainings.

Intervention: Bezeichnet ein in Psychotherapie und Coaching verwendetes Verfahren der gezielten Einflussnahme durch Fragen, Perspektivwechsel oder konkrete Aufgaben, das zum Ziel hat, festgefahrene Verhaltens- oder Denkmuster aufzubrechen und Impulse zur Veränderung zu geben.

Diese ändern zwar den Alltag einer Person nicht unmittelbar, dass eine Psychotherapie aber dennoch die Persönlichkeit verändern kann, fand Brent Roberts kürzlich zusammen mit Kolleginnen in einer umfangreichen Meta-Analyse heraus. Eine Persönlichkeitsveränderung ist zwar nicht das primäre Ziel einer Therapie, aber ein plausibler Begleiteffekt.

Roberts und Kolleginnen analysierten über 200 Studien mit mehr als 20 000 Probandinnen, in denen unterschiedliche Therapieformen auf unterschiedliche Personengruppen, einige davon psychisch krank, andere nicht, angewendet wurden. Eine Psychotherapie kann sehr unterschiedlich lange dauern, meist etwa drei Monate, aber manchmal auch mehrere Jahre (was unter anderem von der jeweiligen Therapieform und Erkrankung abhängt).

Persönlichkeitsveränderungen traten vor allem bei den Personen auf, die wegen einer psychischen Störung in Behandlung waren, und weniger bei Personen ohne Diagnose. Und es war vor allem die emotionale Stabilität, die durch die Behandlung stark anstieg, und zwar vor allem bei Personen mit einer Angsterkrankung oder Depression. Das ist insofern nicht verwunderlich, als dass diese in engem Zusammenhang mit der emotionalen Stabilität stehen, da sie gleichermaßen mit dem Gefühl von Traurigkeit und Niedergeschlagenheit, wiederkehrenden Sorgen und Stimmungsschwankungen einhergehen. Interessanterweise ist die gewählte Therapieform für das Ausmaß der Persönlichkeitsveränderung nicht ausschlaggebend.

Die Veränderungen, die Roberts durch die Psychotherapien beobachtete, waren nicht nur vorübergehend, sondern blieben mindestens ein Jahr nach Therapieende erhalten. Einerseits zeigt die Meta-Analyse damit das Potenzial für eine zielgerichtete Persönlichkeitsentwicklung, andererseits aber auch mögliche Grenzen. Schließlich wurden vor allem Veränderungen bei den Persönlichkeitseigenschaften gefunden, die krankheitsbedingt extrem gering ausgeprägt waren und daher mit einer Genesung der Person wieder auf ein normaleres Niveau zurückgekehrt sind.

Voraussetzungen für gelingende Veränderung

Für zielgerichtete Persönlichkeitsveränderungen bei Personen, die psychisch gesund sind, die sich nicht auf emotionale Stabilität beschränken, müssen offensichtlich andere Interventionsformen genutzt werden als eine klassische Psychotherapie. Marie Hennecke von der Universität Zürich schlug zusammen mit Kolleginnen drei Voraussetzungen für eine gelingende, zielgerichtete Persönlichkeitsveränderung vor, die für langfristige Veränderungen berücksichtigt werden müssen.

Zunächst müssen wir unsere Persönlichkeit überhaupt verändern *wollen*. Das mag trivial klingen, aber wie in den vorangegangenen Absätzen bereits deutlich wurde, ist eine Persönlichkeitsveränderung meist das Resultat tiefgreifender Veränderungen im Leben. Eine Persönlichkeitsveränderung benötigt dementsprechend eine große Portion Commitment, um die ja recht aufwendige Veränderung der Gewohnheiten zu ermöglichen. Diese Motivation ist bei Personen, die von einer psychischen Störung betroffen sind, oftmals gegeben, nicht aber unbedingt bei psychisch gesunden Personen.

Eine zweite Voraussetzung ist, dass wir das Gefühl haben müssen, unsere Persönlichkeit tatsächlich verändern zu *können*. Wie bereits im ersten Kapitel thematisiert, unterscheiden wir uns darin, inwiefern wir von dieser Möglichkeit überzeugt sind. Das wird auch von unserer jeweiligen Kontrollüberzeugung beeinflusst. Trifft der Wunsch nach Veränderung auf die Überzeugung, dass unsere Persönlichkeit prinzipiell veränderbar sei, dann können wir daraus zielgerichtete Verhaltensänderungen ableiten und trainieren.

An diesem Punkt tritt die dritte Voraussetzung in Kraft, nämlich die Gewöhnung. Erst wenn es uns gelingt, die gewünschten neuen Verhaltensmuster zu automatisieren und im Alltag selbstverständlich anzuwenden, kommt es zu einer echten Persönlichkeitsveränderung. Sie sehen: Das ist ein langwieriger Prozess, dessen Erfolg meist erst nach mehreren Jahren absehbar ist.

Ein erstes vielversprechendes – und vielleicht ermutigendes – Beispiel für eine Intervention an gesunden Probandinnen, die zu einer Persönlichkeitsveränderung führte, gab Joshua Jackson zusammen mit Kolleginnen. Sie boten betagten US-Amerikanerinnen ein regelmäßiges kognitives Training an, das unter anderem Sudoku-Aufgaben beinhaltete. Über 16 Wochen hinweg lösten die Teilnehmerinnen diese Aufgaben bei sich zu Hause, etwa eineinhalb Stunden täglich. Wie zu erwarten, verbesserten sich während des Trainings die kognitiven Fähigkeiten der Probandinnen. Zeitgleich erhöhte sich jedoch auch ihre Offenheit für neue Erfahrungen, und zwar mehr als bei den Probandinnen der Kontrollgruppe, die noch nicht mit dem Training begonnen hatten.

Da die Offenheit für neue Erfahrungen im hohen Alter normalerweise sinkt, könnte ein solches Training eine Möglichkeit sein, den persönlichkeitspsychologischen Alterungsprozess abzumildern. Da in der Studie jedoch keine langfristigen Veränderungen der Persönlichkeit untersucht werden konnten, sondern lediglich bis kurz nach dem Training, ist noch unklar, ob es sich hierbei tatsächlich um dauerhafte Persönlichkeitsveränderungen handelt.

Selbst nach einem intensiven Training muss sie nicht unbedingt langanhaltend sein, wie ich in einer Studie zusammen mit Julia Sander und weiteren Kolleginnen herausgefunden habe. Etwa 100 Tage lang gingen die Teilnehmerinnen dieser Studie täglich in ein Labor, um dort kognitive Tests zu machen. Auch hier verbesserte sich die Leistungsfähigkeit der Teilnehmerinnen im Verlauf. Unterschiede in der Offenheit für neue Erfahrungen zwischen Personen, die an dem Training teilnahmen, und denen, die lediglich als Kontrollpersonen dienten, waren jedoch zwei Jahre nach dem Training nicht (mehr) zu finden.

Viele Dinge können dafür die Ursache sein, und natürlich schließt das nicht aus, dass es ein kognitives Training geben kann, das die Offenheit für neue Erfahrungen verstärkt. Doch selbst eine sehr umfangreiche Intervention, die das Alltagsverhalten der Personen über viele Wochen maßgeblich beeinflusst hat, löst keine langfristigen Veränderungen in der Persönlichkeit aus.

Die bisherigen Beispiele beschreiben Persönlichkeitsveränderungen als Nebenprodukte von Interventionen, die eigentlich ein anderes Ziel verfolgten, nämlich entweder psychische Störungen zu heilen oder die kognitive Leistungsfähigkeit zu verbessern. Einer der Ersten, die sich an die konkrete Planung von Interventionen zur Veränderung der Persönlichkeit gewagt hat, ist Nathan Hudson. Er beobachtete, dass es Menschen leichterfällt, ihre Persönlichkeit zu ändern, wenn dies auf konkrete Ziele heruntergebrochen wird. Außerdem fiel denjenigen eine Veränderung leichter, die täglich reflektierten, inwiefern sich das Merkmal, das sie verändern möchten, am aktuellen Tag zeigte und veränderte.

Der Wunsch, die eigene Persönlichkeit zu verändern, ist sehr verbreitet. Wenn es aber nur allgemein formuliert bleibt, lässt es sich schwer in konkrete Veränderungspläne übersetzen. Gelingt es jedoch, sich darüber klarzuwerden, welchen Aspekt man an sich selbst verändern möchte, welche neuen Verhaltensgewohnheiten damit einhergehen und wie man den Veränderungsfortschritt bei sich selbst beobachten kann, dann können Persönlichkeitsveränderungen tatsächlich funktionieren.

Da die Forschung in diesem Bereich noch am Anfang steht, wissen wir derzeit noch nichts über die langfristigen Effekte dieser Veränderungen oder über damit einhergehende Nebenwirkungen. Wird jedoch etwas so Tiefgreifendes wie die eigene Persönlichkeit verändert, dann müssen die Folgen dieser Veränderung unbedingt beachtet werden. Das ist insbesondere deshalb so zentral, da es nicht «die eine gute Persönlichkeit» oder «die richtige» Ausprägung eines Persönlichkeitsmerkmals gibt. Stattdessen ist jede Persönlichkeitsausprägung mal von Vorteil und mal von Nachteil.

Unsere Gesellschaft und die Menschheit als Ganzes profitieren von dieser persönlichkeitspsychologischen Vielfalt. Denn Menschen, die unterschiedlich sind, können eine breite Palette von gesellschaftlichen Nischen gestalten und sich gegenseitig ergänzen und bereichern.

Literatur

Abel, Ernest L. und Michael L. Kruger (2010). Smile intensity in photographs predicts longevity. Psychological Science, Vol. 21, S. 542–544.

Ackerman, Phillip L. (2014). Adolescent and adult intellectual development. Current Directions in Psychological Science, Vol. 23, S. 246–251.

Allport, Gordon W. und Henry S. Odbert (1936). Trait-names: A psycho-lexical study. Psychological Monographs, Vol. 47, gesamte Ausgabe.

Arnett, Jeffrey J. (2000). Emerging adulthood: A theory of development from the late teens through the twenties. American Psychologist, Vol. 55, S. 469–480.

Asendorpf, Jens B. und Franz J. Neyer (2012). Psychologie der Persönlichkeit (5. Auflage). Heidelberg: Springer.

Belsky, Daniel W. und Kolleginnen (2015). Quantification of biological aging in young adults. Proceedings of the National Academy of Sciences of the United States of America.

Binet, Alfred und Th. Simon (1904). Méthodes nouvelles pour le diagnostic du niveau intellectuel des anormaux. L'année psychologique, Vol. 11, S. 191–244.

Bleidorn, Wiebke, Christian Kandler, Rainer Riemann, Alois Angleitner und Frank M. Spinath (2009). Patterns and sources of adult personality development: Growth curve analyses of the NEO PI-R scales in a longitudinal twin study. Journal of Personality and Social Psychology, Vol. 97, S. 142–155.

Bleidorn, Wiebke, Theo A. Klimstra, Jaap J. A. Denissen, Peter J. Rentfrow, Jeff Potter und Samuel D. Gosling (2013). Personality maturation around the world: A cross-cultural examination of social-investment theory. Psychological Science, Vol. 24, S. 2530–2540.

Bleidorn, Wiebke, Asuman Buyukcan-Tetik, Ted Schwaba, Manon A. van Scheppingen, Jaap J. A. Denissen und Catrin Finkenauer (2016). Stability and change in self-esteem during the transition to parenthood. Social Psychological and Personality Science, Vol. 7, S. 560–569.

Bleidorn, Wiebke, Ruben C. Arslan, Jaap J. A. Denissen, Peter J. Rentfrow, Jochen E. Gebauer, Jeff Potter und Samuel D. Gosling (2016). Age and gender differences in self-esteem – A cross-cultural window. Journal of Personality and Social Psychology, Vol. 111, S. 396–410.

Bleidorn, Wiebke, Felix Schönbrodt, Jochen E. Gebauer, Peter J. Rentfrow, Jeff Potter und Samuel D. Gosling (2016). To live among like-minded others: Exploring the links between person-city personality fit and self-esteem. Psychological Science, Vol. 27, S. 419–427.

Bonanno, George A., Dacher Keltner, Are Holen und Mardi J. Horowitz (1995). When avoiding unpleasant emotions might not be such a bad thing: Verbal-autonomic response dissociation and midlife conjugal bereavement. Journal of Personality and Social Psychology, Vol. 69, S. 975–989.

Boring, Edwin G. (1923). Intelligence as the tests test it. New Republic, Vol. 36, S. 35–37.

Bowlby, John (1969/1982). Attachment and loss. New York, NY: Basic Books.

Boyce, Christopher J., Alex M. Wood und Gordon D. A. Brown (2010). The dark side of conscientiousness: Conscientious people experience greater drops in life satisfaction following unemployment. Journal of Research in Personality, Vol. 44, S. 535–539.

Boyce, Christopher J. und Alex M. Wood (2011). Personality prior to disability determines adaptation: Agreeable individuals recover lost life satisfaction faster and more completely. Psychological Science, Vol. 22, S. 1397–1402.

Boyce, Christopher J., Alex M. Wood, James Banks, Andrew E. Clark und Gordon D. A. Brown (2013). Money, well-being, and loss aversion: Does an income loss have a greater effect on well-being than on equivalent income gain? Psychological Science, Vol. 24, S. 2557–2562.

Branje, Susan J. T., Cornelis F. M. van Lieshout und Jan R. M. Gerris (2007). Big Five personality development in adolescence and adulthood. European Journal of Personality, Vol. 21, S. 45–62.

Brickman, Philip, Dan Coates und Ronnie Janoff-Bulman (1978). Lottery winners and accident victims: Is happiness relative? Journal of Personality and Social Psychology, Vol. 36, S. 917–927.

Briley, Daniel A. und Elliot M. Tucker-Drob (2013). Explaining the increasing heritability of cognitive ability across development: A meta-analysis of longitudinal twin and adoption studies. Psychological Science, Vol. 24, S. 1704–1713.

Brinch, Christian N. und Taryn Ann Galloway (2012). Schooling in adolescence raises IQ scores. Proceedings of the National Academy of Sciences of the United States of America, Vol. 109, S. 425–430.

Brose, Annette, Kim de Roover, Eva Ceulemans und Peter Kuppens (2015). Older adults' affective experiences across 100 days are less variable and less complex than younger adults'. Psychology and Aging, Vol. 30, S. 194–208.

Carstensen, Laura L. (2006). The influence of a sense of time on human development. Science, Vol. 312, S. 1913–1915.

Caspi, Avshalom und Terrie E. Moffitt (1993). When do individual differences matter? A paradoxical theory of personality coherence. Psychological Inquiry, Vol. 4, S. 247–271.

Caspi, Avshalom (2000). The child is father of the man: Personality continuity from childhood to adulthood. Journal of Personality and Social Psychology, Vol. 78, 158–172.

Cattell, Raymond B. (1963). Theory of fluid and crystallized intelligence: A critical experiment. Journal of Educational Psychology, Vol. 54, S. 1–22.

Crocetti, Elisabetta, Monica Rubini und Wim Meeus (2008). Capturing the dynamics of identity formation in various ethnic groups: Development and validation of a three-dimensional model. Journal of Adolescence, Vol. 31, S. 207–222.

Deary, Ian J., Martha C. Whiteman, John M. Starr, Lawrence J. Whalley und Helen C. Fox (2004). The impact of childhood intelligence on later life: Following up the Scottish Mental Surveys of 1932 and 1947. Journal of Personality and Social Psychology, Vol. 86, S. 130–147.

Deary, Ian J. (2014). The stability of intelligence from childhood to old age. Current Directions in Psychological Science, Vol. 23, S. 239–245.

DeNeve, Kristina M. und Harris Cooper (1998). The happy personality: A meta-analysis of 137 personality traits and subjective well-being. Psychological Bulletin, Vol. 124, S. 197–229.

Denissen, Jaap J. A., Jens B. Asendorpf und Marcel A. G. van Aken (2008). Childhood personality predicts long-term trajectories of shyness and aggressiveness in the context of demographic transitions in emerging adulthood. Journal of Personality, Vol. 76, S. 67–99.

Denissen, Jaap J. A., Marcel A. G. van Aken, Lars Penke und Dustin Wood (2013). Self-regulation underlies temperament and personality: An integrative developmental framework. Child Development Perspectives, Vol. 7, S. 255–260.

Denissen, Jaap J. A., Wiebke Bleidorn, Marie Hennecke, Maike Luhmann, Ulrich Orth, Jule Specht und Julia Zimmermann. Uncovering the power of personality to shape income. Psychological Science, Vol. 29, S. 3–13.

Dickens, William T. und James R. Flynn (2001). Heritability estimates versus large environmental effects: The IQ paradox resolved. Psychological Review, Vol. 108, S. 346–369.

Diener, Ed, Weiting Ng, James Harter und Raksha Arora (2010). Wealth and happiness across the world: Material prosperity predicts life evaluation, whereas psychosocial prosperity predicts positive feeling. Journal of Personality and Social Psychology, Vol. 99, S. 52–61.

Diener, Ed, Louis Tay und David G. Myers (2011). The religion paradox: If religion makes people happy, why are so many dropping out? Journal of Personality and Social Psychology, Vol. 101, S. 1278–1290.

Diener, Ed (2012). New findings and future directions for subjective well-being research. American Psychologist, Vol. 67, S. 590–597.

Diener, Ed, Louis Tay und Shigehiro Oishi (2013). Rising income and the subjective well-being of nations. Journal of Personality and Social Psychology, Vol. 104, S. 267–276.

Diener, Ed (2013). The remarkable changes in the science of subjective well-being. Perspectives on Psychological Science, Vol. 8, S. 663–666.

Diener, Ed, Shigehiro Oishi und Richard E. Lucas (2015). National accounts of subjective well-being. American Psychologist, Vol. 70, S. 234–242.

Dyrenforth, Portia S., Deborah A. Kashy, M. Brent Donnellan und Richard E. Lucas (2010). Predicting relationship and life satisfaction from personality in nationally representative samples from three countries: The relative importance of actor, partner, and similarity effects. Journal of Personality and Social Psychology, Vol. 99, S. 690–702.

Easterlin, Richard A. (1974). Does Economic Growth Improve the Human Lot? In: Paul A. David und Melvin W. Reder (Herausgeber): Nations and Households in Economic Growth: Essays in Honor of Moses Abramovitz (S. 89–125). New York: Academic Press.

Erol, Ruth Yasemin und Ulrich Orth (2011). Self-esteem development from age 14 to 30 years: A longitudinal study. Journal of Personality and Social Psychology, Vol. 101, S. 607–619.

Erol, Ruth Yasemin und Ulrich Orth (2013). Actor and partner effects of self-esteem on relationship satisfaction and the mediating role of secure attachment between the partners. Journal of Research in Personality, Vol. 47, S. 26–35.

Flynn, James R. (2009). The WAIS-III and WAIS-IV: Daubert motions favor the certainly false over the approximately true. Applied Neuropsychology, Vol. 16, S. 98–104.

Flynn, James R. (2013). Intelligence and human progress: The story of what was hidden in our genes. Oxford, UK: Academic Press.

Folkman, Susan (1984). Personal control and stress and coping processes: A theoretical analysis. Journal of Personality and Social psychology, Vol. 46, S. 839–852.

Gebauer, Jochen E., Wiebke Bleidorn, Samuel D. Gosling, Peter J. Rentfrow, Michael E. Lamb und Jeff Potter (2014). Cross-cultural variations in Big Five relationships with religiosity: A sociocultural motives perspective. Journal of Personality and Social Psychology, Vol. 107, S. 1064–1091.

Gentile, Brittany, Jean M. Twenge und W. Keith Campbell (2010). Birth cohort differences in self-esteem, 1988–2008: A cross-temporal meta-analysis. Review of General Psychology, Vol. 14, S. 261–268.

Gerstorf, Denis, Nilam Ram, Guy Mayraz, Mira Hidajat, Ulman Lindenberger,

Gert G. Wagner und Jürgen Schupp (2010). Late-life decline in well-being across adulthood in Germany, the United Kingdom, and the United States: Something is seriously wrong at the end of life. Psychology and Aging, Vol. 25, S. 477–485.
Gerstorf, Denis, Nilam Ram, Jan Goebel, Jürgen Schupp, Ulman Lindenberger und Gert G. Wagner (2010). Where people live and die makes a difference: Individual and geographic disparities in well-being progression at the end of life. Psychology and Aging, Vol. 25, S. 661–676.
Gerstorf, Denis und Nilam Ram (2013). Inquiry into terminal decline: Five objectives for future study. The Gerontologist, Vol. 53, S. 727–737.
Gerstorf, Denis, Jutta Heckhausen, Nilam Ram, Frank J. Infurna, Jürgen Schupp und Gert G. Wagner (2014). Perceived personal control buffers terminal decline in well-being. Psychology and Aging, Vol. 29, S. 612–625.
Gerstorf, Denis, Gizem Hülür, Johanna Drewelis, Peter Eibich, Sandra Duezel, Ilja Demuth, Paolo Ghisletta, Elisabeth Steinhagen-Thiessen, Gert G. Wagner und Ulman Lindenberger (2015). Secular changes in late-life cognition and well-being: Towards a long bright future with a short brisk ending. Psychology and Aging, Vol. 30, S. 301–310.
Gerstorf, Denis, Christiane A. Hoppmann, Corinna E. Löckenhoff, Frank J. Infurna, Jürgen Schupp, Gert G. Wagner und Nilam Ram (2016). Terminal decline in well-being: The role of social orientation. Psychology and Aging, Vol. 31, 149–165.
Hahn, Elisabeth, Jule Specht, Juliana Gottschling und Frank M. Spinath (2015). Coping with unemployment: The impact of unemployment duration and personality on trajectories of life satisfaction. European Journal of Personality, Vol. 29, S. 635–646.
Harker, LeeAnne und Dacher Keltner (2001). Expressions of positive emotion in women's college yearbook pictures and their relationship to personality and life outcomes across adulthood. Journal of Personality and Social Psychology, Vol. 80, S. 112–124.
Havighurst, Robert J. (1972). Developmental tasks and education. New York: McKay Company.
Headey, Bruce und Alexander Wearing (1989). Personality, life events, and subjective well-being: Toward a dynamic equilibrium model. Journal of Personality and Social Psychology, Vol. 57, S. 731–739.
Headey, Bruce (2006). Subjective well-being: Revisions to Dynamic Equilibrium Theory using national panel data and panel regression methods. Social Indicators Research, Vol. 79, S. 369–403.
Headey, Bruce (2008). Life goals matter to happiness: A revision of Set-Point Theory. Social Indicators Research, Vol. 86, S. 213–231.
Headey, Bruce, Ruud Muffels und Gert G. Wagner (2010). Long-running German panel

survey shows that personal and economic choices, not just genes, matter for happiness. Proceedings of the National Academy of Sciences of the United States of America, Vol. 107, S. 17922–17926.

Hennecke, Marie, Wiebke Bleidorn, Jaap J. A. Denissen und Dustin Wood (2014). A three-part framework for self-regulated personality development across adulthood. European Journal of Personality, Vol. 28, S. 289–299.

Holmes, Thomas H. und Richard H. Rahe (1967). The social readjustment rating scale. Journal of Psychosomatic Research, Vol. 11, S. 213–218.

Hudson, Nathan W. und Brent W. Roberts (2014). Goals to change personality traits: Concurrent links between personality traits, daily behavior, and goals to change oneself. Journal of Research in Personality, Vol. 53, S. 68–83.

Hudson, Nathan W. und R. Chris Fraley (2017). Volitional personality change. In J. Specht (Herausgeberin), Personality development across the lifespan (S. 555–571). San Diego: Elsevier.

Hülür, Gizem, Nilam Ram und Denis Gerstorf (2015). Historical improvements in well-being do not hold in late life: Birth- and death-year cohorts in the United States and Germany. Developmental Psychology, Vol. 51, 998–1012.

Hutteman, Roos, Marie Hennecke, Ulrich Orth, Anne K. Reitz und Jule Specht (2014). Developmental tasks as a framework to study personality development in adulthood and old age. European Journal of Personality, Vol. 28, S. 267–278.

Infurna, Frank J., Denis Gerstorf, Nilam Ram, Jürgen Schupp und Gert G. Wagner (2011). Long-term antecedents and outcomes of perceived control. Psychology and Aging, Vol. 26, S. 559–575.

Jackson, Joshua J., Patrick L. Hill, Brennan R. Payne, Brent W. Roberts und Elizabeth A. L. Stine-Morrow (2012). Can an old dog learn (and want to experience) new tricks? Cognitive training increases openness to experience in older adults. Psychology and Aging, Vol. 27, S. 286–292.

Jackson, Joshua J., Felix Thoemmes, Kathrin Jonkmann, Oliver Lüdtke und Ulrich Trautwein (2012). Military training and personality trait development: Does the military make the man, or does the man make the military? Psychological Science, Vol. 23, S. 270–277.

Jäger, Adolf O., André Beauducel Heinz-Martin Süß (1997). Berliner Intelligenzstruktur-Test. Göttingen: Hogrefe.

Jayawickreme, Eranda und Laura E. R. Blackie (2014). Post-traumatic growth as positive personality change: Evidence, controversies and future directions. European Journal of Personality, Vol. 28, S. 312–331.

Jensen-Campbell, Lauri A., Jennifer M. Knack und Haylie L. Gomez (2010). The

psychology of nice people. Social and Personality Psychology Compass, Vol. 4, S. 1042–1056.
John, Oliver P., Laura P. Naumann und Christopher J. Soto (2008). Paradigm shift to the integrative Big Five trait taxonomy: History, measurement, and conceptual issues. In Oliver P. John, Richard W. Robins und Lawrence A. Pervin (Herausgeber), Handbook of personality: Theory and research (3. Auflage, S. 114–158). New York, NY: Guilford Press.
Judge, Timothy A., Joyce E. Bono, Remus Ilies und Megan W. Gerhardt (2002). Personality and leadership: A qualitative and quantitative review. Journal of Applied Psychology, Vol. 87, S. 765–780.
Kahneman, Daniel, Alan B. Krueger, David Schkade, Norbert Schwarz und Arthur A. Stone (2006). Would you be happier if you were richer? A focusing illusion. Science, Vol. 312, S. 1908–1910.
Kahneman, Daniel und Angus Deaton (2010). High income improves evaluation of life but not emotional well-being. Proceedings of the National Academy of Sciences of the United States of America, Vol. 107, S. 16489–16493.
Kandler, Christian (2012). Nature and nurture in personality development: The case of Neuroticism and Extraversion. Current Directions in Psychological Science, Vol. 21, S. 290–296.
Kandler, Christian und Jule Specht (2014). Unraveling the post-traumatic growth paradox: Can negative experiences drive positive personality maturation?. European Journal of Personality, Vol. 28, S. 341–342.
Kandler, Christian, Anna E. Kornadt, Birk Hagemeyer und Franz J. Neyer (2015). Patterns and sources of personality development in old age. Journal of Personality and Social Psychology, Vol. 109, S. 175–191.
Klimstra, Theo A., William W. Hale III, Quinten A. W. Raaijmakers, Susan J. T. Branje und Wim H. J. Meeus (2009). Identity formation in adolescence: Change or stability? Journal of Youth and Adolescence, Vol. 39, S. 150–162.
Kunzmann, Ute (2008). Differential age trajectories of positive and negative affect: Further evidence from the Berlin Aging Study. Journal of Gerontology: Psychological Sciences. Vol. 63B, S. 261–270.
Kunzmann, Ute, David Richter und Stefan C. Schmukle (2013). Stability and change in affective experience across the adult life span: Analyses with a national sample from Germany. Emotion, Vol. 13, S. 1086–1095.
Lachman, Margie E. (2006). Perceived control over aging-related declines: Adaptive beliefs and behaviors. Current Directions in Psychological Science, Vol. 15, S. 282–286.
Lang, Frieder R. und Jutta Heckhausen (2001). Perceived control over development and

subjective well-being: Differential benefits across adulthood. Journal of Personality and Social Psychology, Vol. 81, S. 509–523.

Lang, Frieder R., David Weiss, Denis Gerstorf und Gert G. Wagner (2013). Forecasting life satisfaction across adulthood: Benefits of seeing a dark future? Psychology and Aging, Vol. 28, S. 249–261.

Leary, Mark R. und Roy F. Baumeister (2000). The nature and function of self-esteem: Sociometer theory. In M. P. Zanna (Herausgeber), Advances in experimental social psychology, Vol. 32, S. 1–62.

Leland, John (2004). Faith in the future: Why Americans see the silver lining. The New York Times, http://www.nytimes.com/2004/06/13/weekinreview/faith-in-the-future-why-america-sees-the-silver-lining.html (zuletzt abgerufen am 29. Dezember 2017)

Lindenberger, Ulman (2014). Human cognitive aging: Corriger la fortune? Science, Vol. 346, S. 572–578.

Lucas, Richard E., Andrew E. Clark, Yannis Georgellis und Ed Diener (2003). Reexamining adaptation and the set point model of happiness: Reactions to changes in marital status. Journal of Personality and Social Psychology, Vol. 84, S. 527–539.

Lucas, Richard E. (2007). Adaptation and the Set-Point Model of subjective well-being. Current Directions in Psychological Science, Vol. 16, S. 75–79.

Luciano, Eva C. und Ulrich Orth (2017). Transitions in romantic relationships and development of self-esteem. Journal of Personality and Social Psychology, Vol. 112, S. 307–328.

Lüdtke, Oliver, Brent W. Roberts, Ulrich Trautwein und Gabriel Nagy (2011). A random walk down university avenue: Life paths, life events, and personality trait change at the transition to university life. Journal of Personality and Social Psychology, Vol. 101, S. 620–637.

Luhmann, Maike und Michael Eid (2009). Does it really feel the same? Changes in life satisfaction following repeated life events. Journal of Personality and Social Psychology, Vol. 97, S. 363–381.

Luhmann, Maike, Wilhelm Hofmann, Michael Eid und Richard E. Lucas (2012). Subjective well-being and adaptation to life events: A meta-analysis. Journal of Personality and Social Psychology, Vol. 102, S. 592–615.

Luhmann, Maike, Ulrich Orth, Jule Specht, Christian Kandler und Richard E. Lucas (2014). Studying changes in life circumstances and personality: It's about time. European Journal of Personality, Vol. 28, S. 256–266.

Luhmann, Maike, Pola Weiss, Georg Hosoya und Michael Eid (2014). Honey, I got fired! A longitudinal dyadic analysis of the effect of unemployment of life satisfaction in couples. Journal of Personality and Social Psychology, Vol. 107, S. 163–180.

Luhmann, Maike (2017). The development of subjective well-being. In Jule Specht (Herausgeberin), Personality development across the lifespan (S. 197–218). San Diego: Elsevier.
Lykken, David und Auke Tellegen (1996). Happiness is a stochastic phenomenon. Psychological Science, Vol. 7, S. 186–189.
Marsh, Herbert W., Benjamin Nagengast und Alexandre J. S. Morin (2013). Measurement invariance of Big-Five factors over the life span: ESEM tests of gender, age, plasticity, maturity, and la dolce vita effects. Developmental Psychology, Vol. 49, S. 1194–1218.
Marshman, Emma, Catherine Booth und Christopher S. Potten (2002). The intestinal epithelial stem cell. Bioessays, Vol. 24, S. 91–98.
McAdams, Dan P. und Bradley D. Olson (2010). Personality development: Continuity and change over the life course. Annual Review of Psychology, Vol. 61, S. 517–542.
McCrae, Robert R. und Paul T. Costa, Jr. (2008). The Five-Factor Theory of Personality. In Oliver P. John, Richard W. Robins und Lawrence A. Pervin (Herausgeber), Handbook of personality: Theory and research (3. Auflage, S. 159–181). New York, NY: Guilford Press.
Meeus, Wim, Rens Van de Schoot, Theo Klimstra und Susan Branje (2011). Personality types in adolescence: Change and stability and links with adjustment and relationships: A five-wave longitudinal study. Developmental Psychology, Vol. 47, S. 1181–1195.
Meier, Laurenz L., Ulrich Orth, Jaap J. A. Denissen und Anja Kühnel (2011). Age differences in instability, contingency, and level of self-esteem across the life span. Journal of Research in Personality, Vol. 45, S. 604–612.
Mirowsky, John (1995). Age and the sense of control. Social Psychology Quarterly, Vol. 58, S. 31–43.
Mirowsky, John und Catherine E. Ross (2007). Life course trajectories of perceived control and their relationship to education. American Journal of Sociology, Vol. 112, S. 1339–1382.
Mischel, Walter, Yuichi Shoda und Monica L. Rodriguez (1989). Delay of gratification in children. Science, Vol. 244, S. 933–938.
Moffitt, Terrie E. (1993). Adolescence-limited and life-course-persistent antisocial behavior: A developmental taxonomy. Psychological Review, Vol. 100, S. 674–701.
Mõttus, René, Wendy Johnson, John M. Starr und Ian J. Deary (2012). Correlates of personality trait levels and their changes in very old age: The Lothian Birth Cohort 1921. Journal of Research in Personality, Vol. 46, S. 271–278.
Neyer, Franz J., Marcus Mund, Julia Zimmermann und Cornelia Wrzus (2014). Personality-relationship transactions revisited. Journal of Personality, Vol. 82, S. 539–550.
Nisbett, Richard E., Joshua Aronson, Clancy Blair, William Dickens, James Flynn,

Diane F. Halpern und Eric Turkheimer (2012). Intelligence: New findings and theoretical developments. American Psychologist, Vol. 67, S. 130–159.
O'Brien, Ed und Michael Kardas (2016). The implicit meaning of (my) change. Journal of Personality and Social Psychology, Vol. 111, S. 882–894.
Odgers, Candice L., Terrie E. Moffitt, Jonathan M. Broadbent, Nigel Dickson, Robert J. Hancox, Honalee Harrington, Richie Poulton, Malcolm R. Sears, W. Murray Thomson und Avshalom Caspi (2008). Female and male antisocial trajectories: From childhood origins to adult outcomes. Development and Psychopathology, Vol. 20, S. 673–716.
Oishi, Shigehiro und Ulrich Schimmack (2010). Culture and well-being: A new inquiry into the psychological wealth of nations. Perspectives on Psychological Science, Vol. 5, S. 463–471.
Oishi, Shigehiro, Selin Kesebir und Ed Diener (2011). Income inequality and happiness. Psychological Science, Vol. 22, S. 1095–1100.
Oishi, Shigehiro (2017). Optimal levels of happiness. In R. Biswas-Diener und E. Diener (Herausgeber), Noba textbook series: Psychology. Champaign, IL: DEF publishers.
Orth, Ulrich, Richard W. Robins und Keith F. Widaman (2012). Life-span development of self-esteem and its effects on important life outcomes. Journal of Personality and Social Psychology, Vol. 102, S. 1271–1288.
Orth, Ulrich und Richard W. Robins (2013). Understanding the link between low self-esteem and depression. Current Directions in Psychological Science, Vol. 22, S. 455–460.
Orth, Ulrich und Richard W. Robins (2014). The development of self-esteem. Current Directions in Psychological Science, Vol. 23, S. 381–387.
Orth, Ulrich, Richard W. Robins, Keith F. Widaman und Rand D. Conger (2014). Is low self-esteem a risk factor for depression? Findings from a longitudinal study of Mexican-origin youth. Developmental Psychology, Vol. 50, S. 622–633.
Orth, Ulrich und Eva C. Luciano (2015). Self-esteem, narcissism, and stressful life events: Testing for selection and socialization. Journal of Personality and Social Psychology, Vol. 109, S. 707–721.
Orth, Ulrich, Jürgen Maes und Manfred Schmitt (2015). Self-esteem development across the life span: A longitudinal study with a large sample from Germany. Developmental Psychology, Vol. 51, S. 248–259.
Orth, Ulrich (2017). The lifespan development of self-esteem. In Jule Specht (Herausgeberin), Personality development across the lifespan (S. 181–195). San Diego: Elsevier.
Orth, Ulrich (im Druck). The family environment in early childhood has a long-term

effect on self-esteem: A longitudinal study from birth to age 27 years. Journal of Personality and Social Psychology.
Quoidbach, Jordi, Daniel T. Gilbert und Timothy D. Wilson (2013). The end of history illusion. Science, Vol. 339, S. 96–98.
Reitz, Anne K., und Ursula M. Staudinger (2017). Getting older, getting better? Toward understanding positive personality development across adulthood. In Jule Specht (Herausgeberin), Personality development across the lifespan (S. 219–241). San Diego: Elsevier.
Rentfrow, Peter J. (2010). Statewide differences in personality: Toward a psychological geography of the United States. American Psychologist, Vol. 65, S. 548–558.
Roberts, Brent W., Kate E. Walton und Wolfgang Viechtbauer (2006). Patterns of mean-level change in personality traits across the life course: A meta-analysis of longitudinal studies. Psychological Bulletin, Vol. 132, S. 1–25.
Roberts, Brent W., Dustin Wood und Avshalom Caspi (2008). The development of personality traits in adulthood. In: Oliver P. John, Richard W. Robins und Lawrence A. Pervin (Herausgeber), Handbook of personality: Theory and research (3. Auflage, S. 375–398). New York: Guilford Press.
Roberts, Brent W., Jacqui Smith, Joshua J. Jackson und Grant Edmonds (2009). Compensatory conscientiousness and health in older couples. Psychological Science, Vol. 20, S. 553–559.
Roberts, Brent W., Jing Luo, Daniel A. Briley, Philipp I. Chow, Rong Su und Patrick L. Hill (2017). A systematic review of personality trait change through intervention. Psychological Bulletin, Vol. 143, S. 117–141.
Ross, Catherine E. und John Mirowsky (2002). Age and the gender gap in the sense of personal control. Social Psychology Quarterly, Vol. 65, S. 125–145.
Rotter, Julian B. (1966). Generalized expectancies for internal versus external control of reinforcement. Psychological Monographs, Vol. 80, S. 1–28.
Ryff, Carol D. (1989). Happiness is everything, or is it? Explorations on the meaning of psychological well-being. Journal of Personality and Social Psychology, Vol. 57, S. 1069–1081.
Salter Ainsworth, Mary D., Mary C. Blehar, Everett Waters und Sally Wall (1979). Patterns of attachment: A psychological study of the strange situation. Hillsdale, NJ: Erlbaum.
Sander, Julia, Florian Schmiedek, Annette Brose, Gert G. Wagner und Jule Specht (2017). Long-term effects of an extensive cognitive training on personality development. Journal of Personality, Vol. 85, S. 454–463.
Scheppingen, Manon A. van, Joshua J. Jackson, Jule Specht, Roos Hutteman,

Jaap J. A. Denissen und Wiebke Bleidorn (2016). Personality trait development during the transition to parenthood: A test of social investment theory. Social Psychological and Personality Science, Vol. 7, S. 452–462.

Seder, Patrick J. und Shigehiro Oishi (2012). Intensity of smiling in facebook photos predicts future life satisfaction. Social Psychological and Personality Science, Vol. 3, S. 407–413.

Shiner, Rebecca L. (2000). Linking childhood personality with adaptation: Evidence for continuity and change across time into late adolescence. Journal of Personality and Social Psychology, Vol. 78, S. 310–325.

Shiner, Rebecca L., Ann S. Masten und Jennifer M. Roberts (2003). Childhood personality foreshadows adult personality and life outcomes two decades later. Journal of Personality, Vol. 71, S. 1145–1170.

Soto, Christopher J., Oliver P. John, Samuel D. Gosling und Jeff Potter (2011). Age differences in personality traits from 10 to 65: Big Five domains and facets in a large cross-sectional sample. Journal of Personality and Social Psychology, Vol. 100, S. 330–348.

Soto, Christopher J. (2016). The little six personality dimensions from early childhood to early adulthood: Mean-level age and gender differences in parents' reports. Journal of Personality, Vol. 84, S. 409–422.

Spalding, Kirsty L., Ratan D. Bhardwaj, Bruce A. Buchholz, Henrik Druid und Jonas Frisén (2005). Retrospective birth dating of cells in humans. Cell, Vol. 122, S. 133–143.

Spearman, Charles (1904). General intelligence, objectively determined and measured. American Journal of Psychology, Vol. 15, S. 201–293.

Specht, Jule, Boris Egloff und Stefan C. Schmukle (2011). Stability and change of personality across the life course: The impact of age and major life events on mean-level and rank-order stability of the Big Five. Journal of Personality and Social Psychology, Vol. 101, S. 862–882.

Specht, Jule, Boris Egloff und Stefan C. Schmukle (2011). The benefits of believing in chance or fate: External locus of control as a protective factor for coping with the death of a spouse. Social Psychological and Personality Science, Vol. 2, S. 132–137.

Specht, Jule, Boris Egloff und Stefan C. Schmukle (2013). Everything under control? The effects of age, gender, and education on trajectories of perceived control in a nationally representative German sample. Developmental Psychology, Vol. 49, S. 353–364.

Specht, Jule, Maike Luhmann und Christian Geiser (2014). On the consistency of personality types across adulthood: Latent profile analyses in two large-scale panel studies. Journal of Personality and Social Psychology, Vol. 107, S. 540–556.

Specht, Jule (2015). Psychologie des hohen Lebensalters: Der aktuelle Forschungsstand.

In Bundeszentrale für politische Bildung (Herausgeberin), Aus Politik und Zeitgeschichte: Hochbetagt (Vol. 65, S. 3–10).
Specht, Jule (2017). Personality development in reaction to major life events. In J. Specht (Herausgeberin), Personality development across the lifespan (S. 341–356). San Diego: Elsevier.
Staudinger, Ursula M. und Ute Kunzmann (2005). Positive adult personality development: Adjustment and/or growth?. European Psychologist, Vol. 10, S. 320–329.
Staudinger, Ursula M. und Judith Glück (2011). Psychological wisdom research: Commonalities and differences in a growing field. Annual Review of Psychology, Vol. 62, S. 215–241.
Stern, William (1912). Die psychologischen Methoden der Intelligenzprüfung und deren Anwendung an Schulkindern. Leipzig: Verlag von Johann Ambrosius Barth.
Taylor, Shelley E., Margaret E. Kemeny, Geoffrey M. Reed, Julienne E. Bower und Tara L. Gruenewald (2000). Psychological resources, positive illusions, and health. American Psychologist, Vol. 55, S. 99–109.
Thurstone, Louis L. und Thelma G. Thurstone (1941). Factorial studies of intelligence. Chicago, IL: University of Chicago Press.
Tucker-Drob, Elliot M., Daniel A. Briley und K. Paige Harden (2013). Genetic and environmental influences on cognition across development and context. Current Directions in Psychological Science, Vol. 22, S. 349–355.
Twenge, Jean M. (2006). Generation Me: Why today's young Americans are more confident, assertive, entitled – and more miserable than ever before. New York, NY: Free Press.
Vazire, Simine und Erika N. Carlson (2011). Others sometimes know us better than we know ourselves. Current Directions in Psychological Science, Vol. 20, 104–108.
Wagner, Jenny, Oliver Lüdtke, Kathrin Jonkmann und Ulrich Trautwein (2013). Cherish yourself: Longitudinal patterns and conditions of self-esteem change in the transition to young adulthood. Journal of Personality and Social Psychology, Vol. 104, S. 148–163.
Wagner, Jenny, Michael Becker, Oliver Lüdtke und Ulrich Trautwein (2015). The first partnership experience and personality development: A propensity score matching study in young adulthood. Social Psychological and Personality Science, Vol. 6, S. 455–463.
Wagner, Jenny, Christiane Hoppmann, Nilam Ram und Denis Gerstorf (2015). Self-esteem is relatively stable late in life: The role of resources in the health, self-regulation, and social domains. Developmental Psychology, Vol. 51, S. 136–149.
Wagner, Jenny, Nilam Ram, Jacqui Smith und Denis Gerstorf (2016). Personality trait development at the end of life: Antecedents and correlates of mean-level trajectories. Journal of Personality and Social Psychology, Vol. 111, S. 411–429.

Wechsler, David (1944). The measurement of adult intelligence. Baltimore: The Williams und Wilkins Company.

Weinstock, Marta (2005). The potential influence of maternal stress hormones on development and mental health of the offspring. Brain, Behavior, and Immunity, Vol. 19, S. 296–308.

Wortman, Jessica und Richard E. Lucas (2016). Spousal similarity in life satisfaction before and after divorce. Journal of Personality and Social Psychology, Vol. 110, S. 625–633.

Ziegler, Matthias, Erik Danay, Moritz Heene, Jens Asendorpf und Markus Bühner (2012). Openness, fluid intelligence, and crystallized intelligence: Toward an integrative model. Journal of Research in Personality, Vol. 46, S. 173–183.

Ziegler, Matthias, Anja Cengia, Patrick Mussel und Denis Gerstorf (2015). Openness as a buffer against cognitive decline: The Openness-Fluid-Crystallized-Intelligence (OFCI) Model applied to late adulthood. Psychology and Aging, Vol. 30, S. 573–588.

Zimmermann, Julia und Franz J. Neyer (2013). Do we become a different person when hitting the road? Personality development of sojourners. Journal of Personality and Social Psychology, Vol. 105, S. 515–530.

Nicolas Dierks
Was tue ich hier eigentlich?

Philosophisch denken lernen und nebenbei das Leben verstehen

Wie wollen Sie leben?
Leben wir unseren Traum oder die Träume anderer? Wie folgt man eigentlich seinem Herzen? Belügen wir uns selbst, und wenn ja: Wollen wir damit überhaupt aufhören? Welche Kraft können wir schöpfen, wenn uns der Tod im Leben begegnet? Und warum brauchen wir andere, um wir selbst zu sein?
Übersichtlich, humorvoll und anschaulich führt Nicolas Dierks den Leser durch philosophische Fragen, die uns alle betreffen.

256 Seiten

Sb 090/1

Christiane Stenger

Wer lernen will, muss fühlen

Wie unsere Sinne dem Gedächtnis helfen

Wir alle haben schon erlebt, wie ein Geruch, eine bestimmte Stimme, ein Geräusch Szenen aus der Vergangenheit heraufbeschwören, wie Bewegung helfen kann, den Kopf frei zu bekommen. Welche Rolle spielen unsere Sinne beim Merk- und Lernprozess? Christiane Stenger meint: Nur wer alle Sinne gezielt nutzt, kann einmal Erlerntes dauerhaft im Gedächtnis verankern. Welche neurophysiologischen Prozesse dahinterstecken und wie man sie bewusst nutzen kann, um nachhaltiger zu lernen, beantwortet die Gedächtnisweltmeisterin auf gewohnt anschauliche Art und Weise.

272 Seiten

«Wenn eine Autorin mehrfache Gedächtnisweltmeisterin ist, muss sie was vom Fach verstehen. Tut sie auch.»

Hörzu

MIX
Papier aus verantwortungsvollen Quellen
FSC® C083411

Das für dieses Buch verwendete Papier ist FSC®-zertifiziert.